高等学校省级规划教材
普通高校经济管理类应用型本科系列规划教材

市场营销
实验实训教程

主编／王 亮　陈兆荣
副主编／雷勋平　叶 松

中国科学技术大学出版社

内 容 简 介

全书按市场营销实践应知应会的基础应用知识与基本技能设计编排。共分为 7 章 21 个训练模块。第一章为营销认知，包括"营销理念认知"写作和"营销重要性认识"交流 2 个训练模块；第二章为营销调研，包括营销调研立项及制订调研计划、调查问卷设计及撰写市场调查报告 3 个训练模块；第三章为营销数据分析，包括描述统计分析、推断统计分析、聚类分析和因子分析 4 个训练模块；第四章为营销战略，包括市场细分表设计及分析、市场定位图设计及分析和撰写市场开发分析报告 3 个模块；第五章为营销策略，包括产品感官质量审评、CIS 设计、广告创意设计、分销策略设计及模拟商务谈判 5 个训练模块；第六章为营销管理，包括撰写营销计划报告和撰写营销总结报告 2 个训练模块；第七章为综合营销，包括撰写营销策划方案和 ERP 沙盘模拟对抗训练 2 个训练模块。

本书可作为高校市场营销专业学生实验实训教材，也可供营销相关领域从业人员参考使用。

图书在版编目(CIP)数据

市场营销实验实训教程/王亮,陈兆荣主编. —合肥:中国科学技术大学出版社,2016.6
ISBN 978-7-312-03993-5

Ⅰ.市⋯ Ⅱ.①王⋯ ②陈⋯ Ⅲ.市场营销学—高等学校—教材 Ⅳ.F713.50

中国版本图书馆 CIP 数据核字(2016)第 137272 号

出版	中国科学技术大学出版社
	安徽省合肥市金寨路 96 号,230026
	http://press.ustc.edu.cn
	https://zgkxjsdxcbs.tmall.com
印刷	合肥华星印务有限责任公司
发行	中国科学技术大学出版社
经销	全国新华书店
开本	787 mm×1092 mm 1/16
印张	16
字数	410 千
版次	2016 年 6 月第 1 版
印次	2016 年 6 月第 1 次印刷
定价	32.00 元

前　言

　　市场营销学是一门建立在经济科学、行为科学和现代管理理论基础之上的新兴应用科学，是教育部高教司指定的高等院校工商管理类专业核心课程之一。市场营销学的研究对象是以满足消费者需求为中心的企业市场营销活动过程及其规律性，越来越多的企业、非营利组织，乃至政府部门，正以空前的热情，创新、开拓和深化企业营销、行业营销、城市营销以及国家营销等领域。在这个充满机遇和挑战的时代，系统地学习掌握现代市场营销理论知识，娴熟地运用市场营销实践技能，对于经济管理类专业人才及事业开拓者来说，显得尤为重要。

　　本教材是安徽省省级规划教材（2013ghjc275），是安徽省质量工程项目"卓越营销师教育培养计划"（2014zjjh041）及"市场营销创客实验室"（2015ckjh091）的阶段性成果，也是安徽省振兴计划人才项目"2014年高校优秀青年人才支持计划"（皖教秘人[2014]181号文件）的阶段性成果。本教材从高校本科市场营销专业的培养目标出发，以市场营销专业应用基础知识为先导，以职业综合素质为要求，以岗位实践技能为主线，由安徽省高校联盟经管类专业资深教师，总结多年市场营销实践经验编写而成。全书按照市场营销实践应知应会的基础应用知识与基本技能设计编排，共分为7章21个训练模块。第一章为营销认知，包括"营销理念认知"写作和"营销重要性认识"交流2个训练模块；第二章为营销调研，包括营销调研立项及制订调研计划、调查问卷设计及撰写市场调查报告3个训练模块；第三章为营销数据分析，包括描述统计分析、推断统计分析、聚类分析和因子分析4个训练模块；第四章为营销战略，包括市场细分表设计及分析、市场定位图设计及分析和撰写市场开发分析报告3个模块；第五章为营销策略，包括商品感官质量审评、CIS设计、广告创意设计、分销策略设计及模拟商务谈判5个训练模块；第六章为营销管理，包括撰写营销计划报告和撰写营销总结报告2个训练模块；第七章为综合营销，包括撰写营销策划方案和ERP沙盘模拟对抗训练2个训练模块。

　　本教材涵盖现行市场营销职业岗位群所需掌握的主要基础知识与适用实践技能，力图使学生在理实一体的岗位情景中，主动学习、合作学习，从而提高自己发现、分析、解决问题的能力，知识整合的能力及创新应用能力。全书的特色主要反映在全面性、系统性和应用性三个方面。

（1）全面性。本教材按照市场营销实践的基本逻辑进行设计，兼顾实验和实训，涵盖了市场营销职业岗位群所需要掌握的主要实践技能，可满足当代高校经管类专业师生市场营销实验实训的需要。本教材全面地介绍市场营销的基本思想、基本原理和基本方法，并抓住在现代科学技术飞速发展条件下市场营销的发展趋向，适时增添最新前沿知识。

（2）系统性。本教材在内容结构和章节安排上，力求系统、严密，条理清楚、层次清晰。每个训练项目的内容编撰包括准备、实施、示范及评价等方面，符合市场营销实践操作的内在逻辑。第一，每个训练开篇均安排"实训任务"及"实训要求"，有助于教师及学生明确实训目标；第二，每个训练开始之前安排"理论指导"，撷取相关理论基础知识，帮助学生温故而知新，有助于为实训夯实基础；第三，每个训练中安排"实训操作"及"实训范例"，为实训的科学开展提供可以参考的模板；第四，在每个训练中编撰"实训评价"，为评估实训结果及评定学生成绩提供科学的依据。

（3）应用性。教材编写团队成员均为安徽省高校联盟经管类专业资深教师，这些实训项目是广大师生长期教学实践的体会，是校企合作长期开展的结晶。实训项目的实施也将在教师指导、学生团队配合，并依靠现实的企业背景下完成，真正做到学以致用，理论与实践相结合，培养学生不断强化自我学习能力、思维能力和创造性解决问题的能力以及自我更新知识的能力，培养学生的团队协作意识和能力。

本教材简明实用、通俗易懂，可作为高等院校相关课程的实验实训教材，也可作为市场营销人员培训教材及有意进入营销职业的人员的自学用书。

编 者

2016 年 3 月

目　录

前言 …………………………………………………………………………（ i ）
第一章　营销认知 ……………………………………………………（ 1 ）
　训练一　"营销理念认知"写作 ………………………………………（ 2 ）
　训练二　"营销重要性认识"交流 ……………………………………（ 10 ）
第二章　营销调研 ……………………………………………………（ 14 ）
　训练一　营销调研立项及制订调研计划 ……………………………（ 15 ）
　训练二　调查问卷设计 ………………………………………………（ 26 ）
　训练三　撰写市场调查报告 …………………………………………（ 34 ）
第三章　营销数据分析 ………………………………………………（ 48 ）
　训练一　描述统计分析 ………………………………………………（ 49 ）
　训练二　推断统计分析 ………………………………………………（ 63 ）
　训练三　聚类分析 ……………………………………………………（ 83 ）
　训练四　因子分析 ……………………………………………………（ 97 ）
第四章　营销战略 ……………………………………………………（114）
　训练一　市场细分表设计及分析 ……………………………………（115）
　训练二　市场定位图设计及分析 ……………………………………（120）
　训练三　撰写市场开发分析报告 ……………………………………（128）
第五章　营销策略 ……………………………………………………（141）
　训练一　商品感官质量审评 …………………………………………（142）
　训练二　CIS 设计 ……………………………………………………（154）
　训练三　广告创意设计 ………………………………………………（167）
　训练四　分销策略设计 ………………………………………………（181）
　训练五　模拟商务谈判 ………………………………………………（192）
第六章　营销管理 ……………………………………………………（207）
　训练一　撰写营销计划报告 …………………………………………（208）
　训练二　撰写营销总结报告 …………………………………………（215）

第七章　综合营销 …………………………………………………………（222）
　　训练一　撰写营销策划方案 ……………………………………………（223）
　　训练二　ERP沙盘模拟对抗训练 ………………………………………（232）

参考文献 ……………………………………………………………………（246）

后记 …………………………………………………………………………（248）

第一章 营销认知

【内容简介】

市场营销学自20世纪初在美国诞生以来,随着经济形势的变化、科学技术的发展以及企事业单位市场营销实践的不断丰富而逐步趋于完善,并广泛应用于社会各类组织。市场营销学以满足需要为宗旨,引导企业树立正确的营销观念,面向市场组织生产过程和流通过程,不断从根本上解决企业成长中的问题,力求使企业立于不败之地。因此,本章着重从市场营销观念和市场营销重要性两个方面对学生进行实训,通过"营销理念认知"写作和"营销重要性认识"交流两项训练,引导学生关注市场营销学课程学习,提高对"营销重要性"的认识,增强自己的学习技能、写作技能和交流技能,实现课程教学培养目标。

训练一 "营销理念认知"写作

一、实训任务

（1）帮助学生树立正确的市场营销观念。要求学生通过市场营销学课程的理论学习，掌握市场营销的含义与作用、企业营销观念及营销管理，了解市场营销学的形成与发展等基本内容。

要求学生课下查阅资料，对各种营销观念及其实现方式进行更多的学习，并结合企业实际案例帮助其理解，形成营销理念的认知，树立正确的市场营销观念。

（2）帮助学生掌握"认识体会"写作技能。要求学生在全面、正确理解"市场营销""营销观念""营销管理"概念和基本内容的基础上，通过上述资料的查阅，联系企业实际，完成一篇1000字的关于营销理念认知的"认识体会"。"认识体会"写作要求结构合理，内容完整；做到理论联系实际，以实例论证观点；要上升为自我认识，认识观点正确、鲜明；观点分析紧扣主题，条理清楚。

要求通过"营销理念认识"的写作训练，更好地理解市场营销观念，掌握"认识体会"写作的基本技能。通过本项目训练，使学生懂得文章的写作要有合理的结构，要有鲜明的论点，要上升为自我观点，要进行合乎逻辑的科学分析，提出解决问题的方案。掌握写作技能对学生独立撰写各类营销报告是很重要的，对将来的管理工作或自己创业都是很需要的基础技能。

二、实训要求

（1）要求教师对学习《市场营销学》的实践应用价值给予说明，调动学生学习的积极性。

（2）要求学生根据实训要求，收集有关各种营销理念、营销理念方式的资料，结合企业营销的实例材料，完成"认识体会"写作。

（3）要求教师对市场营销、营销观念、营销管理及其实践意义和"认识体会"写作进行具体指导。

三、理论指导

（一）市场营销及相关概念

1. 市场

（1）市场的概念

① 市场是商品交换的场所，亦即买主和卖主发生交易的地点或地区。这是从空间形式来考察市场，市场是个地理概念，也就是人们通常所说的"狭义市场"。

② 市场是指某种或某类商品需求的总和。

③ 市场是买主、卖主力量的集合，是商品供求双方的力量相互作用的总和。以上两种理解是从供求关系的角度提出来的。

④ 市场是指商品流通领域交换关系的总和，这是从交换关系的角度提出来的一个"广义市场"的概念。

(2) 市场是一个发展的概念。现代市场营销观点认为,现代市场已超出了时空和地域的概念,由传统的交换场所演变为某种营销行为。从经营者的角度看,"市场是具有现实需求和潜在需求的消费者群";从消费者的角度看,"市场是经营者为满足消费需求所提供的一切营销行为的总和"。

2. 市场要素

市场 = 人口 + 购买力 + 购买动机。

3. 市场分类

(1) 生活资料市场,是指为了生活需要而购买或准备购买生活资料的消费者群体。

(2) 生产资料市场,是指为了生产或再生产的需求而购买或准备购买生产资料的消费者群体。

4. 市场营销的基本概念

"Marketing"有两层含义,一是指企业如何依据消费者需求,生产适销对路的产品,扩大市场销售所进行的一整套经营活动;二是指一门研究营销活动、营销规律的学科。

市场营销是企业以消费者需求为出发点,有计划地组织各项经营活动,为消费者提供满意的商品或服务而实现企业目标的过程。市场营销不仅仅是研究流通环节的经营活动,还包括产品进入流通市场前的活动,如市场调研、市场机会分析、市场细分、目标市场选择、产品定位等一系列活动;而且还包括产品退出流通市场后的许多营销活动,如产品使用状况追踪、售后服务、信息反馈等一系列活动。可见,市场营销活动涉及生产、分配、交换、消费等全过程。

随着市场经济的不断发展、经营者指导思想的不断演变,营销方式也在不断变革,这里介绍几种新的营销方式。

(1) 绿色营销。绿色营销是指企业在绿色消费的驱动下,从保护环境、充分利用资源的角度出发,通过研制开发绿色产品、保护自然、变废为宝等措施,来满足消费者的绿色需求,从而实现营销目标的全过程。

(2) 直复营销。直复营销,源于英文"Direct Marketing",即"直接回应的营销"。它是以盈利为目标,通过个性化的沟通媒介向目标市场成员发布信息,以寻求对方直接回应的营销过程。

(3) 合作营销。合作营销是指两个或两个以上相互独立的企业为增强竞争力,实现企业营销战略目标,而在资源或项目上开展一系列互利合作的营销活动方式。

(4) 网络营销。网络营销实质是以计算机互联网技术为基础,通过顾客在网上直接订购的方式,向顾客提供产品和服务的营销活动。

(5) 关系营销。关系营销是指企业与其顾客及中间商等相关各方建立、保持并加强关系,通过互利交换及共同履行诺言,使有关各方实现各自目的的营销活动。企业与顾客之间的长期关系是关系营销的核心。

另外,还有一些营销方式,诸如整合营销、定制营销等,它们都是企业经营者指导思想演变的产物。今后还会出现一些新的方式,但其核心都是市场营销。

5. 与市场营销相关的概念

有些概念与市场营销紧密相关,了解这些概念,对于学好市场营销是十分必要的。

(1) 企业、公司与营销者

① 企业是以盈利为目的而参与市场竞争的组织。它是从事生产或流通等经营活动,为

社会提供商品或劳务,从而获取利润的独立核算、自负盈亏的法人。

② 公司,英文原意为"合伙"。在西方国家包括个人合伙和企业合伙两种形式。营销学中的公司与企业区别不大,都是营销者。

③ 营销者是指希望从别人那里取得资源并愿意以某种有价之物作为交换的人。换言之,主要指盈利性的企业、公司或个人。

(2) 用户、客户、顾客与消费者

用户、客户、顾客与消费者是指对某种商品或劳务占有、使用并从中受益的团体或个人,都是营销者的营销对象。因为他们对商品的使用和接受形式不同,所以使用时要注意区别开来。

(3) 需要、欲望和需求

① 需要,是指没有得到某些满足的感受状态。如人们需要食品、空气、衣服等以求生存,人们还需要娱乐、教育和文化生活。

② 欲望,是指想得到某种东西或想达到某种目的的要求。如当一个美国人需要食品时,欲望是想得到一个汉堡包、一块法国烤肉和一杯可口可乐;而在我国,人们需要食品时,欲望是想得到馒头、米饭和炒菜。

③ 需求,是指对于有购买能力并且愿意购买某个具体产品的欲望。如许多人都想拥有一辆奔驰轿车,但只有少数人能够并且愿意购买,也就是说,只有少数人有购买奔驰车的需求。

区分需要、欲望和需求的意义在于:第一,人类的需要在一定层次上是有限的,但其欲望却很多,当具有购买能力时,欲望才能转化成需求;第二,市场营销者并不创造需要,需要早就存在于市场营销之前;第三,市场营销活动可以影响人们的欲望,因而在某种程度上可以引导并创造需求。

(4) 交换和交易

① 交换,是指通过提供某种东西作为回报,从别人那里取得所需物品的行为。交换的发生必须具备三个条件,即每一方都能沟通信息和传送物品;每一方都可以自由接受或拒绝对方的物品;每一方都认为双方交换是适当的或称心如意的。

② 交易,是交换活动的一种形式,而且是基本形式,是由双方之间的价值交换所构成的行为。一次交易包括三个实质性内容:两个及以上有价值的实物;交易双方所同意的条件;能为双方所接受的时间和地点。

(二) 营销理念的基本知识

1. 营销理念

营销理念(Marketing Philosophy)是指企业在组织和谋划企业的经营管理实践活动中所依据的指导思想和行为准则,是企业经营哲学和思维方法的体现。

2. 营销理念的特征

(1) 营销理念具有历史性特征。营销理念来源于长期的营销实践,一种营销理念在其形成过程中,有其历史的必然性。在20世纪20年代以前,由于社会生产力水平的限制,产品的供给不能完全满足社会的需求,社会经济生活处在卖方市场的境况下,企业只需要大规模地生产产品,降低成本,就能获取满意的利润。在这种情况下,只能形成"以我——企业利润为中心"的营销理念。自20世纪20年代以来,尤其是二战以来,由于科学技术的迅猛发展,社会生产条件有了极大的改变,社会提供产品的能力较过去增大了无数倍,产品极大丰富,企业之间的竞争日趋激烈,社会经济生活完全处于买方市场的境况下,许多企业逐渐认识到,顾客的需求乃是企业的利润之源泉。因此,研究、发现顾客的需求,然后设法去满足这个需求,企业才能获得生存与发展,否则它将在残酷的竞争中被淘汰。于是一种崭新的"以社会——顾客需求为中心"的营销理念产生了。一种营销理念的形成既然有其历史的必然性,这就意味着,它是不以人的意志为转移的。

(2) 营销理念的时代性。在某个时代只能产生某类营销理念,某类营销理念一定会出现在某个时代。在世界经济一体化与中国社会市场经济化的时代,社会经济运行的各项因素必然构建出"以社会——顾客需求为中心"的营销理念。因而,我们认为,"以社会——顾客需求为中心"的营销理念是现代营销者应把握的根本营销理念。

(3) 营销理念具有共存性特征。在现代,企业的经营者应该把握"以社会——顾客需求为中心"的营销理念,这是历史的必然。但这并不等于每个企业就真的将此营销理念树立起来了。这里有两方面的原因:其一是客观原因。如中国幅员辽阔,东西南北、地理、人文条件差异很大,尤其是经济发展有着很大的不平衡性,在某些地区,市场发育程度很低,某些产品仍然存在供不应求的现象,因而有的企业仍然用"以我——企业利润为中心"的营销理念来指导营销。其二是主观原因。如处在某些垄断行业中的一些企业,还有一些在完全买方市场上的企业,仍然沿袭"以我——企业利润为中心"的营销理念来进行营销,特别是某些国有企业更为典型。在同一时间与空间的平面上,两类不同的营销理念并存着,这就是营销的共存性。

3. 营销理念的作用

营销理念对营销实践的作用是举足轻重的。这种作用概括为:从市场营销的整体来看,它具有"灵魂"的功能;从市场营销的过程来看,它处在"龙头"的位置。

(1) 营销理念在营销实践中决定了企业的价值导向,因而也就决定了企业的经营方向。

(2) 营销理念是全部营销实践过程的龙头。

(3) 营销理念对企业员工的思想和行为具有整合作用。

(4) 营销理念在市场营销学理论中同样具有龙头的地位。

4. 营销理念的实施

必须使用系统方法来实施营销理念。企业的所有部门都应该协调一致,所有员工必须领悟市场营销准则,应该通过以下一个或几个途径来实施营销理念:

(1) 注重商誉。应该经常评价企业,从而了解客户方面所反映出来的商誉。应该问自己:客户能得到他们想要的东西吗?他们什么时候需要?在哪里?竞争价格如何?

(2) 用户至上。客户关心的问题是商品的安全性、能否充分了解商品和能否自由选择,这迫使企业对他们负责,给予合理、公平的处理。客户的利益可以通过一些途径得到保护,例如完善产品质量检测、制定明确的销售条款和承诺以及做真实守信的广告宣传。

(3) 寻找危险信号。当营销理念不能被遵守时,就会出现许多危险信号。如果你的企业出现了预示销售问题的危险信号时,就应该意识到你的企业已经出现了问题。对企业没有兴趣的员工或管理者会把你的客户赶走。

5. 营销观念的演变历程

无论从历史还是现实来看,企业和其他组织都是在以下五种观念的指导下从事营销活动的:

(1) 生产导向型——生产观念。生产观念产生于 19 世纪末 20 世纪初。由于社会生产力水平还比较低,商品供不应求,市场经济呈卖方市场状态。表现为企业生产什么产品,市场上就销售什么产品。在这种营销观念指导下,企业的经营重点是努力提高生产效率,增加产量,降低成本,生产出让消费者买得到和买得起的产品。因此,生产观念也称为"生产中心论"。生产观念是指导企业营销活动最古老的观念。曾经是美国汽车大王的亨利·福特为了千方百计地增加 T 型车的生产,采取流水线的作业方式,以扩大市场占有率,至于消费者对汽车款式、颜色等的主观偏好,他全然不顾,车的颜色一律是黑色。这就形成了企业只关心生产而不关心市场的营销观念。

(2) 产品导向型——产品观念。该理念认为,消费者或用户最喜欢质量好、性能佳、有特色的产品,只要质量好,顾客自然会上门,顾客也愿意为高质量付出更高的价钱。"酒香不怕巷子深""皇帝女儿不愁嫁",就是这种指导思想的生动写照。概括为一句话就是"只要产品好,不怕卖不掉"。

(3) 推销导向型——推销观念。二次大战后,资本主义工业化大发展,使社会产品日益增多,市场上许多商品开始供过于求。企业为了在竞争中立于不败之地,纷纷重视推销工作,如组建推销组织,培训推销人员,研究推销技巧,大力进行广告宣传等,以诱导消费者购买产品。这种营销观念是"我们会做什么,就努力去推销什么"。由生产观念、产品观念转变为推销观念,是企业经营指导思想上的一大变化。但这种变化没有摆脱"以生产为中心""以产定销"的范畴。前者强调生产产品,后者强调推销产品。所不同的是前两种观念是等顾客上门,而推销观念是加强对产品的宣传和推介。

(4) 营销导向型——营销观念。该种观念认为,实现企业目标的关键是切实掌握目标顾客的需要和愿望,并以顾客需求为中心集中企业的一切资源和力量,设计、生产适销对路的产品,安排适当的市场营销组合,采取比竞争者更有效的策略,满足消费者的需求,取得利润。

营销观念与推销观念的根本不同是:推销观念以现有产品为中心,以推销和销售促进为手段,刺激销售,从而达到扩大销售、取得利润的目的。市场营销观念是以企业的目标顾客及其需要为中心,并且以集中企业的一切资源和力量、适当安排市场营销组合为手段,从而达到满足目标顾客的需要、扩大销售、实现企业目标的目的。

营销观念把推销观念的逻辑彻底颠倒过来了,不是生产出什么就卖什么,而是首先发现和了解顾客的需要,顾客需要什么就生产什么、销售什么。顾客需求在整个市场营销中始终处于中心地位。它是一种以顾客的需要和欲望为导向的经营哲学,是企业经营思想的一次重大飞跃。

(5) 社会营销导向——社会营销观念。当前,企业社会形象、企业利益与社会利益、顾客利益的冲突等问题越来越引起政府、公众及社会舆论的关注。环境污染、价格大战、畸形消费等不良现象,导致了近年来对"理性消费""回归俭朴""人类观念"的呼吁。相应地,"绿色营销""从关心顾客到关心人类,从关注企业到关注社会"等一系列新的营销观念,也为越来越多的企业所接受。企业从营销观念正向社会营销观念转变。

(6) 大市场营销观念。20 世纪 70 年代末期,企业跨国经营迅速发展,市场竞争波及全球,资本主义经济出现了不景气和持续性"滞胀"。一些主要西方国家政府为免遭外来产品的冲击,纷纷采取贸易保护主义措施,政府对经济的干预致使贸易的政治色彩不断加重。为了突破目标市场的环境障碍,美国营销学家菲利普·科特勒在 20 世纪 80 年代初提出了大市场营销观念。这种观念认为,在贸易保护主义思潮日益增长的条件下,从事国际营销的企业为了成功进入待定市场而从事经营活动。除了运用好产品、价格、渠道、促销等传统的营销策略外,还必须依靠权力和公共关系来突破进入市场的障碍。

依靠权力是指企业由自己或其代表——国家采用政治或其他策略及技巧,从目标市场所在国政府、立法机构和企业那里取得进入该市场的特权,以及取得这种特权所采取的强制性手段。依靠公共关系是指企业通过各种方法和途径以增强有利于企业的舆论力量影响公众的态度并取得支持,达到树立良好企业及产品形象的目的,获得广泛而持久的效果。权力的运用是指一种"推"的硬策略,而公共关系的运用是一种"拉"的软策略,二者结合,可促使企业能够进入并保持某个特定市场。大市场营销观念,对于从事国际营销的企业来说具有一定的现实意义,重视和恰当地运用这一观念,有益于企业突破贸易保护障碍,占据市场。

四、实训操作

(一) 学习营销原理,联系营销实践,提高"营销重要性"认识

1. 只有真正理解了营销的实质,企业才能开发市场、占领市场

市场营销实质是满足消费者需要,运用有效的营销策略来开发市场、占领市场。总结企业营销成败的经验教训都集中在能否真正理解"营销"两字。营销不是推销,更不是坑蒙拐骗。营销就是企业以满足消费者需求作为营销出发点和归宿,准确锁定自己的目标市场;生产出适销对路的产品,建立合理的分销渠道以方便顾客购买;制定适当的价格,运用有效的促销手段吸引消费者。

2. 只有树立了现代营销观念,企业才能赢得市场、引导市场

现代营销观念是企业有效开展市场营销活动的指导思想。现代营销观念的核心就是以消费者为中心,把"顾客满意"、实现"顾客让渡价值最大化"作为营销追求目标。现代营销观念要求与时俱进,体现时代特征,迎合发展潮流。联系企业营销成败的事例,都会证明正确的、积极的营销观念作为营销指导是至关重要的。只有树立了现代营销观念,企业才能在市场上立于不败之地。

3. 只有实施科学营销管理,企业才能真正实现企业营销目标

科学营销管理是制订正确营销策略,实现企业营销目标的保障。科学营销管理要求在对企业营销机会分析的基础上,正确选择目标市场,制订战略性市场营销规划;对营销规划实行有效管理,即制订营销计划,为实施计划进行有效的组织与控制。联系企业营销成败的事例,都证明了科学的营销管理对制订正确营销策略,实现企业营销目标是至关重要的。只有实施科学的营销管理,才能真正实现企业营销目标。

(二) "营销理念认识"写作要求

写好一篇体会文章,掌握文章写作的结构和要求是非常重要的。一般来说,体会文章分为三个部分,即开头、正文和结尾。其基本写作要求如下:

1. 开头

文章的开头应该是提出问题,说明体会文章要解决的是什么问题,论述的观点是什么,即判断。如提出的"树立以消费者为中心的现代营销观念是实现企业营销目标的重要保障",就是一个论点。

论点提出的要求:(1)概念要准确;(2)符合客观事物的发展规律;(3)符合人们对客观事物的认识习惯。

2. 正文

文章的正文应该是分析提出的问题；说明为什么文章要确立这样一个论点，即推理。如"树立以消费者为中心的现代营销观念是实现企业营销目标的重要保障"论点，可以从理论与实践的结合上，以理论观点和实例资料为论据，来论述现代营销观念为什么能保障企业营销目标的实现。

正文论述的要求：(1) 紧扣主题(以论点为中心)；(2) 言之有序(分析条理分明)；(3) 言之有理(分析要正确，符合逻辑)；(4) 言之有据(理论依据和实例资料)。

3. 结尾

文章的结尾应该是所提出问题的结论。可以从正文论述中进行归纳和综合得出总结，或联系现实存在的客观问题，提出自己的观点、见解与建议。结论表达了作者对论点的见解，是文章的精髓。

结尾要求：(1) 上升为自我认识；(2) 观点、见解与建议要鲜明；(3) 结论要概括、简短。

五、实训评价

"营销理念认知"实训评价，如表1.1所示。

表1.1 "营销理念认知"实训评价表

评估标准 评估项目	训练任务基本完成 （40分）	文章是否符合要求 （60分）	考评成绩 （100分）
1. "实践教学"认识和建议（25分）	准时完成得10分， （没有准时完成酌情扣分）	① 对实践教学的自我认识(8分) ② 对实践教学的坦诚建议(7分) （共计15分。没有达到酌情扣分）	
2. "营销内涵"重要性认识（25分）	准时完成得10分， （没有准时完成酌情扣分）	① 联系企业实践(5分) ② 能上升为自我认识(5分) ③ 认识观点的正确性(3分) ④ 观点表达的条理性(2分) （共计15分。没有达到酌情扣分）	
3. "营销观念"重要性认识（25分）	准时完成得10分， （没有准时完成酌情扣分）	① 联系企业实践(5分) ② 能上升为自我认识(5分) ③ 认识观点的正确性(3分) ④ 观点表达的条理性(2分) （共计15分。没有达到酌情扣分）	
4. "营销管理"重要性认识（25分）	准时完成得10分， （没有准时完成酌情扣分）	① 联系企业实践(5分) ② 能上升为自我认识(5分) ③ 认识观点的正确性(3分) ④ 观点表达的条理性(2分) （共计15分。没有达到酌情扣分）	
	评估考核总成绩（100分）		

六、实训范例

(一) 生产观念

美国福特汽车公司的创办人福特曾经说过:"不管顾客的需要是什么,我们的汽车就是黑色的。"因为在那个时代,福特汽车公司通过采用大量流水生产组织形式,大大提高了福特汽车的生产效率,大大降低了汽车的生产成本,从而大大降低了福特汽车的售价,使福特汽车供不应求,清一色的黑色汽车畅销无阻,不必讲究市场需求特点和推销方法。显然,整个市场的需求基本上是被动的,消费者没有多大选择余地。

(二) 产品观念

美国爱尔琴钟表公司自1869年创立到20世纪50年代以来,一直被公认为是美国最好的钟表制造商之一。该公司在市场营销管理中强调生产优质产品,并通过由著名珠宝商店、大百货公司等构成的市场营销网络分销产品。1958年之前,公司销售额始终呈上升趋势。但此后其销售额和市场占有率开始下降。造成这种状况的主要原因是市场形势发生了变化:这一时期的许多消费者对名贵手表已经不感兴趣,而趋于购买那些经济、方便、新颖的手表;而且,许多制造商为迎合消费者需要,已经开始生产低档产品,并通过廉价商店、超级市场等大众分销渠道积极推销,从而夺得了爱尔琴钟表公司的大部分市场份额。爱尔琴钟表公司竟没有注意到市场形势的变化,依然迷恋于生产精美的传统样式手表,仍旧借助传统渠道销售,认为自己的产品质量好,顾客必然会找上门,结果,企业经营遭受重大挫折。

(三) 推销观念

美国皮尔斯堡面粉公司在20世纪20年代以前的口号是:"本公司旨在制造面粉"。而在20世纪30年代左右,它的口号改为:"本公司旨在推销面粉"。一些存货待售的企业,则更加重视推销技巧。

(四) 市场营销观念

美国的迪斯尼乐园,欢乐如同空气一般无处不在。它使得每一位来自世界各地的儿童美梦得以实现,使各种肤色的成年人产生忘年之爱。因为迪斯尼乐园成立之时便明确了它的目标:它的产品不是米老鼠、唐老鸭,而是快乐。人们来到这里是享受欢乐的。公园提供的全是欢乐。公司的每一个人都要成为欢乐的灵魂。游人无论向谁提出问题,谁都必须用"迪斯尼礼节"回答,决不能说"不知道"。因此游人们一次又一次地重返这里,享受欢乐,并乐于付出代价。

(五) 社会营销观念

汉堡包快餐行业提供了美味可口的食品,但却时常遭受争议。原因是它的食品虽然可口却没有营养。汉堡包脂肪含量太高,餐馆出售的油煎食品和肉馅饼都反映有过多的淀粉和脂肪。出售时采用方便包装,因而导致了过多的包装废弃物。在满足消费者需求方面,这些餐馆可能损害了消费者的健康,同时污染了环境,忽略了消费者和社会的长远利益。

(六) 大市场营销观念

美国一家制鞋公司正在寻找国外市场,公司总裁首先派出了自己的财务经理到非洲一个国家,让他去了解那里的市场。几天以后,该经理发回一封电报:"这里的人根本不穿鞋,此地不是我们的市场。"

于是该公司又把自己最好的推销员派到那里以证实这一点,他在那里待了一个星期发回了电报:"这里的居民没有一个人穿鞋,这里是巨大的潜在市场。"

该公司最后又把自己的市场营销副经理派去考察。他在非洲待了三个星期,发回电报:"这里的人不穿鞋,但有脚疾,需要鞋;不过我们现在生产的鞋太瘦,不适合他们,我们必须生产肥些的鞋。我们要教给他们穿鞋的方法并告诉他们穿鞋的好处。这里的部落首领不让我们做买卖,只有向他的金库里进贡,才能获准在这里经营。我们需要投入大约1.5万美元,他才能开放市场。他们没有钱,但这里盛产菠萝。我测算了三年内的销售收入以及我们的成本,包括把菠萝卖给欧洲的超级市场连锁集团的费用。我得出的结论是我们的资金回报率可达30%。因而我建议公司应开辟这个市场。"

训练二 "营销重要性认识"交流

一、实训任务

(1) 在每个学生完成"营销理念认知"认识体会写作基础上,体会营销的重要性,查阅企业案例辅助说明营销的重要性,并在课堂上组织"营销重要性认识"交流活动。

(2) 先组织小组讨论,小组成员把个人完成的体会文章、企业案例,在小组内交流;在小组内部交流的基础上,汇总出团队的体会文章。

(3) 再组织全班交流,要求各小组派出一名代表,交流小组体会文章;并对各小组交流情况进行点评考核,要求师生联手评出小组集体成绩。

(4) 通过"认识体会"交流训练,更好地认识团队意识、合作能力的重要性,掌握人际交往和信息交流所需的沟通、表达技能与技巧。

二、实训要求

(1) 要求教师对交流所需的"表达能力""沟通能力"培养的实践应用价值给予说明,调动学生参加交流训练的积极性。

(2) 要求学生根据本项目训练要求,组织好小组讨论,发挥团队作用,完成全体学习交流任务。

(3) 要求教师对学习交流所需的"表达能力"进行重点指导。

三、理论指导

(一) 掌握学习交流的内容

交流效果首先来自于交流的内容。作为"认识体会"交流要掌握其内容有效性:① 要注重理论联系实践;② 交流观点要上升为自我认识;③ 交流内容的表达要完整;④ 交流观点的表达要准确。

(二) 掌握学习交流的技巧

(1) 交流表达。要有较强的语言能力作为基础。交流中要注意:① 表述清楚,声音响亮;② 表达流畅、熟练;③ 语速要适中;④ 语音要动听。

(2) 交流表情。面部表情表现如何,在很大程度上影响着交流效果。要掌握:① 自然、舒展;② 富有表情;③ 具有吸引力。

(3) 交流姿态。交流的姿态也很重要,也会影响交流的效果。在交流中要注意:① 姿态要大方、得体;② 要善于表现自我;③ 要具有感染力。

四、实训操作

(一) 分组

按照教学班级学生人数、营销理念认识具有共同点等因素合理确定若干小组,每一小组人数以 5~8 人为宜;小组成员需要考虑合理的分工,注意小组成员在知识、性格、技能等方面的互补性,并进行合理的分工,选举小组长,以协调小组的各项工作。

(二) 教师指导

教师负责理论指导,统一认识,统一口径,基本统一判断标准。每完成一个环节,指导教师应及时检查学生完成的进度和实际完成情况,提供必要的指导和建议,针对有共性的问题,在交流活动结束后于课堂上进行专门的讲解。

(三) 小组交流

组织小组讨论,小组成员把个人完成的体会文章、企业案例在小组内交流;在小组内部交流的基础上,汇总出团队的体会文章,充分说明营销的重要性。

(四) 全体交流

组织全班交流,要求各小组派出一名代表,交流小组体会文章;并对各小组交流情况进行点评考核,要求师生共同评出小组集体成绩。

(五) 指导教师进行归纳总结

通过"营销重要性"交流训练,使学生了解如何组织小组讨论,如何将个人体会汇总为团队文章;掌握交流的表达、表情和姿态技巧,使交流更富有吸引力、感染力,更具有效果。指导老师还应针对学生交流中比较典型的问题进行针对性指导,引导学生树立正确的营销观念,加深学生对于营销重要性的认知。

五、实训评价

"营销重要性"交流训练评价,如表 1.2 所示。

表 1.2 "营销重要性"交流训练评价表

评估项目 \ 评估标准	训练任务基本完成 (60 分)	训练任务中表现突出 (40 分)	考核成绩 (100 分)
1. 内容(50 分)	① 内容基本完整(15 分) ② 观点正确(15 分) (计 30 分,没有达到酌情扣分)	① 理论联系实际(10 分) ② 能够上升为自我认识(10 分) (计 20 分,没有达到酌情扣分)	
2. 表述能力(30 分)	① 内容基本表述清楚(10 分) ② 声音洪亮(5 分) (计 15 分,没有达到酌情扣分)	① 条理清晰(5 分) ② 流畅、熟练(5 分) ③ 语速适中、语言动听(5 分) (计 15 分,没有达到酌情扣分)	
3. 交流表情(10 分)	表情基本自然(5 分) (计 5 分,没有达到酌情扣分)	① 富有表情(3 分) ② 具有吸引力(2 分) (计 5 分,没有达到酌情扣分)	

(续表)

评估项目 \ 评估标准	训练任务基本完成（60分）	训练任务中表现突出（40分）	考核成绩（100分）
4. 交流姿态(10分)	姿态基本得体(5分)（计5分,没有达到酌情扣分）	① 善于表达(3分) ② 具有感染力(2分) （计5分,没有达到酌情扣分）	
个人成绩		小组总评成绩	

六、实训范例

文化营销,向星巴克看齐①

当你走进一家星巴克店时,你想过没有,是什么力量在支配着你的双腿？是美味的咖啡？可能它并不比其他随便一家街头小店的咖啡好多少！是为了解渴？可以说随便喝上一杯矿泉水都更奏效！况且论价钱,星巴克也并不含糊！可能最大的原因是星巴克的文化营销搞得好。

那么,到底什么是"文化营销"呢？从字面上理解,至少有四种意思：

一是各种文化产品或形式的营销。如音像制品、书籍、舞蹈、杂技等,这里它们也是商品,自然也有其目标顾客群,这些群体又有他们的需求特点,这与一般产品或服务的营销没有什么两样。

二是利用各种文化产品或形式来协助商品的营销。这已经很普遍,如汽车新品发布会上的时装秀、歌星现场表演、背景音乐的播放、背板上布置的名画等等。

三是考虑作为社会环境的文化影响下的营销。营销学的泰斗菲利浦·科特勒尽管没有明确提出"文化营销"这样的概念,但他指出文化的因素(包括文化、亚文化和社会阶层)是影响购买决策的最基本的因素,那么,什么是社会学意义上的文化呢？按照社会学家戴维·波普诺的定义,它指的是一个人类群体或社会的所有共享成果,包括物质的,也包括非物质的。比如,你是在北京营销,那就应该考虑北京人的价值观、语言、知识等非物质文化和建筑、交通、蔬菜等物质文化。

四是为了形成一种有利于竞争和销售的文化而营销。这里的文化可以理解成一种包括品牌形象、品牌内涵、品牌忠诚、独特社群(由现有的和潜在的消费者构成)文化等多种元素的东西,这种东西一旦形成,将使品牌的拥有者在与其他厂商竞争中获得其社群的支持,从而处于优势。

可见,从后两种意义上来定义文化营销,更具有普遍性和实践意义。我们为什么会进咖啡厅呢？大致有以下几种情况：

一是需要一个比较安静的谈事的场所。这时那种安静、整洁、灯光柔和、方便(例如离上班的地方很近、提供宽带接口)的咖啡厅、茶馆会成为首选。

二是需要一个工作间隙放松的场所,即所谓的第三空间。这时,那种快捷、使人轻松(通

---

① 资料来源:根据网络相关报道整理。

过装饰、摆设、灯光、背景音乐等表现出来)、自由(提供自助式服务选择、随便阅读的报刊和网络浏览)、方便(提供各种小吃如甜点)等的咖啡厅、快餐店会成为首选。

三是需要一个谈恋爱的场合。根据女朋友或潜在女朋友的好静还是好动，会选择去咖啡厅或酒吧，这时情调是第一位的，另外，如果咖啡厅或酒吧能显出个人的品位，那自然就再好不过了！

四是如果需要为家里添置一套不错的咖啡具并希望买一些自己打磨的咖啡，而如果咖啡厅能提供，也许我们会走进咖啡厅。

从上边的情况可以看出，首先，我们的需求很少是为了喝那点咖啡，大多数情况下是为了一个空间，第四种情况下虽然买的是商品，但也不完全是；其次，在不同的需求满足的过程中，都有超过一种的选择，如茶馆、酒吧、快餐厅在某些情况下都是咖啡厅的替代品；最后，针对每种需求，还可能有各种档次的服务选择。

不过，由于涉及了"文化"，而"文化"又是很难定价的，因为它的成本可多可少；另外，正是由于"文化"的看不见摸不着，也往往与效率背道而驰；这些都使得很容易落入为文化而文化的陷阱，忽略了文化营销的商业目的(当然如果仅仅是作为一种个人爱好除外)，结果，往往很难"销"起来！

从经营的角度看，文化是顾客在超出有形的商品和可以描述的服务内容之外所希望而且实际又得到的东西，你为顾客提供的这种东西越多，顾客对你的依赖就越多，你在顾客的心中就形成了某个固定的联系或形象，这种联系超乎了有形的产品或可计量的服务，很难因为竞争者的加入而轻易改变，这才是文化经营的魅力。但是，正如天下没有免费的午餐，这些都离不开成本。而营销者要面对的是，必须在成本控制与提供更多的服务以促进特定社群文化的形成中做出平衡。

第二章 营销调研

【内容简介】

　　市场营销环境是存在于企业营销系统外部的不可控制或难以控制的因素和力量。市场营销环境包括宏观环境和微观环境,这些因素和力量是影响企业营销活动及其目标实现的外部条件;充分把握市场营销环境是企业进行营销战略设计和营销策略实施的重要前提。本篇包括5个训练项目,分别为营销调研立项及制订调研计划、调查问卷设计、调查问卷分析、SPSS软件模拟训练和撰写市场调查报告。

训练一　营销调研立项及制订调研计划

一、实训任务

（1）掌握市场影响活动的内容。
（2）掌握市场调查的基本步骤。
（3）掌握市场调查计划书的含义。
（4）掌握市场调查计划书的基本内容。

二、实训要求

根据班级人数给定若干选题，让学生根据自己的兴趣选择题目并分组；各组就选择的题目展开。项目调查方案设计具体包括：调查目的、研究方法、调查设计、资料分析、成果提交、经费预算、调查时间及进度安排、调查的组织实施计划等；然后让每组代表来讲述该组所设计的方案；最后其他各组成员就上一组讲解的方案提出优点与不足，从而让学生达到根据市场调研目的，撰写立项单和调研计划书的能力。

三、理论指导

理论知识一　市场营销活动调查及营销立项

（一）市场营销活动调查

市场营销活动调查也要围绕营销组合活动展开。其内容主要包括：竞争对手状况调查、产品调查、价格调查、销售渠道调查和促销调查等。

1. 竞争对手状况调查

调查的内容主要包括：
① 有没有直接或间接的竞争对手？如果有，是哪些？
② 竞争对手的所在地和活动范围；
③ 竞争对手的生产经营规模和资金状况；
④ 竞争对手生产经营商品的品种、质量、价格、服务方式及在消费者中的声誉和形象；
⑤ 竞争对手技术水平和新产品开发经营情况；
⑥ 竞争对手的销售渠道；
⑦ 竞争对手的宣传手段和广告策略；
⑧ 现有竞争程度（市场、占有率、市场覆盖面等）、范围和方式；
⑨ 潜在竞争对手状况。

通过调查，可将本企业的现有条件与竞争对手进行对比，为制订有效的竞争策略提供依据。

2. 产品调查

市场营销中的商品概念是一个整体的概念,不仅包括商品实体,还包括包装、品牌、装潢、商标、价格以及和商品相关的服务等。例如,我国许多出口商品质量过硬,但往往由于式样、工艺、装潢未采用国际标准,或未用条形码标价等原因,而在国际市场上以远低于具有同样内在质量和使用价值的外国商品价格出售,造成了严重的经济损失。

(1) 产品实体调查。商品实体调查是对商品本身各种性能的好坏程度所做的调查,它主要包括以下几个方面:

① 商品性能调查。商品的有用性、耐用性、安全性、维修方便性等方面都是人们在购买商品时经常考虑的因素。通过调查可以了解哪些问题是最主要的,是生产经营中应该强调和狠抓落实的重点。

② 商品的规格、型号、式样、颜色和口味等方面的调查。通过调查,了解消费者对上述方面的意见和要求。例如,在国际市场上,各国对颜色有各种喜厌。在法国和德国,人们一见到墨绿色就会联想起纳粹,因而许多人厌恶墨绿色;利比亚、埃及等伊斯兰国家则将绿色视为高贵色;在我国,红色象征着欢快、喜庆。可见,企业只有在对此了解的基础上,投其所好,避其所恶,才能使商品为消费者所接受。

③ 商品制作材料调查。主要是调查市场对原料或材料的各种特殊要求。如近年来美国许多青年人喜欢穿纯棉制作的衬衫,而不喜欢穿化纤类衬衫;我国的不少消费者喜欢喝不含任何添加剂的饮料等。

(2) 商品包装调查。具体内容如表2.1所示。

表 2.1 商品包装调查

包装种类		调查内容
销售包装	消费品包装	① 包装与市场环境是否协调;② 消费者喜欢什么样的包装外形;③ 包装应该传递哪些信息;④ 竞争产品需要何种包装样式和包装规格
	工业品包装	① 包装是否易于储存、拆封;② 包装是否便于识别商品;③ 包装是否经济,是否便于退回、回收和重新利用等等
运输包装		① 包装是否能适应运输途中不同地点的搬运方式;② 是否能够保证防热、防潮、防盗以及适应各种不利的气候条件;③ 运输的时间长短和包装费用为多少等等

(3) 产品生命周期调查。任何产品从开始试制、投入市场到被市场淘汰,都有一个诞生、成长、成熟和衰亡的过程,这一过程称为产品的寿命周期,它包括导入期、成长期、成熟期和衰退期四个阶段。因此,企业应通过对销售量、市场需求的调查,进而判断和掌握自己所生产和经营的产品处在什么样的寿命周期阶段,以做出相应的对策。

3. 价格调查

从宏观角度看,价格调查主要是对市场商品的价格水平、市场零售物价指数和居民消费价格指数等方面进行调查。居民消费价格指数与居民购买力成反比,当居民货币收入一定时,价格指数上升,则购买力就相对下降。

从微观角度看,价格调查的内容可包括:① 国家在商品价格上有何控制和具体的规定;② 企业商品的定价是否合理,如何定价才能使企业增加盈利;③ 消费者对什么样的价格容易接受以及接受程度,消费者的价格心理状态如何;④ 商品需求和供给的价格弹性有多大、影响因素是什么等等。

4. 销售渠道调查

企业应善于利用原有的销售渠道,并不断开拓新的渠道。对于企业来讲,目前可供选择的销售渠道有很多,虽然有些工业产品可以对消费者采取直销方式,但多数商品要由一个或更多的中间商转手销售,如批发商、零售商等,对于销往国际市场的商品,还要选择进口商。为了选好中间商,有必要了解以下几方面的情况:

第一,企业现有销售渠道能否满足销售商品的需要?

第二,企业是否有通畅的销售渠道?如果不通畅,阻塞的原因是什么?

第三,销售渠道中各个环节的商品库存是否合理?能否满足随时供应市场的需要?有无积压和脱销现象?

第四,销售渠道中的每一个环节对商品销售提供哪些支持?能否为销售提供技术服务或开展推销活动?

第五,市场上是否存在经销某种或某类商品的权威性机构?如果存在,它们促销的商品目前在市场上所占的份额是多少?

第六,市场上经营本商品的主要中间商,对经销本商品有何要求?

通过上述调查,有助于企业评价和选择中间商,开辟合理的、效益最佳的销售渠道。

5. 促销调查

(1) 广告调查

广告调查是用科学的方法了解广告宣传活动的情况和过程,为广告主制定决策,达到预定的广告目标提供依据。广告调查的内容包括广告诉求调查、广告媒体调查和广告效果调查等。

① 广告诉求调查也就是消费者动机调查,包括消费者收入情况、知识水平、广告意识、生活方式、情趣爱好以及结合特定产品下消费者对产品接受程度等。只有了解消费者的喜好,才能制作出打动人心的好广告。

② 广告媒体调查的目的是使广告宣传能达到理想的效果。广告媒体是广告信息传递的工具,目前各种媒体广告种类繁多,大致可归纳为以下四类:视听广告,包括广播、电视和电影等;阅读广告,包括报纸、杂志和其他印刷品;邮寄广告,包括商品目录、说明书和样本等;户外广告,包括户外广告牌、交通广告、灯光广告等。

③ 每一类媒体中又有许多具体媒体,如目前全国电视台就有上百家,有覆盖全国的,也有地区的,其声望、可靠性、覆盖面等各不相同。广告的费用约有三分之二要花在媒体上,因此,如何能以最低的广告费用求得最大的媒体影响力,是企业和广告制作者所密切关注的问题。这就需要通过调查了解情况,将各种媒体相互间的长处和短处进行比较,包括印象度的

优劣、各种媒体的经济性、各种媒体相互组合的广告效果变化等,这就是广告效果调整。

(2) 人员推销调查

① 人员推销基本形式的调查。

上门推销:这是一种向顾客靠拢的积极主动的"蜜蜂经营法",也是被企业和公众广泛认可和接受的一种推销方式。在进行调查时,应将重点放在这一促销方式的调查上。

柜台促销:营业员在与顾客当面接触和交谈中,介绍商品、回答询问、促成交易,这也是一种"等客上门"的促销形式。

会议推销:它是指利用各种会议的形式介绍和宣传产品,开展推销活动,如推销会、订货会、物资交流会、展销会等。这种推销形式具有接触面广、推销集中、成交额大的特点。在各种推销会议上,往往多家企业同时参加推销活动,买卖双方能够广泛接触。

② 推销人员的调查。

推销人员应该具备的素质:热忱、坚定、勤劳、无畏;服务精神好、富有进取心;求知欲强;良好的个性、娴熟的技巧。

推销人员的选拔:通过表格筛选,由应征人员先填写应征表格;经过表格筛选出来的符合基本条件的人员,由企业的销售主管或人事经理与其面谈,这样可以了解其语言能力、仪表仪态、面临困境的处理方法以及知识的深度和广度等。

进行心理测验:包括智力和特殊资质测验、态度个性兴趣测验和成就测验等。

(3) 营业推广调查

营业推广是指企业通过直接显示、利用产品、价格、服务、购物方式与环境的优点、优惠或差别性,以及通过推销、经销奖励来促进销售的一系列方式方法的总和。它能迅速刺激需求,鼓励购买。

① 营业推广对象的调查。企业营业推广的对象主要有三类:消费者或用户、中间商和推销人员。

② 营业推广形式的调查。包括赠送产品、有奖销售、优惠券、俱乐部制和"金卡"、附增产品、推销奖金、竞赛、演示促销、交易折扣、津贴、红利提成、展销会、订货会等。

(4) 公共关系调查

由于公共关系促销是企业的一种"软推销术",它在树立企业形象和产品现象时,能促进产品的销售,满足了消费者高层次的精神需要,不断赢得新老顾客的信赖。因此在进行市场调查时应重点调查公共关系的作用以及哪种公共关系形式对企业产品销售所起的作用最大。通常所用的公共关系促销形式有:创造和利用新闻、举行各种会议、参与社会活动和建设企业文化等。

(二) 营销活动立项

针对营销活动,任何一项内容都可根据需要进行市场调研。市场营销调查活动如果在企业内部进行,一旦项目确认就可由本企业的调研部门制订立项报告,又叫立项单。而如果市场营销调研活动在专业的市场调研公司进行,调研公司人员就要与营销客户不断洽谈,对委托客户的基本需求有了一定的了解与掌握,并与高层做了实质性地接触,使得客户认识到营销调查的价值,愿意与调研项目人员共同进入下个环节,进一步探讨解决方案后,与客户正式签订营销调研活动合同,最后由市场调研公司研究部门制订立项单。

营销活动立项单内容主要包括:项目名称、项目编号、客户方负责人、预计签约金额、项目毛利率估计、销售费用预算、项目分类、预计签约时间等等。立项单形式不一,也可根据公司内部的固定格式制订简要立项单。

立项单的意义主要在于:

第一,规范营销调研项目管理,明确立项程序和执行流程;

第二,保证调研活动前技术力量和商务人员的有效投入,确保资源的合理配置和公司风险的有效控制;

第三,规范和考核销售步骤和行为,做好项目跟踪,降低执行风险,提高项目成功率。

理论知识二　市场调查计划书

(一) 市场调查含义及步骤

市场调查是以提高营销效益为目的,有计划地收集、整理和分析市场的信息资料,提出解决问题的建议的一种科学方法。市场调查也是一种以顾客为中心的研究活动。

市场调查的全过程可划分为调查准备、调查实施和结果处理三个阶段,每个阶段又可分为若干具体步骤。

(1) 调查准备阶段。主要解决调查目的、范围和调查力量的组织等问题,并制订出切实可行的调查计划。具体工作步骤是:① 确定调查目标,拟定调查项目;② 确定收集资料的范围和方式;③ 设计调查表和抽样方式;④ 制订调查计划。

(2) 调查实施阶段。这个阶段是整个市场调查过程中最关键的阶段,对调查工作能否满足准确、及时、完整及节约等基本要求有直接的影响。

这个阶段有两个步骤:① 对调查人员进行培训,让调查人员理解调查计划,掌握调查技术及同调查目标有关的经济知识。② 实地调查。即调查人员按计划规定的时间、地点及方法具体地收集有关资料,不仅要收集第二手资料(现成资料),而且要搜集第一手资料(原始资料)。实地调查的质量取决于调查人员的素质、责任心和组织管理的科学性。

(3) 总结阶段。这个阶段的工作可以分为以下几个步骤:① 资料的整理与分析。即对所收集的资料进行"去粗取精、去伪存真、由此及彼、由表及里"的处理。② 撰写调查报告。市场调查报告一般由引言、正文、结论及附件四个部分组成。其基本内容包括开展调查的目的、被调查单位的基本情况、所调查问题的事实材料、调查分析过程的说明及调查的结论和建议等。③ 追踪与反馈。提出了调查的结论和建议,不能认为调查过程就此完结,而应继续了解其结论是否被重视和采纳、采纳的程度和采纳后的实际效果以及调查结论与市场发展是否一致等,以便积累经验,不断改进和提高调查工作的质量。

(二) 市场调查计划书的意义

市场调查是一项复杂的、严肃的、技术性较强的工作,一项全国性的市场调查往往要组织成千上万人参加。为了在调查过程中统一认识、统一内容、统一方法、统一步调,圆满完成调查任务,就必须事先制订出一个科学、严密、可行的工作计划和组织措施,以使所有参加调查工作的人员都依此执行。这样就需要市场调研计划书来作为指导,制订市场调研计划书

的过程又称为市场调查方案设计。具体来讲,市场调查方案设计的意义有以下三点:

第一,从认识上讲,市场调查方案设计是从定性认识过渡到定量认识的开始阶段。虽然市场调查所搜集的许多资料都是定量资料,但应该看到,任何调查工作都是先从对调查对象的定性认识开始的,没有定性认识就不知道应该调查什么和怎样调查,也不知道要解决什么问题和如何解决问题。

例如,要研究某一工业企业生产经营状况,就必须先对该企业生产经营活动过程的性质、特点等有详细的了解,设计出相应的调查指标以及搜集、整理调查资料的方法,然后再去实施市场调查。可见,调查设计正是定性认识和定量认识的连接点。

第二,从工作上讲,调查方案设计起着统筹兼顾、统一协调的作用。现代市场调查可以说是一项复杂的系统工程,对于大规模的市场调查来讲,尤为如此。在调查中会遇到很多复杂的矛盾和问题,其中许多问题是属于调查本身的问题,也有不少问题则并非是调查的技术性问题,而是与调查相关的问题。例如,抽样调查中样本量的确定,按照抽样调查理论,可以根据允许误差和把握程度大小,计算出相应的必要抽样数目,但这个抽样数目是否可行,要受调查经费、调查时间等多方面条件的限制。

第三,从实践要求上讲,调查方案设计能够适应现代市场调查发展的需要。现代市场调查已由单纯的搜集资料活动发展到把调查对象作为整体来反映的调查活动,与此相适应,市场调查过程也应被视为是市场调查设计、资料搜集、资料整理和资料分析的一个完整工作过程,调查设计正是这个全过程的第一步。

(三) 市场调查方案设计的主要内容

市场调查方案设计是对调查工作各个方面和全部过程的通盘考虑,包括整个调查工作过程的全部内容。调查方案是否科学、可行,是整个调查成败的关键。市场调查方案设计的主要内容如图 2.1 所示。

1. 确定调查目的

明确调查目的是调查设计的首要问题。只有确定了调查目的,才能确定调查的范围、内容和方法,否则就会列入一些无关紧要的调查项目,而漏掉一些重要的调查项目,无法满足调查的要求。例如,1990 年我国第四次人口普查的目的就规定得十分明确,即"准确地查清第三次人口普查以来我国人口在数量、地区分布、结构和素质方面的变化,为科学地制订国民经济和社会发展战略与规划,统筹安排人民的物质和文化生活,检查人口政策执行情况提供可靠的依据"。可见,确定调查目的,就是明确在调查中要解决

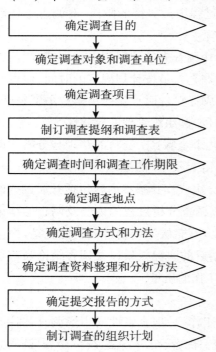

图 2.1 市场调查方案设计的主要内容

哪些问题,通过调查要取得什么样的资料,取得这些资料有什么用途等问题。衡量一个调查设计是否科学的标准,主要就是看方案的设计是否体现调查目的的要求,是否符合客观实际。

2. 确定调查对象和调查单位

明确了调查目的之后,就要确定调查对象和调查单位,这主要是为了解决向谁调查和由谁来具体提供资料的问题。调查对象就是根据调查目的、任务确定调查的范围以及所要调查的总体,它是由某些性质上相同的许多调查单位所组成的。调查单位就是所要调查的社会经济现象总体中的个体,即调查对象中的一个个具体单位,它是调查中要调查登记的各个调查项目的承担者。例如,为了研究某市各广告公司的经营情况及存在的问题,需要对全市广告公司进行全面调查,那么,该市所有广告公司就是调查对象,每一个广告公司就是调查单位。又如,在对某市职工家庭基本情况一次性调查中,该市全部职工家庭就是这一调查的调查对象,每一户职工家庭就是调查单位。

在确定调查对象和调查单位时,应该注意以下四个问题:

第一,市场现象具有复杂多变的特点。在许多情况下,调查对象也是比较复杂的,必须用科学的理论为指导,严格规定调查对象的涵义,并指出它与其他有关现象的界限,避免调查登记时由于界限不清而发生差错。如以城市职工为调查对象,就应明确城市职工的涵义,划清城市职工与非城市职工、职工与居民等概念的界限。

第二,调查单位的确定取决于调查目的和对象。调查目的和对象变化了,调查单位也要随之改变。例如,要调查城市职工本人基本情况时,这时的调查单位就不再是每一户城市职工家庭,而是每一个城市职工了。

第三,调查单位与填报单位是有区别的。调查单位是调查项目的承担者,而填报单位是调查中填报调查资料的单位。例如,对某地区工业企业设备进行普查,调查单位为该地区工业企业的每台设备,而填报单位是该地区每个工业企业。但在有的情况下,二者又是一致的,例如,在进行职工基本情况调查时,调查单位和填报单位都是每一个职工。在调查方案设计中,当二者不一致时,应当明确从何处取得资料并防止调查单位重复和遗漏。

第四,不同的调查方式会产生不同的调查单位。如采取普查方式,调查总体内所包括的全部单位都是调查单位;如采取重点调查方式,只有选定的少数重点单位是调查单位;如果采取典型调查方式,只有选出的有代表性的单位是调查单位;如果采取抽样调查方式,则用各种抽样方法抽出的样本单位是调查单位。

3. 确定调查项目

调查项目是指对调查单位所要调查的主要内容。确定调查项目就是要明确向被调查者了解些什么问题,调查项目一般就是调查单位的各个标志的名称。例如,在消费者调查中,消费者的性别、民族、文化程度、年龄、收入等,其标志可分为品质标志和数量标志,品质标志是说明事物质的特征,不能用数量表示,只能用文字表示,如性别、民族和文化程度;数量标志表明事物的数量特征,它可以用数量来表示,如年龄和收入。标志的具体表现是指在标志名称之后所表明的属性或数值,如消费者的年龄为 30 岁或 50 岁,性别是男性或女性等。

在确定调查项目时,除要考虑调查目的和调查对象的特点外,还要注意以下几个问题:

第一，确定的调查项目应当既是调查任务所需，又是能够取得答案的。凡是调查目的需要又可以取得的调查项目要充分满足，否则不应列入。

第二，项目的表达必须明确，要使答案具有确定的表示形式，如数字式、是否式或文字式等。否则，会使被调查者产生不同理解而做出不同的答案，造成汇总时的困难。

第三，确定调查项目应尽可能做到项目之间相互关联，使取得的资料相互对照，以便了解现象发生变化的原因、条件和后果，便于检查答案的准确性。

第四，调查项目的涵义要明确、肯定，必要时可附以调查项目解释。

4．制订调查提纲和调查表

当调查项目确定后，可将调查项目科学地分类、排列，构成调查提纲或调查表，方便调查登记和汇总。调查表一般由表头、表体和表脚三个部分组成。

表头包括调查表的名称、调查单位（或填报单位）的名称、性质和隶属关系等。表头上填写的内容一般不作统计分析之用，但它是核实和复查调查单位的依据。

表体包括调查项目、栏号和计量单位等，它是调查表的主要部分。

表脚包括调查者或填报人的签名和调查日期等，其目的是为了明确责任，一旦发现问题，便于查寻。

调查表式分单一表和一览表两种。单一表是每张调查表式只登记一个调查单位的资料，常在调查项目较多时使用。它的优点是便于分组整理，缺点是每张表都注有调查地点、时间及其他共同事项，造成人力、物力和时间较大的耗费。一览表是一张调查表式可登记多个单位的调查资料，它的优点是当调查项目不多时，应用一览表能使人一目了然，还可将调查表中各有关单位的资料相互核对，其缺点是对每个调查单位不能登记更多的项目。

调查表拟定后，为便于正确填表、统一规格，还要附填表说明。内容包括调查表中各个项目的解释，有关计算方法以及填表时应注意的事项等，填表说明应力求准确、简明扼要、通俗易懂。

5．确定调查时间和调查工作期限

调查时间是指调查资料所属的时间。如果所要调查的是时期现象，就要明确规定资料所反映的是调查对象从何时起到何时止的资料。如果所要调查的是时点现象，就要明确规定统一的标准调查时点。

调查期限是规定调查工作的开始时间和结束时间。包括从调查方案设计到提交调查报告的整个工作时间，也包括各个阶段的起始时间，其目的是使调查工作能及时开展、按时完成。为了提高信息资料的时效性，在可能的情况下，调查期限应适当缩短。

6．确定调查地点

在调查方案中，还要明确规定调查地点。调查地点与调查单位通常是一致的，但也有不一致的情况，当不一致时，更有必要规定调查地点。例如，人口普查，规定调查登记常住人口，即人口的常住地点。若登记时不在常住地点，或不在本地常住的流动人口，均须明确规定处理办法，以免调查资料出现遗漏和重复。

7．确定调查方式和方法

在调查方案中，还要规定采用什么组织方式和方法取得调查资料。搜集调查资料的方式有普查、重点调查、典型调查、抽样调查等。具体调查方法有文案法、访问法、观察法和实验法等。在调查时,采用何种方式、方法不是固定和统一的,而是取决于调查对象和调查任务。在市场经济条件下,为准确、及时、全面地取得市场信息,尤其应注意多种调查方式的结合运用。

8．确定调查资料整理和分析方法

采用实地调查方法搜集的原始资料大多是零散的、不系统的,只能反映事物的表象,无法深入研究事物的本质和规律性,这就要求对大量原始资料进行加工汇总,使之系统化、条理化。目前这种资料处理工作一般已由计算机进行,这在设计中也应予以考虑,包括采用何种操作程序以保证必要的运算速度、计算精度及特殊目的。

随着经济理论的发展和计算机的运用,越来越多的现代统计分析手段可供我们在分析时选择,如回归分析、相关分析、聚类分析等。每种分析技术都有其自身的特点和适用性,因此,应根据调查的要求,选择最佳的分析方法并在方案中加以规定。

9．确定提交报告的方式

主要包括报告书的形式和份数、报告书的基本内容、报告书中图表量的大小等。

10．制订调查的组织计划

调查的组织计划,是指为确保实施调查的具体工作计划,主要是指调查的组织领导、调查机构的设置、人员的选择和培训、工作步骤及其善后处理等。必要的时候,还必须明确规定调查的组织方式。

四、实训操作

本实验为团队讨论实验,在理论课讲授的前提下开设此实验课程,使学生能够将理论与实践相结合,从而更好地训练学生理论联系实际并解决实际问题的能力。

本实验采用集中授课形式进行,每人一台电脑,在收集相关选题资料的基础上就方案设计展开讨论。

具体步骤:

(1) 根据班级人数给出若干个选题,让学生根据自己的兴趣爱好自由选择题目并分组,选出组长负责协调整个项目的分工。

(2) 就每组选择的题目,收集相关的资料,确定调查方案中要做的所有内容,并撰写市场调查方案书。

(3) 各组派出代表讲解自己小组撰写的市场调查方案书。

(4) 其他组在听取上组讲解的市场调查方案书后就其优点和存在的不足展开讨论。

五、实训范例

根据上述理论知识的介绍及实训任务要求,下面给出调研项目的案例,根据案例来理解调研计划书的撰写。

市场调研计划书,在实际市场应用中表现为项目提案书、项目申报书和正式市场调查方案等类型。下面主要介绍两种:

（一）项目提案书

在市场经济条件下，公司企业要进行某项市场调查经常采用招标的方式。委托方先向有关市场调查机构或咨询公司提出"项目提案书"，由各相关机构根据"提案书"的要求进行竞标。

下面列出的是一份"提案书"的样式。

采乐洗发水市场调查方案

1. 调研背景

近年来，宝洁公司凭借其强大的品牌运作能力以及资金实力，在洗发水市场牢牢地坐稳了第一把交椅。但是随着竞争加剧，局势慢慢起了变化，联合利华强势跟进，夏士莲、力士等多个洗发水品牌从宝洁手中夺走了不少消费者。花王旗下品牌奥妮和舒蕾占据了中端市场，而低端的市场则归属了拉芳、亮庄、蒂花之秀、好迪等后起之秀。至此，中国洗发水行业呈现了一个典型的金字塔形品牌格局。通过市场细分，西安杨森于2002年推出了采乐，在药品和洗发水两个行业之间找到了一个交叉点。为了提高其在全国重点城市中的占有率，并为其今后的营销发展计划提供科学的依据，六人行市场调查公司将在全国范围的重点城市进行一次专项市场营销调查。

2. 调研目的

本次市场调研工作的主要目标是：

（1）分析采乐洗发水的前期营销计划（包括其销售渠道、媒体投放、产品终端和产品情况）以及消费者的产品期望，明确其自身的优势和劣势，以及面临的机会和威胁。

（2）了解消费者对去屑洗发药的认知，探察对去屑洗发药的接受程度。

（3）了解产品的知名度以及美誉度，确定今后营销计划的重点。

3. 调研内容

根据上述调研目的，我们确定本次调研的内容主要包括：

（1）针对其营销计划进行全面的分析，从而为其今后的营销计划提供科学的依据。本部分所需要的主要信息点是：①消费者对于采乐洗发药的使用情况——是否用过，满意度，以及认为产品的哪方面更加吸引消费者。②对采乐在前期营销计划情况的了解——怎样知道采乐的，通过什么渠道购买到采乐的，是否遇到买不到采乐的情况，使用采乐过后的感觉，以及认为可以在产品上改进的地方。③消费者对于去头屑这方面的认知。

（2）了解消费者的观念，以及对采乐前期推广的深入程度做一个调查。

（3）对产品前期的销售宣传做一个调查，主要须掌握的信息点有：①对于采乐的了解程度——是否知道以及是否使用过。②对采乐印象的评价（五分法）。

此外，我们还将收集包括消费者的年龄、性别、收入、职业，以及包括消费者的发质在内的背景资料以备统计分析之用。

4. 目标被访者定义

因本次调查是针对其前期的营销计划实施情况的一个效果回馈，我们在样本定义时遵循以下原则：一是样本要有广泛的代表性，以期能够基本反映消费者对采乐洗发药的看法，以及能反映采乐前期营销计划的实施情况;二是样本要有针对性。由于采乐属于日用品,而且它主要是针对有头屑的人,还有它的价格也较高,所以就需要有一定的购买和支付能力。因此此次调查主要是针对有使用经验的人,主要在全国的重点城市做调查。

基于以上原则,我们建议采用如下标准甄选目标被访者:① 20～45周岁的城市居民。② 本人及亲属不在相应的单位工作(如市场调查公司、广告公司以及洗发水行业等)。③ 在过去的六个月内未接受或参加过任何形式的相关市场营销调研。

5. 数据收集方法

本项目的资料收集方法如下:

(1) 问卷长度控制在半个小时左右,问卷经双方商讨确定之后正式启用。

(2) 问卷抽样方法:在北京、哈尔滨、上海、广州、长沙、成都、西安7个城市中各选择400人作为调查对象,在每个城市的电话簿中随机选择400个号码,打电话核实受访者。在不断淘汰受访者的情况下,多次随机选择,直到选够400人为止。

(3) 采用结构性问卷进行入户调查。

6. 样本量

根据以往经验,最大允许误差应控制在小于±2%。考虑到统计分析对样本量的要求和成本方面的经济性,我们建议本次研究所需要的样本量为每个城市400个。

7. 质量控制与复核(复核就是再一次检查问卷的真实性)

(1) 本次访问复核率为30%,其中15%电话复核,15%实地复核。

(2) 我们将实行一票否决权,即发现访问员的一份问卷作弊,该访问员的所有问卷作废。

8. 数据录入与处理

参与此项目的所有数据录入及编码人员将参与问卷的制作与调查培训;在录入过程中需抽取10%的样本处理采用进行录入复核,以保证录入质量;数据处理采用SPSS软件进行。

9. 调研时间安排

调研时间安排如表2.2所示,自项目确定之日起开始实施。

表2.2 时间安排表

具体事项	一周	二周	三周	四周	五周	六周	七周	八周
方案与问卷设计	■	■						
问卷试访		■	■					
调查实施			■	■	■	■		
数据处理						■	■	
报告撰写与发布							■	■

10. 报告提交

由六人行市场调查公司向西安杨森公司提交调研报告一份调查报告及所有的原始问

卷,并根据市场调研报告和数据分析给出相对应的建议。如有需要,我们将向西安杨森公司作口头汇报。

11. 费用预算

项目费用预算约为(6.7万元),其用途分别如表2.3所示:

表2.3 费用预算表 （单位:万元）

1	问卷设计,问卷印刷	2.0
2	调查与复核费用	1.0
3	数据处理(编码,录入,处理,分析)	1.5
4	地区市调公司代理费用	1.4
5	差旅及其他杂费	0.8
合计		6.7

训练二 调查问卷设计

一、实训任务

(1) 掌握问卷的基本结构。
(2) 掌握问卷的答案设计形式以及问题答案设计技巧。
(3) 根据调研目的,在调研计划书的基础上设计出完整的问卷。

二、实训要求

根据班级人数给定若干选题,让学生根据自己的兴趣选择题目并分组,各组就选择的题目展开项目调查方案设计,也即在上一个实训的基础上设计出调研问卷,然后让每组代表来讲述该组所设计的方案,最后其他各组成员就上一组讲解的方案提出优点与不足,从而让学生能够根据市场调研目的撰写出完整合理的问卷。

三、理论指导

(一) 问卷的基本结构

一份完整的调查问卷通常包括标题、问卷说明、被调查者基本情况、调查内容、编码号、调查者情况等内容。

1. 问卷的标题

问卷的标题是概括说明调查研究主题,使被调查者对所要回答什么方面的问题有一个大致的了解。确定标题应简明扼要,易于引起回答者的兴趣。例如"大学生消费状况调查","我与广告——公众广告意识调查"等。而不要简单采用"问卷调查"这样的标题,它容易导致回答者因不必要的怀疑而拒答。

2. 问卷说明

问卷说明旨在向被调查者说明调查的目的、意义。有些问卷还有填表须知、交表时间、地点及其他事项说明等。问卷说明一般放在问卷开头，通过它可以使被调查者了解调查目的，消除顾虑，并按一定的要求填写问卷。问卷说明既可采取比较简洁、开门见山的方式，也可在问卷说明中进行一定的宣传，以引起调查对象对问卷的重视。下面举两个实例加以说明：

"同学们：

为了了解当前大学生的学习、生活情况，并做出科学的分析，我们特制订此项调查问卷，希望广大同学予以积极配合，谢谢。"

"女士（先生）：

加入 WTO 以来，我国广告业蓬勃发展，已成为社会生活和经济活动中不可缺少的一部分，对社会经济的发展起着积极的推动作用。我们进行这次公众广告意识调查，其目的是加强社会各阶层人士与国家广告管理机关、广告用户和经营者等各方的沟通和交流，进一步加强和改善广告监督管理工作，促进广告业的健康发展。本次问卷调查并非知识性测验，只要求您根据自己的实际态度选答，不必进行讨论。根据统计法的有关规定，我们对您个人情况实行严格保密。"

3. 被调查者基本情况

这是指被调查者的一些主要特征，如在消费者调查中，消费者的性别、年龄、民族、家庭人口、婚姻状况、文化程度、职业、单位、收入、所在地区等等。又如，对企业调查中的企业名称、地址、所有制性质、主管部门、职工人数、商品销售额（或产品销售量）等情况。通过这些项目，便于对调查资料进行统计分组、分析。在实际调查中，列入哪些项目，列入多少项目，应根据调查目的、调查要求而定，并非多多益善。

4. 调查主题内容

调查的主题内容是调查者所要了解的基本内容，也是调查问卷中最重要的部分。它主要是以提问的形式提供给被调查者，这部分内容设计的好坏直接影响整个调查的价值。

主题内容主要包括以下几方面：① 对人们的行为进行调查，包括对被调查者本人行为进行了解或通过被调查者了解他人的行为；② 对人们的行为后果进行调查；③ 对人们的态度、意见、感觉、偏好等进行调查。

5. 编码

编码是将问卷中的调查项目变成数字的工作过程，大多数市场调查问卷均需加以编码，以便分类整理，易于进行计算机处理和统计分析。所以，在问卷设计时，应确定每一个调查项目的编号，并为相应的编码做准备，通常是在每一个调查项目的最左边按顺序编号。

如：① 您的姓名；② 您的职业……而在调查项目的最右边，根据每一调查项目允许选择的数目，在其下方划上相应的若干短线，以便编码时填上相应的数字代号。

6. 作业证明的记载

在调查表的最后，附上调查员的姓名、访问日期、时间等，以明确调查人员完成任务的性质。如有必要，还可写上被调查者的姓名、单位或家庭住址、电话等，以便于审核和进一步追踪调查。但对于一些涉及被调查者隐私的问卷,上述内容则不宜列入。

(二) 市场调查问卷设计技术

1. 问句的答案设计

在市场调查中,无论是何种类型的问题,都需要事先对问句答案进行设计。在设计答案时,可以根据具体情况采用不同的设计形式。

(1) 二项选择法

二项选择法也称真伪法或二分法,是指提出的问题仅有两种答案可以选择,"是"或"否","有"或"无"等。这两种答案是对立的、排斥的,被调查者的回答非此即彼,不能有更多的选择。例如,

"您家里现在有吸尘器吗?"答案只能是"有"或"无"。又如,"您是否打算在近五年内购买住房?"回答只有"是"或"否"。

这种方法的优点是:易于理解和可迅速得到明确的答案,便于统计处理,分析也比较容易。但回答者没有进一步阐明理由的机会,难以反映被调查者意见与程度的差别,了解的情况也不够深入。这种方法,适用于互相排斥的二项择一式问题,及询问较为简单的事实性问题。

(2) 多项选择法

多项选择法是指对所提出的问题事先预备好两个以上的答案,回答者可任选其中的一项或几项。例如:

"您喜欢下列哪一种品牌的牙膏?"(在您认为合适的□内画√)

佳洁士□　　中华□　　芳草□　　高露洁□　　康齿灵□　　美加净□　　黑妹□

由于所设答案不一定能表达出填表人所有的看法,所以在问题的最后通常可设"其他"项目,以便使被调查者表达自己的看法。

这个方法的优点是:比二项选择法的强制选择有所缓和,答案有一定的范围,也比较便于统计处理。但采用这种方法时,设计者要考虑以下两种情况:① 要考虑到全部可能出现的结果,及答案可能出现的重复和遗漏。② 要注意选择答案的排列顺序。有些回答者常常喜欢选择第一个答案,从而使调查结果发生偏差。此外,答案较多,使回答者无从选择,或产生厌烦。一般这种多项选择答案应控制在 8 个以内,当样本量有限时,多项选择易使结果分散,缺乏说服力。

(3) 顺位法

顺位法是列出若干项目,由回答者按重要性决定先后顺序,顺位方法主要有两种:一种是对全部答案排序;另一种是只对其中的某些答案排序,究竟采用何种方法,应由调查者来决定。具体排列顺序,则由回答者根据自己所喜欢的事物和认识事物的程度等进行排序。例如:

"您选购空调的主要条件是"(请将所给答案按重要顺序1,2,3,…填写在□中)

价格便宜□　　外形美观□　　维修方便□　　牌子有名□

经久耐用□　　噪音低□　　制冷效果□　　其他□

顺位法便于被调查者对其意见、动机、感觉等进行衡量和比较性的表达,也便于对调查

结果加以统计。但调查项目不宜过多,过多则容易分散,很难顺位,同时所询问的排列顺序也可能对被调查者产生某种暗示影响。这种方法适用于对答案要求有先后顺序的问题。

(4) 回忆法

回忆法是指通过回忆,了解被调查者对不同商品质量、牌子等方面印象的强弱。例如:"请您举出最近在电视广告中出现的电冰箱品牌"调查时可根据被调查者所回忆品牌的先后和快慢以及各种品牌被回忆出的频率进行分析研究。

(5) 比较法

比较法是采用对比提问方式,要求被调查者作出肯定回答的方法。例如:

"请比较下列不同品牌的可乐饮料,哪种更好喝?"(在各项您认为好喝的牌子方格□中画√)

黄山□	天府□
天府□	百龄□
百龄□	奥林□
奥林□	可口□
可口□	百事□
百事□	黄山□

比较法适用于对质量和效用等问题作出评价。应用比较法要考虑被调查者对所要回答问题中的商品品牌等项目是否相当熟悉,否则将会导致空项发生。

(6) 自由回答法

自由回答法是指提问时可自由提出问题,回答者可以自由发表意见,并无已经拟定好的答案。例如,"您觉得软包装饮料有哪些优缺点?""您认为应该如何改进电视广告?"等等。

这种方法的优点是涉及面广,灵活性大,回答者可充分发表意见,可为调查者搜集到某种意料之外的资料,缩短问者和答者之间的距离,迅速营造一个调查气氛。缺点是由于回答者提供答案的想法和角度不同,因此在答案分类时往往会出现困难,资料较难整理,还可能因回答者表达能力的差异形成调查偏差。同时,由于时间关系或缺乏心理准备,被调查者往往放弃回答或答非所问。因此,此种问题不宜过多。这种方法适用于那些不能预期答案或不能限定答案范围的问题。

(7) 过滤法

过滤法又称"漏斗法",是指最初提出的是离调查主题较远的广泛性问题,再根据被调查者回答的情况,逐渐缩小提问范围,最后有目的的引向要调查的某个专题性问题。这种方法询问及回答比较自然、灵活,使被调查者能够在活跃的气氛中回答问题,从而增强双方的合作,获得回答者较为真实的想法。但要求调查人员善于把握对方心理,善于引导并有较高的询问技巧。此方法的不足是不易控制调查时间。这种方法适合于被调查者在回答问题时有所顾虑,或者因一时不便直接表达对某个问题的具体意见时所采用。例如,对那些涉及被调查者自尊或隐私等的问题,如收入、文化程度、妇女年龄等,可采取这种提问方式。

2. 问卷设计应注意的几个问题

对问卷设计总的要求是:问卷中的问句表达要简明、生动,注意概念的准确性,避免提似

是而非的问题。具体应注意以下几点:

(1) 避免提一般性的问题

一般性问题对实际调查工作并无指导意义。

例如:"您对某百货商场的印象如何?"这样的问题过于笼统,很难达到预期效果,可具体提问:"您认为某百货商场商品品种是否齐全、营业时间是否恰当、服务态度怎样?"等。

(2) 避免用不确切的词

例如"普通""经常""一些"等,以及一些形容词,如"美丽"等。这些词语,各人理解往往不同,在问卷设计中应避免或减少使用。例如:"你是否经常购买洗发液?"回答者不知经常是指一周、一个月还是一年,可以改问:"你上月共购买了几瓶洗发液?"

(3) 避免使用含糊不清的句子

例如:"你最近是出门旅游,还是休息?"出门旅游也是休息的一种形式,它和休息并不存在选择关系。正确的问法是:"你最近是出门旅游,还是在家休息?"

(4) 避免引导性提问

如果提出的问题不是"中立"的,而是暗示出调查者的观点和见解,力求使回答者跟着这种倾向回答,这种提问就是"引导性提问"。例如:"消费者普遍认为XX牌子的冰箱好,你的印象如何?"引导性提问会导致两个不良后果:一是被调查者不加思考就同意所引导问题中暗示的结论;二是由于引导性提问大多是引用权威或大多数人的态度,被调查者考虑到这个结论既然已经是普遍的结论,就会产生心理上的顺向反应。此外,对于一些敏感性问题,在引导性提问下,不敢表达其他想法等。因此,这种提问是调查的大忌,常常会引出和事实相反的结论。

(5) 避免提断定性的问题

例如:"你一天抽多少支烟?"这种问题即为断定性问题,被调查者如果根本不抽烟,就会造成无法回答。正确的处理办法是此问题可加一条"过滤"性问题。即:"你抽烟吗?"如果回答者回答"是",可继续提问,否则就可终止提问。

(6) 避免提令被调查者难堪的问题

如果有些问题非问不可,也不能只顾自己的需要、穷追不舍,应考虑回答者的自尊心。

例如:"您是否离过婚?离过几次?谁的责任?"等。又如,直接询问女士年龄也是不太礼貌的,可列出年龄段:20岁以下、20~30岁、30~40岁、40岁以上,由被调查者挑选。

(7) 问句要考虑到时间性

时间过久的问题易使人遗忘,如"您去年家庭的生活费支出是多少?用于食品、衣服分别为多少?"除非被调查者连续记账,否则很难回答出来。一般可问:"您家上月生活费支出是多少?"显然,这样缩小时间范围可使问题回忆起来较容易,答案也比较准确。

(8) 拟定问句要有明确的界限

对于年龄、家庭人口、经济收入等调查项目,通常会产生歧义的理解。如年龄有虚岁、实岁,家庭人口有常住人口和生活费开支在一起的人口,收入是仅指工资,还是包括奖金、补贴、其他收入、实物发放折款收入在内,如果调查者对此没有很明确的界定,调查结果也很难达到预期要求。

(9) 问句要具体

一个问句最好只问一个要点,一个问句中如果包含过多询问内容,会使回答者无从答起,给统计处理也带来困难。

例如:"您为何不看电影而看电视"？这个问题包含了"您为何不看电影?""您为何要看电视?"和"什么原因使您改看电视?"等。防止出现此类问题的办法是分离语句中的提问部分,使得一个语句只问一个要点。

(10) 要避免问题与答案不一致

所提问题与所设答案应做到一致。例如:

"您经常看哪个栏目的电视?"(在您认为合适的□内画√)

① 经济生活□　　② 电视红娘□　　③ 电视商场□

四、实训操作

在问卷设计前,应对所确定的调查主题进行探索性研究。由于问卷设计人员不可能都是实践经验丰富的实际工作者或者该方面的专家,因而,无论从时间的角度还是从理论的角度来看,问卷设计人员都不可能对所涉及的主题问题有比较深刻全面的理解。即使一份很成功的问卷,也不是一制订好就是成功的,必须要经历实践的考验,所以在问卷初步设计完成之后,应该设置相似的环境,小范围试调查,只有这样,才能形成最后的正式问卷。故本实训按照下面的形式完成。

本实训为集体团队讨论实验,在理论课讲授的前提下开设此实训课程,使学生能够将理论与实践相结合,从而更好地训练学生理论联系实际并解决实际问题的能力。

本实训采用集中授课形式进行,每人一台电脑,在收集相关选题的资料基础上就方案设计展开讨论。具体步骤为:

(1) 在上一市场调研计划书撰写的实训基础上收集选题的相关资料,确定调查项目。

(2) 就选择的调查项目进行组内讨论,确定下来之后根据问卷设计的理论知识撰写问卷,并注意问卷的基本机构,问句和答案设计的基本技巧等问题。

(3) 各组派出代表讲解自己小组撰写的问卷。

(4) 其他组在听取上组讲解的问卷后就其优点和存在的不足展开讨论。

(5) 吸取各组成员意见的基础上修改完善问卷,并在组内设置相似的环境,小范围的试调查,并对结果反馈,及时进行修改,反复多次,确保问卷逻辑合理,语句通顺,句意清晰。

五、实训范例

一份成功的问卷,不设置一个多余的问题,最大限度地减轻实际调查的工作量,也不遗漏一个必不可少的问题,同时还要有利于调查完成后的资料审核、整理和分析比较。所以说问卷设计不仅仅是一门科学,更是一门艺术,是二者完美的结合。在实际市场调研操作中,根据调研的需要和经费的安排情况,问卷长短不等。本教材中因为篇幅限制,给出下面设计完整的问卷小案例,仅供参考。

JL消费者调研问卷

访问员：_____ 访问时间：_____ 访问地点：_____

一　审：_____　二　审：_____　复　核：_____

甄别部分

S1. 请问您的身份是：_____

  A. 装饰施工人员　　B. 装饰公司采购人员　　C. 用户或用户的亲友

主题问卷

Q1. 您已经进行或准备进行的装修是_____

  A. 个人住房装修（选中此项跳答 Q3）　　B. 单位装修

Q2. 您已进行装修或准备进行装修的单位是_____（出示卡片，单选）

  A. 酒店或宾馆　　B. 超市或商场　　C. 歌舞厅等场所

  D. 政府机关部门　　E. 企业或公司　　D. 其他（请说明）_____

Q3. 您已经或准备装修的面积是_____，您（或您的单位）能接受的装修总造价是_____（出示卡片，单选）

  A. 3 万元以下　　B. 3 万～5 万元　　C. 5 万～10 万元

  D. 10 万～15 万元　　E. 15 万元以上

Q4. 在墙面装饰材料的选择上，您倾向于哪一种_____？（出示卡片，可多选）

  A. 乳胶漆　　B. 贴面板　　C. 墙纸

  D. 壁布　　E. 宝丽板　　F. 其他（请说明）_____

  *贴面板又称面板、饰面板，是一种在胶合板基板上再覆贴一种具有良好装饰效果的名贵薄木皮制成的室内装饰板材（出示样品）。

Q5. 如果您知道贴面板这类材料的耐用期在两年以下，但价格便宜，您是否仍会购买？_____

  A. 是　　B. 否

Q6. 您个人（或单位）在装修时或即将进行的装修中是否使用了或准备使用贴面板？_____

  A. 是　　B. 否（选中此项跳答 Q12）

Q7. 您选择贴面板作为室内装修材料，最看中_____还有_____。（出示卡片）

  A. 由天然木材制成，无危害　　B. 给人感觉高档、名贵

  C. 给人回归自然的感觉　　D. 花色、纹理美观，装饰效果好

  E. 坚固、耐用　　F. 其他（请说明）_____

Q8. 您主要将贴面板用于室内装修的哪些用途？（可多选）_____

  A. 家具（橱、柜等）　　B. 门（门套）、窗（窗套）

  C. 墙裙　　D. 吊天花　　E. 其他（请说明）_____

  *没有使用过贴面板的人跳答 Q12。

Q9. 您在使用贴面板的过程中,碰到了以下哪些问题?_____(出示卡片,可多选)
    A. 表面颜色褪色   B. 表面爆皮   C. 表面开裂   D. 变形
    E. 发霉或变黑   F. 其他(请说明)_____

Q10. 您还记得使用过贴面板品牌的名称吗?_____
    A. 不记得   B. 没有品牌   C. 记得,请说明_____

Q11. 您选择贴面板时对品牌有要求吗?_____
    A. 有   B. 没有   C. 无所谓

Q12. 您知道××系列贴面板或佳力木业公司吗?_____
    A. 知道   B. 不知道(选中此项跳答 Q14)

Q13. 您对××系列贴面板或佳力公司总体评价如何?_____
    A. 很好   B. 一般   C. 不好   D. 不清楚

Q14. 您认为下列哪一个名称最适合用作贴面板的品牌?_____(出示卡片,单选)
    A. 华表   B. 枫叶   C. 东韵   D. 厚の道
    E. 金甲   F. 金佳力   G. 厚望   H. 以上都不喜欢

Q15. 将贴面板表皮加厚30%～50%将具有下列优点,您最注重哪几点?_____(出示卡片,可多选)
    A. 油漆效果好   B. 耐磨   C. 不爆皮
    D. 不开裂   E. 坚固   F. 不露基板

Q16. 您认为具有上述优点的贴面板价格比普通产品高出多少是合理的?(普通板的价格为50～70元/张)_____
    A. 6元/张以下   B. 6～18元/张   C. 18～30元/张   D. 30元/张以上

Q17. 您会购买具有上述优点的贴面板吗?_____
    A. 一定会   B. 可能会   C. 不知道   D. 基本不会

个人资料部分

为了方便我们的抽样调查,请留下您的个人资料,我们一定为您保密。多谢!

Z1. 学历:_____
    A. 本科以上   B. 本科   C. 大专   D. 高中(中专)
    E. 高中以下

Z2. 年龄:
    A. 18～25岁   B. 26～30岁   C. 31～40岁
    D. 41～50岁   E. 50岁以上

Z3. 性别:_____   男   女

    *非用户不需要回答 Z4,Z5 题

Z4. 您的职业:_____(出示卡片,单选)
    A. 公务员或教师等准公务员   B. 私营业主   C. 通员工或工人
    D. 专业人员/技术人员   E. 自由职业者   F. 离退休人员
    G. 高层白领、管理人员   H. 学生   I. 其他(请说明)_____

Z5. 家庭月总收入：_____（出示卡片，单选）

  A. 1000 元以下   B. 1000～2000 元   C. 2000～3000 元

  D. 3000～5000 元   E. 5000～10000 元   F. 10000 元以上

您的姓名：_____   联系电话：_____

谢谢您的合作！请接受我们送出的一份小礼物。

训练三　撰写市场调查报告

一、实训任务

本实训属综合技能实训。即通过该单元前四项基本技能的训练，为论证某市场开发项目的可行性，收集大量调查资料，最后以小组为单位完成约 10000 字的《市场营销调研报告》。

要求学生综合运用"市场调研"与"营销环境"理论以及数据分析技术，对其小组的市场开发项目所需了解的"微观营销环境"和"宏观营销理论"进行全面、深入的分析，得出正确结论；并把调研结果形成书面报告，完成《市场营销调研报告》撰写。小组可以进行分工写作，每个学生对自己完成的撰写任务必须负责。

要求学生通过《市场营销调研报告》实践操作，更好地理解市场营销调研报告的重要作用。同时必须掌握市场营销调研报告撰写的步骤、内容、格式与技巧，能够完成一份足以能被吸引、被关注的市场营销调研报告。

二、实训要求

(1) 要求教师对《市场营销调研报告》的实践应用价值给予说明，调动学生实训任务操作的积极性、主动性。

(2) 要求学生根据调研课题和调研报告撰写要求，完成本课题《市场营销调研报告》撰写任务。调研报告的内容要求全面、客观、准确；调研报告的格式、版面设计既规范又能突出个性。

(3) 要求教师对《市场营销调研报告》撰写的步骤、内容、技巧进行具体指导。

(4) 要求教师提供《市场营销调研报告》撰写范例，供学生操作参考。

(5) 要求学生在撰写的《市场营销调研报告》的基础上，准备口头汇报材料，并能进行口头汇报。

三、理论指导

（一）市场营销调研的主要内容

市场营销调研是针对企业特定的营销问题，运用市场调研技术，系统地、客观地收集、整理、分析、解释和沟通影响企业营销的市场环境各因素，为营销管理者制订、评估和改进营销决策提供依据。市场营销环境可分为微观营销环境和宏观营销环境。对市场营销环境分析要求具有系统性、科学性、有效性和经济性。

(二) 微观营销环境分析

1. 微观营销环境的含义

微观营销环境指那些与企业有双向运作关系的个体、集团和组织,在一定程度上企业可以对其进行控制和施加影响。

2. 微观营销环境的影响作用

微观营销环境是直接制约和影响企业营销活动的力量和因素。企业必须对微观营销环境进行分析。分析微观营销环境的目的在于更好地协调企业与这些相关群体的关系,促进企业营销目标的实现,是企业营销战略和策略制订的依据。

3. 微观营销环境各因素及对其分析的必要性

微观营销环境包括供应商、企业内各部门、营销中介、顾客、社会公众以及竞争者等因素。对其各因素分析的必要性表现为:(1) 供应商提供资源的变化直接影响到企业产品的产量、质量以及利润,从而影响企业营销计划和营销目标的完成;(2) 企业是一个系统组织,其内部各职能部门的工作及其相互之间的协调关系,直接影响企业的整个营销活动;(3) 营销中介对企业营销产生直接的、重大的影响,只有通过有关营销中介所提供的服务,企业才能把产品顺利地送达到目标消费者手中;(4) 顾客是指进入消费领域的使用最终产品或劳务的消费者和生产者,也是企业营销活动的最终目标市场;(5) 社会公众对企业的态度,会对其营销活动产生巨大的影响,它既可以有助于企业树立良好的形象,也可能妨碍企业的形象;(6) 竞争是商品经济的必然现象,企业竞争对手的状况将直接影响企业营销活动。

(三) 宏观营销环境分析

1. 宏观营销环境的含义

宏观营销环境指对企业营销活动造成市场机会和环境威胁的主要社会力量。分析宏观营销环境的目的在于更好地认识环境,通过企业营销努力来适应社会环境及变化,达到企业营销目标。

2. 宏观营销环境的影响作用

宏观营销环境的各因素对市场的影响很大,影响着消费者的数量、社会购买力和人们的消费欲望,从而影响着企业的营销活动。

3. 宏观营销环境各因素及其分析重点

宏观营销环境的因素包括人口环境分析、经济环境分析、政治法律环境分析、社会文化环境分析、自然环境分析、科技环境分析。

宏观营销环境的各种因素影响着消费者的数量、社会购买力和人们的消费欲望,从而影响着企业的营销活动。分析重点有:

(1) 人口环境分析:包括人口总量、人口增长、人口结构等。

(2) 经济环境分析:包括经济发展水平、产业发展状况、居民个人收入状况等。

(3) 政治法律环境分析:包括政府方针政策、政治局势、法律法规等。

(4) 社会文化环境分析:包括文化教育、宗教信仰、美学观念、价值观念和风俗习惯等。

(四) SWOT 分析法

1. SWOT 分析方法的含义

SWOT 分析方法是一种企业战略分析方法,即根据企业自身的既定内在条件进行分析,找出企业的优势、劣势及核心竞争力之所在。其中,S 代表 Strength(优势),W 代表 Weakness(弱势),O 代表 Opportunity(机会),T 代表 Threat(威胁),其中,S、W 是内部因素,O、T 是外部因素。

2. SWOT 分析的目的

SWOT 分析的目的是在复杂、多变、严峻的营销环境中,正确地寻找出企业营销的机会点和问题点,制订相应的对策。这是市场营销调研报告所做的结论部分,是整个市场营销调研的核心部分。

3. SWOT 分析的运用

(1) 分析企业能够获取的市场机会和面临的市场威胁。

(2) 分析企业的比较优势和劣势。

(3) 寻找企业的营销机会点和问题点。

四、实训操作

(一)《营销调研报告》撰写步骤

1. 调查资料分析

对有关影响企业营销的主要"微观营销环境"与"宏观营销环境"因素等资料进行客观、全面、准确地分析。

分析出影响营销活动的主要环境因素有哪些;这些因素对企业的营销活动会产生什么影响;分析在这些因素中哪些是有利因素;哪些是不利因素;它们各自的影响程度如何;它们各自出现的概率有多大。

2. 提出调研结论

营销调研的目的性很强,调研结果必须要提出调研结论。

调研结论就是在复杂、多变、严峻的营销环境中,分析市场机会与威胁,分析企业优势与弱点,寻找出企业营销的机会点和问题点,制订相应的对策。

营销调研分析结论是调研报告的最后部分,代表着调研报告人对前面整体分析的总结性意见,是整个营销调研的核心部分。

3. 撰写调研报告

营销调研最终要形成《营销调研报告》,要组织好报告的撰写工作。

(1) 明确撰写任务。调研报告一般采用团队课业形式。要求每个学生都积极参与,明确自己撰写的部分,在规定的期间内必须完成。

(2) 做好撰写准备。报告撰写是一次有益的学习机会,但也是一项艰巨的任务。学生要合理安排时间,做好案头资料准备工作。

(3) 掌握撰写方法。① 以理论为指导进行分析;② 资料运用要求充实,全面;③ 资料运用要求真实;④ 分析要求紧扣主题,观点正确;⑤ 分析要求结构合理,层次清楚,注意逻辑性。

(二)《营销调研报告》撰写内容

市场营销环境分析是报告的重要内容。要针对自己的调研课题,有选择地重点进行分析。

1. 市场营销微观环境分析

(1) 企业本身

① 企业内部营销环境信息。包括企业内部组织结构、对外关系等方面的政策。

② 企业财务信息。包括销售利润率、总资产报酬率、资本收益率、资本保值增值率、资本负债率、流动比率、应收账款比率、存货周转率、社会贡献率、社会积累率等。

③ 企业经营信息。企业经营信息是指与企业本身经营活动直接关联的信息因素,它一般包括产品信息、价格信息、分销信息和促销信息等。

(2) 企业的供应商

供应商包括:供应的原材料、设备的充足程度,供应企业在产品提供方面的质量水准、价格水平、运输条件、信贷保证、承担风险等方面的情况。

(3) 企业的营销中介

营销中介是指协助促销、销售和配销其产品或服务所需资源的企业或个人,它包括中间商、实体分配机构、营销服务机构和财务中间机构等。

(4) 顾客

① 顾客类别。顾客按其购买目的及其范围上的差异可分为消费者市场、生产者市场、转卖者市场、政府市场和国际市场五大类。

② 顾客信息。顾客信息主要包括:市场需求水平、市场占有率、市场发展速度、顾客消费购买习惯、购物方式等。

(5) 竞争对手

竞争者的信息包括竞争者的战略、目标、优势与劣势以及反应模式等。

(6) 社会公众

① 媒体公众。包括报纸、杂志、广播、电视等大众媒体,其信息指标包括宣传力度、社会威望等。

② 政府公众。包括工商、税务、司法、城管、卫生防疫、技术监督、交通,以及行业主管部门。其信息包括分部门负责人、分部门的政策法规等。

③ 社会团体。包括消费者组织、环境保护组织等,其信息包括团体的活动内容、投诉情况等。

④ 社区公众。社区公众主要指企业所在地附近的居民和社区组织。其信息包括社区公众的特点、构成、对企业的要求等。

⑤ 一般公众。一般公众是指不直接与市场发生联系,但又对企业市场营销能力形成潜在影响的公众。包括一般公众的态度、对企业的认识程度、对社会整体利益的关注程度等。

2. 宏观营销环境分析

(1) 人口环境

人口是构成市场的第一位因素。人口数量的多少及增长速度直接决定市场的规模及其潜量,而人口的结构与布局直接决定目标市场和市场格局。人口越多,市场潜力越大。按人口数量可大略推算出市场规模和市场潜量。人口结构主要包括人口年龄结构、性别结构、家庭结构、民族结构和地理结构等。

(2) 经济环境

① 经济发展水平。企业的市场营销活动要受到一个国家或地区的整体经济发展水平的制约。经济发展阶段不同,消费水平不同,市场状况必定也不同。

② 产业发展状况。与企业自身密切相关的产业发展状况,对企业的投资方向、目标市场的确定等具有重要影响。产业发展状况可以通过产业结构指标得以反映。

③ 居民个人收入状况。居民个人收入是指居民个人从各种收入来源中所得到的全部收入,包括工资、退休金、红利、租金等收入。居民个人收入状况很大程度上反映了市场购买力水平,而一定的购买力水平则是市场形成并影响其规模大小的决定因素。

(3) 自然环境

① 自然资源环境,主要是指一些"无限"资源、有限但可以更新的资源以及有限但不可再生的资源的信息。

② 自然地理环境,主要是指地形地貌和气候条件,它们是企业进行市场营销不可忽略的一项重要内容。

(4) 技术环境

科学技术的发明和应用,可以造就一些新的行业和新的市场,同时又使一些旧的行业和市场走向衰落。科学技术的发展,使得产品更新换代速度加快,产品的市场寿命缩短。科学技术的进步,将使人们的生活方式、消费行为及消费结构发生深刻变化。一种新技术或新产品的出现,必然对消费市场产生一系列影响。

(5) 政治法律环境

① 政治环境因素,主要是指一个国家或地区的政治局势、大政方针以及对外政治、经济、军事等关系。

② 法律环境因素。企业开展市场营销活动,必须了解并遵守国家或政府颁布的有关法律法规,包括立法情况和执法情况。

(6) 文化环境

① 教育水平。教育水平高的地区,消费者对商品的鉴别力强,容易接受广告宣传和接受新产品,购买的理性程度高。

② 价值观念。不同的价值观在很大程度上决定着人们的生活方式,从而决定着人们的消费行为。

③ 宗教信仰。不同的宗教信仰有着不同的文化倾向,从而影响人们认识事物的方式、观念和行为准则,影响着人们的消费选择,决定着相应的市场需求。

④ 风俗习惯。风俗习惯是人们根据自己的生活内容、生活方式和自然环境,在一定的

社会物质条件下长期形成世袭相传的一种传统风尚和行为方式的综合。

微观营销环境和宏观营销环境是我们调研的主要内容,以上对微观环境的分析以及宏观环境的分析,列举了调研内容的整体范围。应该注意的是,并不是每个项目,都必须对上述的所有内容进行调研,而是应当紧密结合调研目标的需要,本着够用和透彻的原则,有选择地进行调研,调研内容的范围既不要过大,也不要过小。

3. 结论与对策分析

市场营销调研必须要提出调研结论。要求运用 SWOT 分析。

（1）市场机会和市场威胁。寻找市场机会有哪些？营销有利因素有哪些？市场威胁有哪些？营销不利因素有哪些？

（2）企业的比较优势和劣势。比较竞争对手,判断自己优势与不足。主要内容有:企业营销资源（厂房、设备、自有资金、销售队伍）；企业营销能力（销售量、销售增长率,市场占有率；产品价格；品牌形象）。

（3）企业营销机会与对策。从市场机会与企业优势中获得营销机会。对于不利市场因素和企业劣势应采取有效的对策。

（三）《营销调研报告》格式要求

市场营销调研报告在格式上应包括五大部分:标题页、前言、目录、正文、附录。

1. 标题页

标题页在制作时要抓住以下要点:① 标出委托方。如果是受委托的调研报告,那么在标题页要把委托方的名称列出来,如:"××公司××调研报告"。② 给出调研报告的标题。调研报告的题目应尽可能贴切、醒目,具有吸引力,简明准确地表达调研报告的主要内容。有的调研报告还采用正、副标题形式,一般正标题表达调查的主题,副标题则具体表明调查的单位和问题。③ 打上报告日期。日期应以报告的正式提交日为准,不应随随便便定一个日期,同时要用完整的年月日表示,如 2012 年 12 月 21 日。④ 标明报告人。一般在标题页的最下方要标出报告人姓名。如果报告人是公司的话,则列出企业全称。

2. 前言

前言是对该项调研项目的简明介绍,要内容简短、切中要害,使阅读者既可以从中大致了解调查的结果,又可从后面的文中获取更多的信息。一般包括必要的背景、信息、重要发现和结论,有时可以提出一些合理化建议。主要包括四方面内容:

（1）简要说明调查目的。简要地说明调查的由来和委托调查的原因。

（2）简要介绍调查对象和调查内容,包括调查时间、地点、对象、范围、调查要点及所要解答的问题。

（3）简要介绍调查研究的方法。介绍调查研究的方法,有助于使人确信调查结果的可靠性,因此对所用方法要进行简短叙述,并说明选用方法的原因。例如,是用抽样调查法还是用典型调查法,是用实地调查法还是文案调查法,这些都是在调查过程中常使用的方法。

（4）简要说明调研报告撰写的分工情况。

3. 目录

如果调查报告的内容、页数较多,为了方便读者阅读,应当使用目录或索引,通过目录对调研报告有个概括的了解。

在目录中应列出报告所分的主要章节和附录,并注明标题、有关章节号码及页码。

4. 正文

正文部分是调研报告的主体。其包括以下几点:

(1) 调研的详细目的。在报告主体的开头,调研人员首先应简明扼要地指出该项调研活动的目的和范围,以便阅读者准确把握调研报告所叙述的内容。

(2) 调研方法说明。① 资料来源。说明资料的来源,搜集资料所采用的方法及采用这些方法的原因。② 调查步骤。说明采用哪些调研方法,如果采用抽样调查方法,应当简明指出选择什么样本进行调查。同时,应说明采用的调研步骤,并且说明材料采用了哪些统计方法。③ 访问员的选择和培训过程。提供选择访问员及其培训的过程,并附上访问员名单及其资历说明,以及培训计划的提纲。

(3) 调查结果的描述与说明。要使用严谨和有效的方法呈报调研结果,如果其中采用较多的形象化的方式,如表格和图形,就必须清楚有效地加以分析,以便保证这些形象化的方式能够有效地说明问题。

(4) 调研结果与结论的摘要。

5. 附录

附录的作用在于提供调查客观性的证明,这是调研报告的结束部分,其主要包括以下两点:① 样本误差的说明、对调研报告所作的说明。② 所有与研究结果有关,但不宜放在正文中的资料。

(四) 调研报告撰写技巧

1. 寻找一定的理论依据

欲要提高报告内容的说服力,并使阅读者接受,就要为报告的分析观点寻找理论依据。事实证明,这是一个事半功倍的有效办法。理论依据要有对应关系,纯粹的理论堆砌不仅不能提高报告的说服力,反而会给人脱离实际的感觉。

2. 实事求是

只有深入调查研究,力求弄清事实,摸清原因,才能真实地反映事物的本来面目。在调研报告书中,一定要进行有力的真实材料举例,才能使人感到报告的充实、真实,才能增强说服力。为此,撰写调研报告要实事求是,否则就不称其为调研报告了。

3. 观点与数据要结合运用

一篇好的调查报告,必须有数字、有情况、有分析,既要用资料说明观点,又要用观点统率资料,二者应紧密结合、互相统一。

通过定性分析与定量分析的有效结合,达到透过现象看本质的目的,从而研究市场活动的发展、变化过程及其规律。

4. 运用图表帮助理解

运用图表有助于阅读者理解报告的内容,同时,图表还能提高页面的美观性。图表的主要优点在于有着强烈的直观效果,因此,用图表进行比较分析、概括归纳、辅助说明等非常有效。图表的另一优点是能调节阅读者的情绪,从而有利于对调研报告的深刻理解。

5. 注意细节，消灭差错

一份调研报告中不应出现错字、漏字现象，对完成的调研报告要反复仔细地检查，不允许有一个差错出现，特别是对于企业的名称、专业术语等更应仔细检查。同时，像一些细小的方面如纸张的好坏、打印的质量等等，都会对调研报告本身产生影响，所以也绝不能掉以轻心。

五、实训评价

《市场营销调研报告》评价标准及其分值如表 2.3 所示。

表 2.3 《市场营销调研报告》评价标准及其分值

标准 项目	理论运用 （15分）	材料充实 （15分）	材料真实 （9分）	分析正确 （6分）	分析条理 （6分）	考核成绩
1. 微观环境分析（51分）	① 微观环境分析重要性 ② 微观环境分析6个方面	至少包括顾客、竞争者以及各市场状况的信息各10条	材料的运用要有原始材料及其说明	① 紧扣主题 ② 观点正确	① 结构合理 ② 层次清楚 ③ 注意逻辑性	
2. 宏观环境分析（19分）	① 宏观环境分析重要性 ② 宏观环境分析6个方面	宏观环境分析6个方面材料不得少于10条信息	材料的运用要有原始材料及其说明	① 紧扣主题 ② 观点正确	① 结构合理 ② 层次清楚 ③ 注意逻辑性	
3. 机会优势分析（19分）	SWOT分析的3个方面	SWOT分析3个方面材料不得少于10条信息	材料的运用要有原始材料及其说明	① 紧扣主题 ② 观点正确	① 结构合理 ② 层次清楚 ③ 注意逻辑性	
4. 封面设计（2分）		封面已作设计，1分 设计符合要求，1分				
5. 前言设计（4分）		前言已作设计，2分 设计符合要求，2分				
6. 目录设计（2分）		目录已作设计，1分 设计符合要求，1分				
7. 附录安排（3分）		附录已作安排，1分 安排符合要求，2分				

六、实训范例

××商场市场营销环境调研报告[①]

调研执行:××学院商贸系
报告提交:××学院商贸系
××××年×月×日

目 录

一、调研说明
二、商场营销环境状况
三、消费者情况
四、竞争对手情况
五、经营有利条件及风险因素分析
六、对商场经营的几点建议
七、附件

××商场市场营销环境调研报告(摘录)

一、调研说明

受××单位委托,××学院商贸系于×××年对××商场市场经营环境进行了调研。通过调研,了解该地区自然环境及社会经济发展情况、商业竞争对手状况、居民消费水平及需求情况,为正确决定商场的市场定位、经营方针提供依据。调研采用抽样调研、重点调研和典型调研相结合的方法,主要有以下内容:① 在商场周围的××地区采用抽样调研的方法对居民消费需求进行调研。我们将周围居民住宅分为8个区,采用不等比随机抽样、入户问卷调研方式,发出调研问卷250份,共取得有效问卷206份,从而保证了调研的代表性和居民需求特点分布的均匀性。② 对商业竞争对手进行调研。对距离商场3千米以内竞争对手和10千米以内大中型商场进行重点调研。③ 对当地企事业单位经营及发展情况进行典型调研,以了解经济发展现状、潜力及对当地居民生活的影响。④ 通过走访统计局、建委、百货公司、街道办事处、居委会和派出所等有关部门,取得相关的资料。

[①] 本调研报告根据百度文库相关信息整理,因教材篇幅有限,故摘录部分,且在格式上与正式的调研报告有所区别,如此处的封面应该单占一面,目录应该单占一面,本处酌情处理。

二、商场营销环境状况

包括自然区位状况、人口状况、交通条件、商业环境、企事业单位情况、规划发展和其他(因涉及委托单位的具体信息,本处内容省略)。

三、消费者情况

(一)消费者基本情况

居民性别构成中以男性居多,男性人口占总体的54%,女性为46%。年龄构成中居民年龄以31~40岁者最多,占总调研人数的26.5%;41~50岁者占23%,51~60岁者占21.5%,21~30岁者占17.5%;61岁以上者占8.5%;20岁以下者占3%。年龄结构分布偏向于中老年。

工作单位分布:该地区居民在全民所有制企业工作的最多,占51%,在事业单位工作的占25%,在三资企业工作的占8.5%,在政府机关和集体所有制企业工作的各3%,从事个体职业的占2.5%,其他居民占11%,主要是退休员工和学生。

根据××区1990年人口普查资料,该区大专学历以上者占13.14%,高中文化程度者占25.28%,初中文化程度者占33.23%,小学文化程度者占21%,半文盲者占7.35%。可见,当地居民的文化素质是比较高的。

家庭常住人口以3口之家为主要家庭构成,占45.5%,4口之家占26%,5口以上的占17.5%,两口之家占10.5%。平均每户家庭人口数为3.49人,高于1997年××区3.19人的平均水平。可见,当地居民家庭以人口较多的大家庭为主,但也应注意家庭规模向小型化(3口之家)发展的趋势,商品销售应与之相适应。

绝大多数居民在本地工作(占96%),非本地工作的仅占4%。因此,居民生活水平就必然受当地经济发展状况及企事业单位景气与否的直接影响。

居民类型以老住户为主,近2/3的居民在此居住5年以上,居住时间1年以下的新住户仅占7%。新、老居民在购物需求、习惯等方面均有着一定的差异。应该注意的是,新住户随小区建设的发展呈不断上升趋势。

(二)消费者购买力及消费水平

调研资料显示,当地居民的购买力及消费水平属中等偏下,这点可以从居民家庭生活费收支、居民自我评价以及居民家庭耐用消费品拥有量反映出来。

被调研者本人人均月收入(包括工资、福利、补贴、奖金和个人副业收入)为405.96元,被调研家庭的人均月生活费收入为339.32元,人均月生活费支出为256.24元。而北京市1994年2月份人均实际收入为496.25元,生活费收入为428.50元,生活费支出为337.90元。可见,本地区生活水平与北京相比有着较大的差距。

收支略有节余,生活水平自我评价为中等偏下。目前,本地区大多数家庭收支情况为:略有节余的占61.3%,收支平衡的家庭占34.2%,有较多节余的家庭占3.0%,入不敷出的家庭占1.5%。对自己家庭消费水平的层次进行自我评价时,有近一半(49%)的家庭认为属于中等,有33%的家庭认为属中下等,认为属于下等和中上等的家庭分别占9.5%和8.5%,没有家庭认为属于上等。

调研结果显示，本地区居民家庭拥有的耐用消费品配置属于基本生活配置。彩电、冰箱、洗衣机及手表等耐用消费品拥有率很高，而一些娱乐型、发展型耐用消费品拥有量明显低于城区，如录像机、组合音响、微波炉等，成套家具也因供应和住宅面积等原因拥有量较少，这些也在一定程度上反映出当地居民的生活水平。本地区每百户居民拥有耐用消费品资料如表2.4所示。

表2.4　××区每百户居民拥有耐用消费品资料　　　　　　　　（单位：件）

耐用消费品	拥有量	耐用消费品	拥有量	耐用消费品	拥有量
彩电	101	照相机	6	中高档单件家具	35
冰箱	98	高档手表	83	成套家具	48
录像机	51	组合音响	19	其他	41
洗衣机	27	微波炉	8		
热水器	27	抽油烟机	37		

近年来收入有所增加但对未来增长信心不足。在问及"1998年与1997年相比家庭的收入水平变化情况"时，有50.5%的家庭认为略有增加，有14.5%的家庭认为持平，认为略有下降和下降很多的家庭各占2.5%，只有3%的家庭认为增加很多。

在问及"您认为家庭的经常性收入在近一两年内将会有何变化"时，有39%的家庭认为前景不明，有30%的家庭认为将有所增加，有25%的家庭认为维持现状、没有变化，6%的家庭则表示将有所减少。

（三）消费者购物行为情况

当地居民购买主要日常用品的地点是距家地点最近的商场，这部分消费者占58.6%，有17.7%的居民选择上下班路上的商场，6.5%的居民则随意性选择商场。这就是说，大约有70%的消费者的购买活动是在离家庭和工作地点较近的商场发生的，这就为商场确定销售对象提供了依据。有近2/3的消费者在购物时有明确的目标(71.7%)，有21.7%的消费者购物时无固定目标，看什么好就买什么，有3.5%的消费者以逛商店作为娱乐和消遣，另有3.1%的消费者另有打算。

消费者在选择购物场所时，最注重的是商品质量因素，其他依次为商品价格因素、交通便利因素、服务因素、购物环境因素、品种因素、个人习惯因素和其他因素。

同时，有一半以上的消费者购物时注重商店环境和文化氛围，有1/3的消费者认为无所谓，另有少数消费者对此并不注重。

约有2/3的消费者认为广告对他们选择购物场所有一定的影响，有7.5%的消费者认为有很大影响，尚有28.5%的消费者认为没有影响。

当问及"您是否同意购买用品时宁可多花点钱要也买名牌产品的说法"时，有52.8%的消费者不同意这种看法，还有6.6%的消费者反对这种看法，其中以中老年消费者为主。但应引起注意的是，另有40.6%的消费者赞同这一说法，以青年为主。这反映当地居民在消费心理上存有差异，较多消费者的消费心理仍是"求实、求廉"，而另一部分消费者的消费心理则是"求新、求美、求荣"。因此，如何满足不同消费者的消费心理需求，也是商场经营所面临的一个重要问题。

（四）对当地购物状况的评价及商场经营的建议

调研结果表明，有近2/3的消费者认为本地区现有的商店不能满足他们的主要购物需要，另有1/3的消费者则认为能够满足需求。

在不能满足需求的商品中，列前三位的分别是服装、家用电器和家具，其他依次为食品、日用品等。

有42.2%的消费者认为从居民居住处附近购买副食品和日常生活用品较为方便，感到很方便的占15.6%，一般的占23.6%，感到很不方便的占6%。

在与本地区邻近的大中型商场中，消费者最青睐的商场为××商场。××商场不仅成为本商场在外层经营圈的最大竞争对手，同时，它的成功经验也值得借鉴和汲取。

消费者普遍对建立一个建筑面积1万平方米商场表示欢迎，认为很有必要和有必要的住户分别占57%和31.5%，另有2.5%和9%的住户认为不必要和无所谓。

消费者希望商场所经营商品的档次为中高档者居多，占54.8%；希望档次为中档的占33%，中低档的占11%，低档的仅占1.2%，没有人希望最高档化。

绝大多数消费者希望商场所提供的服务是采用柜台服务和自选服务相结合的方式。单纯的柜台服务方式不受欢迎，这在一定程度上反映出当地居民对当地现有商业设施提供的服务不满足，也说明本地消费者已基本接受了自选服务这种新型服务方式。

四、竞争对手情况

涉及具体单位的信息，本处内容省略。

五、经营有利条件及风险因素分析

从上述情况我们可以看到，A商场有着许多有利条件和机遇，也面临着很多风险和挑战。对此进行客观分析，有利于企业寻找适合自己的目标市场，合理地进行市场定位。

（一）A商场经营的有利条件

当地人口众多，居民受教育程度较高，有着十分庞大的市场需求。尽管居民购买力因×××行业不景气而受到一些抑制，但从改革发展角度看，本行业仍将是国家重点扶持且有着很好发展前景的行业。随着改革的深化，合资企业、股份制企业的增加，国有大中型企业转换经营机制，企业效益将会提高，员工收入也会随之增加。此次调研的企业尽管有盈有亏，但几乎所有的企业都对今后的发展持乐观态度。此外，新的工资制度改革也将使企事业单位和离退休人员收入有一定程度的增加。因此，该地区巨大的现实需求和潜在需求为商场经营提供了十分有利的条件。

本地区目前正处于发展上升阶段，新建成的××小区和×××小区以及即将兴建的××新区，使当地及周围人口数量激增。由于新居民来自各行各业，故具有较强的购买力。新区建设带动交通、商业环境改善，使本地区吸引力有所提高，有利于商场的不断发展。

当地商业不够发达，现有商场无论是在商业设施还是在经营商品上，均属较低档次，不能满足居民需要。××商场在购物环境、经营规模、经营内容等方面都将比现有商场有较大优势，加上当地居民普遍欢迎在此建立这样规模的商场，故商场目前进入本地市场的时机较好，难度不大。如经营有方，将吸引当地相当比例的购买力。

目前新实施的员工休假制度,使人们的闲暇时间增加,使进入商场的人数增加,有利于商业的繁荣。

(二)经营的主要风险

本地区所处地理位置较偏,商业繁华度低,离市中心较远,居民在消费习惯和心理上与市内居民有一定差别,加上市内到此交通不便,使四环以西的城区的顾客很少甚至不来此处,对城内有着很大购买力的消费者缺乏吸引力。此外,商场所处环境也不甚理想,离集中居民住宅区较远,距公交车站也有相当距离;商场虽临街,但能见度不太好,周围摊群杂乱,××河水有污染,这些将对商场经营及形象产生不利影响。

目前本地区大多数企业开工不足,生产滑坡,裁员较多,购买力水平较低,使需求受到一定程度的抑制。

尽管当前本地区商业竞争力相对较弱,但竞争的威胁依然存在,主要来自两个方面:一方面是当地商业设施的新建改建;另一方面是来自与本地区邻近的大中型商场的威胁。

当地社会治安情况不太好,居民安全感较低,加上地域较大,居民居住分散,也将对商场制订经营服务方式(如开架售货)和营业时间等方面带来一定的影响。

六、对商场经营的几点建议

(1) 在服务宗旨上,考虑到当地的实际情况,该商场不能像B商场那样吸引外籍人员和外企等高薪收入阶层消费者,也不能像××商场那样以吸引流动性购买力为主,而应像C商场那样,以本地区工薪阶层为消费服务对象,树立"立足于本地,为本地居民提供优质服务"的宗旨。

(2) 在辐射范围(营业圈)上,按照上述服务宗旨,商场的营业圈可分为两层,内圈为××地区至××地区,外圈是由内圈向外延伸5千米,也可通过提供一些特色服务吸引市内居民。

(3) 在经营方针上,商场所经营的商品项目、品种及价格,都要适应当时、当地居民的消费水平和欣赏水平,不能过高,也不能过低,而应根据商业竞争要求、商业发展趋势要求、消费者要求,以及本地区今后发展等要求综合考虑。我们认为,商场应走中档化、齐全化的路子,创造出自己的经营特色,即坚持"中档商品为龙头、低档商品应有尽有、高档商品少量化"的经营方针。这样,可使商场有较充分的回旋余地,并发挥其规模较大的优势。

(4) 在商场设施和购物环境上,应对购物环境给予一定的重视,在力所能及的条件下,努力营造一个舒适的购物环境,给当地居民以全新的感觉,吸引更多的消费者来此购物。

(5) 在服务质量和品种上,应把提高服务质量放在首位。服务质量包括商品质量、服务态度、售后服务等方面的内容。当地居民将商品质量因素排在选择购物场所第一位,对假冒伪劣商品深恶痛绝,同时普遍要求新商场的营业人员有较好的服务态度。因此,商场要想取得竞争的主动权,必须严把商品质量关,加强对营业员的培训,提高其素质,以取得消费者的信任。

在商品品种上,应尽量齐全并有特色。根据调研的情况,我们认为商品品种还是应以吃、穿类商品为主。比如,在"吃"上不妨引进几个老字号,像"稻香村""小绍兴"等,相信会受到居民的欢迎;在"穿"上也应适当引进几个老牌子的服装,如"蓝天""华都"等,这些服装牌子老,款式好,价格也适中,很受中老年消费者喜爱。现今流行的"罗曼""蒙妮莎"等名牌服装,也可适量购进,以满足部分中青年消费者的需要。其他方面,如家具、电器等,则应以名牌为主,比如"松下""春兰"电器等。

(6) 要提高交通的便捷度。通过与公交部门协商,将目前路经商场的公共汽车站台移近商场或增设商场车站,要适当处理门前个体摊群,以增加商场的客流量。

(7) 采用适当的广告方式加强广告宣传。当地有一半以上的消费者已知道本商场,但仍有许多居民不知其名。在广告宣传中除采取一般性大众媒介宣传外,还可通过居委会分发一些宣传材料,并注意加强与当地居民的感情沟通,重视和尊重群众建议,有可能的话,从事一些本地区的公益事业。这些都将有助于提高商场的知名度和增强顾客对商场的亲近感。

总之,作为本地区规模最大、现代化程度最高的商场,不仅要有琳琅满目的商品,还应有完善的服务设施、良好的服务质量、很高的商业信誉和便利的交通条件等。这些都离不开商场全体员工的长期共同努力。

七、附件(略)

第三章 营销数据分析

【内容简介】

营销数据分析是企业开展营销业务的基础。然而，相当部分的企业市场部、销售部工作人员，由于缺乏营销数据分析的概念和方法，企业累积的大量数据得不到有效的利用，营销分析只停留在数据和信息的简单汇总和流水账式的通报上，缺乏对客户、业务、营销、竞争方面的深入分析，结果决策者只能凭着本能的反应来运作，决策存在很大的失误风险。本章训练的宗旨是通过对营销数据的统计数据分析，进一步掌握营销数据分析的分析技能，提升科学管理和科学决策的水平。本篇包括4个训练项目，分别为营销数据的描述统计分析、营销数据的推断统计分析、营销数据的聚类分析和因子分析。

训练一　描述统计分析

一、实训任务

(1) 要求学生根据实地调查收集到的问卷资料,对资料进行整理和统计分析,根据实践教学条件,问卷调查资料一般采用人工统计方法。

(2) 要求学生对问卷的调查资料进行整理统计。问卷收集的调查资料是大量的、凌乱的,需要对其进行整理、统计并进行定量分析。一要审核其问卷的真实性和准确性;二要将问卷的资料进行分类,汇总成统计数据,制成统计图表,以备调查报告撰写使用。

(3) 要求通过"调查问卷分析"实践操作,更好地理解调查问卷整理分析的重要性,掌握对调查资料进行统计分析的基本技能。

二、实训要求

通过训练,帮助学生正确认识调查问卷资料整理统计分析在市场调查中的重要作用。在市场调查中,通过问卷调查可以搜集到大量的调查资料,但是这些资料往往是零散的、杂乱的,需要通过审核调查资料的真实性和准确性;需要对资料进行分类、分组、汇总成可以使用的统计数据,制成相应的统计图表。只有通过处理后的资料,才能获得可靠的信息,可作为市场调查与预测的分析依据。因此,通过训练,帮助学生掌握问卷调查资料处理的基本技能。通过调查问卷统计分析,学生能够了解调查问卷资料如何审核整理、分类编码、汇总、统计制表,使学生掌握调查问卷资料整理统计分析的方法和技巧。掌握这一技能对学生将来胜任市场调查工作是必需的基本工作。具体要求如下:

(1) 要求教师对课堂组织的问卷统计进行现场指导,对调查问卷分析的步骤、方法、技巧进行具体指导。

(2) 要求学生对"调查问卷分析"的实践应用价值给予充分认识,调动开展现场问卷资料统计分析操作的积极性。

(3) 要求学生能够根据调查问卷分析的步骤、操作方法等要求,完成问卷统计分析任务,并能够根据数据制作图表,为调查报告的撰写准备资料。

(4) 要求教师提供调查问卷统计分析课业范例,供学生操作参考。

三、理论指导

(一) 问卷调查资料的审核

问卷调查资料的审核必须遵守资料整理的一般要求,着重资料的真实性、准确性、完整性。① 资料的真实性:调查资料来源的客观性问题,来源必须是客观的。调查资料本身的真实性问题,要辨别出资料的真伪,把那些违背常理的、前后矛盾的资料舍去。② 资料的准确性:准确的审核要着重检查那些含糊不清的、笼笼统统的以及互相矛盾的资料。③ 资料的完整性：调查资料总体的完整性，每份调查资料的完整性。

审核后处理方法，在审核中，如发现问题可以分不同的情况予以处理：① 对于在调查中已发现并经过认真核实后确认的错误，可以由调查者代为更正。② 对于资料中可疑之处或有错误与出入的地方，应进行补充调查。③ 无法进行补充调查的应坚决剔除那些有错误的资料，以保证资料的真实准确。

（二）问卷调查资料整理的分组汇总

1．单分组处理

单分组处理是指对总体各单位或样本各单位只按一个标志或标准进行分组处理。分组的标志或标准一般可以区分为品质属性、数量属性。

（1）品质属性分布数列是以被调查者的职业、所属行业、性别、文化程度、职业等品质属性作为分组标志而形成的简单品质数列。

（2）数量属性分布数列是以被调查者的年龄、收入、消费支出、家庭人口、就业人口等数量属性作为分组标志形成的变量数列。有如下两种形式：① 单项式变量数列，适应于离散型变量（如家庭人口、就业人口、耐用品拥有量、需求量等）的分组处理，即直接以变量的不同取值作组别而编制的变量数列。② 组距式变量数列，适应于连续变量（如年龄、收入、消费支出等）的分组处理，即以变量的不同取值区间作为分组的组别而编制的变量数列。

2．平行分组处理

平行分组处理是对总体各单位或样本各单位同时采用两个或两个以上的标志或标准进行平行排列的分组，所编制的分组数列称为平行分组数列。

（1）两变量（项目）平行分组数列，是将两个有联系的调查项目按相同选项分组的结果并列在一起而编制的平行分组数列。

（2）多变量（多项目）平行分组数列，是将两个以上有联系的调查项目按相同选项分组的结果并列在一起而编制的平行分组数列。常用于产品或服务满意度测评、被调查者态度测量等原始资料的加工开发。

3．交叉分组处理

交叉分组处理是对总体各单位或样本各单位采用两个或两个以上的标志或调查项目进行交叉分组，所编制的数列一般表现为相关分组数列或复合分组数列。

（1）基本项目之间的交叉分组处理，是利用反映被调查者基本情况的基本调查项目之间的关联性进行交叉分组处理。

（2）基本项目与主体项目之间的交叉分组处理，是利用问卷中的基本项目与主体项目之间的关联性进行交叉分组处理，用以揭示不同性别、不同年龄、不同行业、不同职业、不同文化程度、不同居住区域、不同家庭人口的被调查者对所要研究的主体项目选项回答的差异性、相关性等深层次的问题。

4．开放式问题的分类归纳

"意见分类归纳法"的基本思路和程序如下：

（1）集中所有同一个开放式问题的全部文字性答案，通过阅读、思考和分析，把握被调查者的思想认识。

（2）将被调查者的全部文字性答案，按照其思想认识不同归纳为若干类型，并计算各种类型出现的频数；制成全部答案分布表。

（3）对全部答案分布表中的答案进行挑选归并，确定可以接受的分组数。一般来说，应在符合调研项目的前提下，保留频数多的答案，然后把频数很少的答案尽可能归并到含义相近的组，应考虑调研的目的和答案类型的多少而确定，一般来说应控制在10组之内。

（4）为确定的分组，选择正式的描述词汇或短语。不同组别的描述词汇或短语应体现质的差别，力求中肯、精炼、概括。

（5）根据分类归纳的结果，制成正式的答案分布表。

例如，在一项关于居民空调购买行为的调研中，问卷中设置了"你对'静音空调'这个产品概念有何看法？"的开放式问项，被调查者的回答是多种多样的，通过分类归纳得到的答案分布表如表3.1。

表3.1 被调查者对"静音空调"的看法分布

看法分类	答案人数	比重（%）
符合环保需求	325	16.25
符合发展趋势	286	14.30
符合消费需求	316	15.80
希望尽快推出	198	9.90
有可能实现	312	15.60
不可能实现	350	17.50
难以评价	213	10.65
合　计	2000	100.00

（三）统计表与统计图

1. 统计表

统计表是把大量的统计数字资料，按一定顺序和格式列在表上，该表就是统计表。包括调查表、汇总表、计算表以及各种各样容纳资料的统计表。常见的统计表外形结构一般包括4个主要部分：总标题、横行标题、纵栏标题、数字资料等。

统计表的内容结构包括：主词和宾词两部分。主词是统计表所要说明的总体及其主要分组情况，通常列在横行标题的位置，所以该栏也叫主栏。宾词用以说明主词各组的其他标志或综合特征的具体表现，通常列在纵标题的位置，所以该栏也叫宾栏。但有时为了编制的合理和阅读方便，也可以互换。

2. 统计图

统计图则能够将统计资料展示得更为生动具体，便于人们直观地认识事物的特征。随着计算机技术不断发展，电脑制图功能日益强大，统计图的制作也更加方便和精确。

用统计图展示调研数据具有"一图抵千字"的表达效果，因为图形能给人以深刻而明确的印象，能揭示现象发展变化的结构、趋势、相互关系和变化规律、便利表达、宣传、讲演、广告和辅助统计分析。但统计图能包含的统计项目较少，且只能显示出调查数据的概数，故统计图常配合统计表、市场调研报告使用。

（1）条形图。条形图是用宽度相同的条形的高度或长度来表示数据变动的图形。条形图可以横置也可以纵置。当各类别放在纵轴时，称为条形图，如图 3.1 所示；当各类别放在横轴时，称为柱形图。

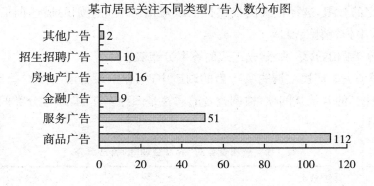

图 3.1　某市居民关注不同类型广告人数条形图

（2）圆形图。用圆形和圆内扇形的面积来表示数值大小的图形，主要用于表示总体中各组成部分所占的比例，对研究结构性问题十分有用。在绘制圆形图时，总体中各部分所占的百分比用圆内的各个扇形面积表示，这些扇形的中心角度是按各部分百分比占 360 度的相应比例确定的。如根据图 3.1 的数据，绘制出相应的圆形图。如图 3.2 所示。

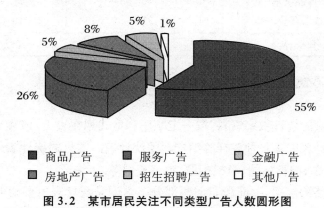

图 3.2　某市居民关注不同类型广告人数圆形图

（3）环形图。环形图与圆形图有区别，环形图中间有一个空洞，总体中的每一部分数据用环中的一段表示；圆形图只能显示每一个总体各部分所占的比例，而环形图则可以同时绘制多个总体的数据系列，每一个总体的数据系列为一个环。因此环形图可以显示多个总体各部分所占的相应比例，从而有利于进行比较研究。

例如：在一项有关住房问题的研究中，调查人员在甲乙两个城市各抽样调查 300 户家庭，其中一个问题是："您对您家庭目前的住房状况是否满意？"备选答案有：① 非常不满意；② 不满意；③ 一般；④ 满意；⑤ 非常满意。调查结果如表 3.2 所示，而相应的圆环图如图 3.3 所示。

表 3.2　住房满意度调查结果

回答类别	甲城市家庭		乙城市家庭	
	户数	比例%	户数	比例%
非常不满意	24	8	21	7
不满意	108	36	99	33
一般	93	31	78	26
满意	45	15	64	21.3
非常满意	30	10	38	12.7
合计	300	100	300	100

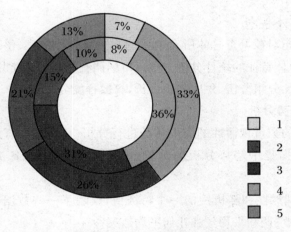

图 3.3　甲乙两城市家庭对住房状况评价圆环图

（4）直方图。直方图是以若干等宽的直方长条的长短来表示各组的频数或频率的大小。常用于表现组距数列的次数分布或频率分布。离散型变量组距的直方图中的长条应间断，连续变量组距数列的直方图中的长条应连接起来（见图 3.4）。

图 3.4　某市居民家庭年人均可支配收入分布直方图

(5) 相关散点图。相关散点图主要用于显示因变量(y)与自变量(x)之间是否具有相关关系,以及相关关系的形式是直线相关还是曲线相关,是正相关还是负相关。通常以横轴代表自变量(x),纵轴代表因变量(y)(见图 3.5)。

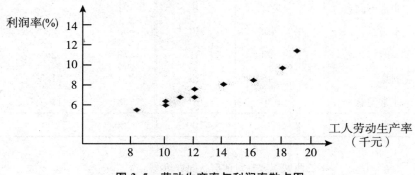

图 3.5　劳动生产率与利润率散点图

(四) 描述性统计分析

描述性统计分析指对被调查总体所有单位的有关数据作搜集、整理和计算综合指标等加工处理,用来描述总体特征的统计分析方法。市场调查分析中最常用的描述性统计分析,主要包括对调查数据的分组分析、集中趋势分析、离散程度分析。

1. 数据的集中趋势分析

对调查数据公布的数量规律性的集中特征进行分析,是对被调查总体的特征进行准确描述的重要前提。数据集中趋势分析的对象,包括数据的均值(各类平均数)、众数和中位数。

(1) 均值是数据偶然性和随机性的一个特征值,反映了一些数据必然性的特点。平均数一般包括算术平均数、调和平均数和几何平均数三种。

① 算术平均数是最简单、最基本的形式,它又视资料分组与否而具有简单算术平均和加权算术平均。利用均值,可以将处在不同地区、不同单位的某现象进行空间对比分析,以反映一般水平的变化趋势或规律;可以分析现象间的依存关系等等,从而拓宽分析的范围。

设原始数据被分成 K 组,各组的组中值为 $x_1, x_2, x_3, \cdots, x_K$,各组变量值为 $f_1, f_2, f_3, \cdots, f_K$。则均值为

$$\bar{x} = \frac{x_1 f_1 + x_2 f_2 + \cdots + x_n f_n}{f_1 + f_2 + \cdots + f_n} = \frac{\sum xf}{\sum f}$$

或

$$\bar{x} = \sum x \cdot \frac{f}{\sum f}$$

注:f_i(权数)——起权衡轻重的作用,如果某一组的权数较大,则说明该组的数据较多,那么该组数据的大小对均值的影响就越大,反之则越小;均值受各组变量值大小和各组权数大小的影响;单变量分组时为精确值,组距分组时为近似值。

② 调和平均数也称调和均值,是均值的另一种表现形式。在实际工作中,由于所获得

的数据不同,有时不能直接采用均值的计算形式来计算平均数,这就需要使用调和平均数的形式进行计算。

$$H = \frac{1}{\frac{m_1}{x_1}+\frac{m_2}{x_2}+\cdots+\frac{m_n}{x_n}} = \frac{m_1+m_2+\cdots+m_n}{\frac{m_1}{x_1}+\frac{m_2}{x_2}+\cdots+\frac{m_n}{x_n}} = \frac{\sum m}{\sum \frac{m}{x}}$$

③ 几何平均数(geometric mean)也称几何均值,它是 n 个变量值乘积的 n 次方根,计算公式为

$$G = \sqrt[\sum f]{x_1^{f_1} \cdot x_2^{f_2} \cdot x_3^{f_3} \cdot \cdots \cdot x_n^{f_n}}$$

应用条件:所掌握的变量值本身是比率的形式;各比率的乘积等于总比率。

几何平均数是适用于特殊数据的一种平均数,它主要用于计算比率或速度的平均。几何平均数也可以看作是均值的一种变形,对几何平均数的公式取对数得到。

(2) 众数是总体中出现次数最多单位的标志值,也是测定数据集中趋势的一种方法,克服了平均数指标会受数据中极端值影响的缺陷。从分析的角度看,众数反映了数据中最大多数的数据的代表值,可以使我们在实际工作中抓住事物的主要矛盾,有针对性地解决问题,但若出现了双众数现象,则可能说明调查总体不具有同质性,资料可能来源于两个不同的总体。这类结果既可以用来检查方案设计中的总体一致性问题,也可以用来帮助验证数据的可靠与否。

根据组距式数列确定众数,则需按公式计算近似值。众数的计算有下限公式和上限公式两种:

① 下限公式

$$m_o = L + \frac{f_{m_o} - f_{m_o-1}}{(f_{m_o} - f_{m_o-1}) + (f_{m_o} - f_{m_o+1})} \cdot d$$

② 上限公式

$$m_o = U - \frac{f_{m_o} - f_{m_o+1}}{(f_{m_o} - f_{m_o-1}) + (f_{m_o} - f_{m_o+1})} \cdot d$$

上述两式中:L 与 U 分别表示众数所在组的下限和上限;d 为众数所在组的组距;f_{m_o}、f_{m_o-1} 和 f_{m_o+1} 分别为众数所在组、前一组和后一组的次数。

中位数的确定可以以未分组资料为基础,也可由分组资料得到。它同样不受资料中少数极端值大小的影响。在某些情况下,用中位数反映现象的一般水平比算术平均数更具有代表性,尤其对于两极分化严重的数据,更是如此。

根据分组数据计算中位数:第一步,确定中位数所在组(采用向上或向下累计方法);第二步,根据下列公式确定中为数的近似值。即

$$M_e = L + \frac{\frac{\sum f}{2} - S_{m-1}}{f_m} \times d = U - \frac{\frac{\sum f}{2} - S_{m+1}}{f_m} \times d$$

式中，L 表示中位数所在组的下限；$\sum f$ 表示数列的频数总和；$\dfrac{\sum f}{2}$ 表示中位数的位次；f_m 表示中位数所在组的频数；S_{m-1} 表示中位数所在组之前那组的向上累计频数；S_{m+1} 表示中位数所在组之前那组的向下累计频数。

均值、众数和中位数都是反映总体一般水平的平均指标，彼此之间存在着一定的关系，是其各自的涵义不同的调查数据类型，采用不同的指标分析，以期能把被调查总体数据的集中趋势最准确地描述出来。

2. 数据的离散程度分析

对一组数据规律性的研究，集中趋势是数据重要数量特征的一个方面，离散程度则是数据数量特征的另一方面。集中趋势反映的是数据的一般水平，我们用均值等一个数值来代表全部数据。但若要较全面地掌握这组数据的数量规律，还需要计算反映数据差异程度的数值，如极差、平均差、方差和标准差离散系数等。

(1) 极差（也称全距）是数据中两个极端值，不能反映数据变化的影响，受极端值的影响较大。一般说，极差越大，平均值的代表性越小。所以，极差可以一般性地检验平均值的代表性大小。

(2) 平均差是总体各单位标志值与其算术平均数离差绝对值的算术平均数。平均差与平均数代表性的关系，与极差基本一致。不同的是，平均差的计算由于涉及了总体中的全部数据，因而能更综合地反映总体数据的离散程度。方差与标准差是幂的关系，前者是后者的平方。标准差的计算公式，也视资料的分组情况而分为简单平均式和加权平均式。这两个指标均是反映总体中所有单位标志值对平均数的离差关系，是测定数据离散程度最重要的指标，其数值的大小与平均数代表性的大小呈反方向变化。

平均差的计算方法 $\begin{cases} \text{简单平均差}: MD = \dfrac{\sum |x - \bar{x}|}{n} \quad \text{（未分组数列）} \\ \\ \text{加权平均差}: MD = \dfrac{\sum |x - \bar{x}| f}{\sum f} \quad \text{（分组数列）} \end{cases}$

标准差的计算方法 $\begin{cases} \text{简单平均差}: \sigma = \sqrt{\dfrac{\sum (x - \bar{x})^2}{n}} \quad \text{（未分组数列）} \\ \\ \text{加权平均差}: \sigma = \sqrt{\dfrac{\sum (x - \bar{x})^2 f}{\sum f}} \quad \text{（分组数列）} \end{cases}$

(3) 离散系数是为两组数据间进行比较而设计的，是一组数据标准差与均值相比较而得的相对值。在不同情况下的两组数据间，直接用标准差进行离散程度的比较是不科学的，甚至还会得出相反的结论。

极差系数　　　$V_R = \dfrac{R}{\bar{x}} \times 100\%$

平均差系数　　$V_{AD} = \dfrac{AD}{\bar{x}} \times 100\%$

标准差系数　　$\dfrac{\sigma}{\bar{x}} \times 100\%$

四、实训操作

（一）问卷统计操作

1. 检查问卷

检查已经完成的问卷是否是废卷，不符合问卷调查要求的问卷不能列入统计对象，对有些问卷的疏忽和小问题，可以根据情况进行校正，并以不同的颜色笔标出，以示区别，计算有效问卷。

2. 个人统计

个人统计自己的调查问卷，采用累计方法统计，累计好的数据填写到其中一张问卷上，数据填写要求规范、清楚。开放式问卷的处理需要把众多答案经小组现场讨论归类进行统计。

3. 小组统计

在个人统计的基础上进行小组统计，统计方法与个人统计方法相同，最后把所有统计数据填写在统计表上，问卷数据填写要求准确、规范、清楚，便于使用。

（二）问卷分析操作

1. 统计表与统计图

根据问卷的汇总情况，把该项目的调查资料用统计表和统计图表达出来。

2. 描述性统计分析

对调查资料根据调查研究的目的和要求进行描述性统计分析，计算数据集中趋势和离散趋势。

五、实训评价

"描述统计分析"部分的评估分值比重占第三章"营销数据分析篇"基本技能评估考核总分的20%，即20分。本部分的评估标准及其评估分值为：

（1）参加问卷的统计分析，得5分，没有参加的不得分；

（2）完成规定问卷统计数量，得5分，没有达到要求的酌情扣分；

（3）问卷统计分析数据达到事先要求的，得10分，没有达到事先要求的酌情扣分。

六、实训范例

某市家用汽车消费情况调查分析[①]

随着居民生活水平的提高,私车消费人群的职业层次正在从中高层管理人员和私营企业主向中层管理人员和一般职员转移,汽车正从少数人拥有的奢侈品转变为能够被更多普通家庭所接受的交通工具。了解该市家用汽车消费者的构成、消费者购买时对汽车的关注因素、消费者对汽车市场的满意程度等对汽车产业的发展具有重要意义。

本次调研活动中共发放问卷400份,回收有效问卷368份,根据整理资料分析如下:

(一)消费者构成分析

1. 有车用户家庭月收入分析

表3.3 有车用户家庭月收入

家庭收入	比重(%)	累积(%)
2000元以下	28.26	28.26
2000~3000元	33.70	61.96
3000~4000元	10.87	72.83
4000~5000元	18.48	91.31
5000元以上	8.69	100.00

目前该市有车用户家庭月收入在2000~3000元间的最多;有车用户平均月收入为2914.55元,与该市民平均月收入相比,有车用户普遍属于收入较高人群。61.96%的有车用户月收入在3000元以下,属于高收入人群中的中低收入档次。因此,目前该市用户的需求一般是每辆10~15万元的经济车型。

2. 有车用户家庭结构分析

表3.4 有车用户家庭结构

家庭结构	比重(%)	累积(%)
夫妻	36.96	36.96
与子女同住	34.78	71.74
与父母同住	8.70	80.44
单身	17.39	97.83
其他	2.17	100.00

Dink家庭(double income no kid),即夫妻二人无小孩的家庭,家庭占有车的比重大,为36.96%。其家庭收入较高、负担较轻、支付能力较强、文化层次高、观念前卫,因此Dink家庭成为有车族中最为重要的家庭结构模式。核心家庭,即夫妻二人加上小孩的家庭,比重

---

① 资料来源:李福学.市场营销学[M].2版.武汉:武汉理工大学出版社,2008.

为34.78%。核心家庭是当前社会中最普遍的家庭结构模式,因此比重较高不足为奇。联合家庭,即与父母同住的家庭,仅有8.70%。单身族占17.39%,这部分人个人收入高,且时尚前卫,在有车用户中占据一定比重。另外已婚用户比重达到了81.5%,而未婚用户仅为18.5%。

3. 有车用户职业分析

调查显示,该市有29%的消费者在企业工作,20%的消费者是公务员,另外还有自由职业者、机关工作人员和教师等。目前企业单位的从业人员,包括私营业主、高级主管、白领阶层仍是最主要的汽车使用者。而自由职业者由于收入较高及其工作性质,也在有车族中占据了较高比重。详见图3.6。

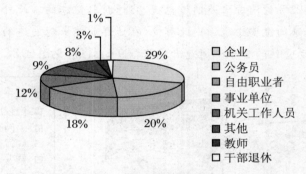

图3.6 消费者职业构成

4. 有车用户年龄及驾龄分析

在我们所调查的消费者中,年龄大多在30～40岁或是30岁以下,所占比重分别为43%和28%,也有23%的年龄在40～50岁,仅有6%的消费者年龄在50岁以上。可见,现在有车一族年轻化的趋势越来越明显,这是因为大多数年轻人没有太多的家庭负担,正处于购买力和消费需求同样旺盛的时候,而越来越低的购车门槛,也给了他们足够的购车理由。

该市有车用户的驾龄平均为5.294年,而在本次接受调查的消费者中,有61.94%的用户驾龄在3年以上。由此可见,本次调查的有车用户驾龄普遍较长,因而对汽车也比较熟悉,对汽车相关信息掌握的也相对全面,这就使得我们对有车用户青睐的品牌的调查有了较高的可信度,而他们在汽车使用方面的经验,也能够为今后该市家用汽车市场营销策略的制订提供一定的帮助。

(二) 消费者购买汽车时关注的因素分析

调查显示,消费者在购车时最关注的因素首先还是汽车的价格和性能,所占比例分别达到了19%和16%,因此,性价比越高的汽车越能受到消费者的青睐。其次在消费者对汽车的关注因素中排在前列的还有油耗、品牌和售后服务等几项,所占比重分别为14%、13%和13%,由此可见,汽车自身的品质与经销商所提供的售后服务保证是同等重要的。因此,在对消费者最终选购汽车起主导作用的因素中,油耗经济性好、性价比高、售后服务好这三项占据了前三名,所占比重分别为22%、21%和15%。影响消费者购车的因素见图3.7。

消费者在购车前获取信息的渠道主要有哪些呢?通过汽车报纸杂志获取信息的消费者

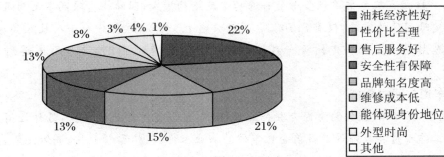

图 3.7　影响消费者购车的因素

占总数的 27%，还有 23% 的消费者是通过电视、广播获取信息的。此外，上网查询和广告等也都是消费者获取信息的主要渠道。由此可见，在传媒业越来越发达的今天，任何媒介都能够加以利用，成为推动营销的帮手。消费者获取信息的渠道，见图 3.8。

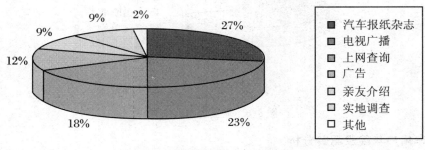

图 3.8　消费者获取信息的渠道

在大型汽车市场、品牌专卖店、综合销售点和其他销售点这几种汽车销售点中，目前消费者最为信赖的还是品牌专卖店，选择在品牌专卖店购买汽车的消费者比重竟高达 74%，相信这与品牌专卖店舒适的购车环境、良好的信誉、有保障的售后服务都是分不开的。而目前消费者在支付方式的选择上大多还是选择一次付清，也有 33% 的消费者选择分期付款，但选择向银行贷款买车的消费者仅为 7%，这一方面反映出大部分消费者的购车计划是在对自身收入合理估算后的可行选择；另一方面也说明了目前我国信贷业的不发达与不完善。消费者最信赖的购车场所，见图 3.9。消费者满意的支付方式，见图 3.10。

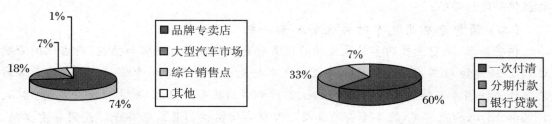

图 3.9　消费者最信赖的购车场所　　　　图 3.10　消费者满意的支付方式

（三）用户使用情况特点分析

本次调查中男性用户的汽车品牌排名前三位的分别是捷达、宝来、本田，所占比例分别为 37%、14% 和 11%；女性用户的汽车品牌前三位的分别是宝来、本田、捷达，所占比例分别为 44%、13% 和 13%。由此可见,该市家用汽车市场上消费者使用的品牌的前三位毫无疑问的是捷达、宝来和本田,所占比重分别是 33%、20% 和 11%。而消费者所认为的该市家用汽车市场上数量最多的汽车品牌前四位也分别是:捷达、宝来、本田和丰田,这与实际情况也较为相符。由此可见,目前最受有车一族青睐的无疑是经济车型。

本次调查从购车用途来看,仅有 1% 的消费者是为了家用方便,98% 的消费者买车是为了上下班方便或作为商业用途。

对车主保险情况调查来看,有 81% 的人都会给爱车投保,以减少用车风险,但也有 4% 的消费者认为给爱车投保没有必要。

目前,油价的不断上涨,已成为有车族关心的问题,在他们用车的过程中也产生一定影响,有 46% 的消费者已经考虑更换小排量、低油耗的车,还有 18% 的消费者选择减少用车频率,但也有 36% 的消费者认为基本没有影响。可见,未来的几年内,低油耗的车型仍会成为消费者青睐的对象。此外,还有交通设施不足,塞车现象严重和停车难问题占据日常行车困扰的榜首,这表明我国交通设施建设仍需进一步提高。

(四)用户满意度分析

目前该市家用汽车消费者使用最多的三种品牌分别是捷达、宝来、本田,这三种品牌的汽车到底具有哪些优势呢?通过比较发现:捷达车用户对本车最满意的地方在于车的性能和燃油经济性,所占比重分别是 53% 和 30%。捷达车的动力性和品牌知名度也是比较令他们满意的因素;宝来车的用户对本车最满意的地方在于车的舒适性、品牌知名度和燃油经济性,所占比重分别是 34%、24% 和 24%,该车的动力性和整体性也较出色;而本田车最令用户满意的地方除了舒适性、品牌知名度、性能外,还有车的外观,这几项所占比重分别是 30%、20%、20% 和 20%。由此可以看出,消费者较为满意的车型除了经济舒适外,还必须具有较高的品牌知名度。三种车的优势见图 3.11、图 3.12、图 3.13。

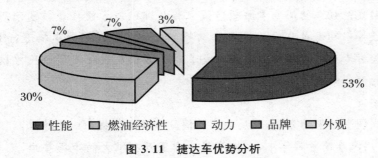

图 3.11　捷达车优势分析

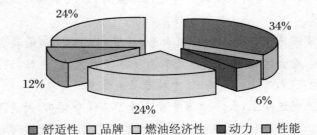

图 3.12　宝来车优势分析

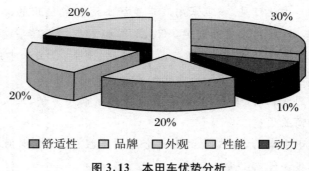

图 3.13 本田车优势分析

在上面的分析中,我们曾提到售后服务也是消费者选车时较为关注的因素之一,那么对消费者使用最多的几款车型来说,他们的售后服务情况如何呢?通过比较,捷达车的用户中有 13% 的用户非常满意,44% 的人表示较为满意;宝来车有 6% 的用户表示非常满意,50% 的人表示较为满意,还有 44% 的人认为一般;本田车的用户中有 30% 的用户非常满意,40% 的人表示较为满意。总体来说,这几种品牌汽车的售后服务都比较令用户满意。而在售后服务过程中,用户最为看中的服务指标就是技术等级,占到 43%,接下来依次是收费标准、返修率和服务态度,分别占 22%、20% 和 15%,这反映了大多数用户心目中质量和价格仍是衡量服务好坏的根本标准。

近几年来关于汽车投诉比例在逐年上升,其中汽车质量、安全隐患及维修保障等问题突出。在解决纠纷的过程中,有 28% 的消费者认为最令他们头痛的是缺乏硬性的检测标准,27% 的消费者认为是找不到相关的投诉机构,22% 的消费者认为检测程序太过复杂,还有 15% 的消费者认为检测费用过高,另外 8% 的消费者则认为还存在其他方面的问题。这表明我国政府职能机构还需要进一步改进工作,相关程序需要进一步简化,相关检测设施需要进一步完善,使其更好地为大众服务。在遇到问题需要解决时,消费者最希望得到哪些维护消费者权益的援助呢?46% 的消费者希望能设立相关部门以方便检查质量问题,28% 的消费者希望能够专设部门判定是非,18% 的消费者则希望媒体能对问题车辆进行曝光,还有 7% 的消费者希望能有专业的律师提供法律咨询。这一方面反映了我国公民维权意识的提高,也反映相关职能部门的服务不到位。

(五)建议

通过对本次调查结果的分析,就反映出的问题和现象特提出以下建议:

第一,在家用汽车消费群体中,女性消费者中还具有很大的市场潜力,汽车生产商可以在汽车的整体设计中加入一些符合女性需求的细节设计,使汽车设计更富人性化,也更能受到女性消费者的青睐。

第二,从目前家用汽车市场的实际情况来看,经济实用型汽车是最受欢迎,但消费者在选购实用汽车的同时,也会考虑到汽车的外观能否体现其身份、地位,因此生产商应加强对经济实用型汽车在外观、内饰上的提高,以争取更多消费者。

第三,在购车地点的选择上,大部分消费者选择了品牌专卖店,因为那里的环境、服务等都比别处更胜一等,但综合销售点实际上更有利于消费者进行实地考察,从而客观地对汽车品牌进行对比。但目前该市的几个综合销售点的经营状况都远不如品牌专卖店,综合经销商应考虑如何采取对策。

第四，目前通过银行贷款的方式买车的消费者还是少之又少，这与中国人的消费观念有关，但就目前中国的形势来看，通过贷款的方式买房、买车都是非常合适的选择，虽然我国仅在北京等少数大城市提供了不超过货物本身的14.3%的低息贷款，但经销商若能做足这方面的"文章"，也可促进家用汽车消费市场的长足发展。

第五，消费者在维权方面达成的共识就是希望国家能够设立专门的部门，制订出硬性的指标以判定汽车质量问题，维护汽车消费者的合法权益，期待国家相关政策的出台。

训练二　推断统计分析

一、实训任务

统计分析的目的在于研究总体特征，由于各种各样原因的存在，往往只能是从总体中随机抽取的一部分观察对象——样本，通过对样本的观察和研究，可以对总体的实际情况作出可能的推断。所以描述性统计分析是统计分析的第一步，是进行正确统计推断的先决条件，在此基础上再对样本数据段推断统计分析。

通过本实训项目，使学生理解并掌握SPSS软件有关数据文件创建和整理的基本操作，学习如何将收集到的数据输入计算机，建成SPSS数据文件，并掌握如何对原始数据文件进行整理，包括数据查询、数据修改、删除、数据的排序等；引导学生利用正确的统计方法对数据进行适当的整理和显示，描述并探索出数据内在的数量规律性，能够使用SPSS软件对问卷调查数据进行相应的推断统计分析。

二、实训要求

通过本训练，帮助学生正确掌握SPSS软件关于数据文件的建立和管理，并能够使用SPSS软件的推断统计方法解决实际问题。具体要求如下：

(1) SPSS数据文件的建立与管理。

(2) 要求学生了解假设检验的基本原理，并能够熟练使用SPSS软件进行单样本T检验、两独立样本T检验和配对样本T检验等实训操作。

(3) 要求学生深入了解方差及方差分析的基本概念，掌握方差分析的基本思想和原理，并能够使用SPSS统计软件，熟练进行单因素方差分析、两因素方差分析等操作，激发学生的学习兴趣，增强自我学习和研究的能力。

三、理论指导

（一）SPSS数据文件的建立

1. SPSS的启动及数据库的建立

(1) SPSS的运行方式

SPSS提供了3种基本运行方式：完全窗口菜单方式、程序运行方式、混合运行方式。程序运行方式和混合运行方式是使用者从特殊的分析需要出发,编写自己的 SPSS 命令程序,通过语句直接运行。完全窗口菜单管理操作方式简单明了,除数据输入工作需要键盘外,大部分的操作命令、统计分析方法的实现是通过菜单、图标按钮、对话框来完成的,非常适用于一般的统计分析人员和一般统计方法的应用者。

SPSS 中使用的对话框主要有两类,一类是文件操作对话框,其操作风格与 Windows 应用软件操作风格一致。另一类是统计分析对话框,可以分为主窗口和下级窗口,在该类对话框中,选择参与分析的各类变量及统计方法是对话框的主要任务。有关对话框的详细操作将在后面的统计方法的实验中解释。

(2) SPSS 的实验环境要求

SPSS 软件包可以运行在微软公司的 Windows 98、Windows NT 4.0、Windows ME、Windows 2000 和 Windows XP 操作系统之下。由于统计分析软件的数据量比较大,所以系统运行需要大于 16 M 以上空间。

(3) SPSS 的主要界面

SPSS 的主要界面有数据编辑窗口和结果输出窗口。数据编辑窗口与微软的 Excel 类似,但 SPSS 的统计功能更多。SPSS 的结果输出窗口是显示统计分析的结果,此窗口的内容可以以结果文件.spo 的形式保存。数据编辑窗口和结果输出窗口的详细描述将在有关 SPSS 的数据文件建立的内容中查到。

2. SPSS 数据文件的建立

SPSS 数据文件是一种结构性数据文件,由数据的结构和数据的内容两部分构成,也可以说由变量和观测两部分构成。

(1) 创建一个数据文件

数据文件的创建分成三个步骤:① 选择菜单【文件】→【新建】→【数据】新建一个数据文件,进入数据编辑窗口。窗口顶部标题为"PASW Statistics 数据编辑器"。② 单击左下角【变量视窗】标签进入变量视图界面,根据试验的设计定义每个变量类型。③ 变量定义完成以后,单击【数据视窗】标签进入数据视窗界面,将每个具体的变量值录入数据库单元格内。

(2) 读取外部数据

SPSS 可以很容易地读取 Excel 数据,步骤如下:① 按【文件】→【打开】→【数据】的顺序使用菜单命令调出打开数据对话框,在文件类型下拉列表中选择数据文件。② 选择要打开的 Excel 文件,单击"打开"按钮,调出打开 Excel 数据源对话框。对话框中下拉列表,选择被读取数据所在的 Excel 工作表。

(3) 数据编辑

在 SPSS 中,对数据进行基本编辑操作的功能集中在【编辑】和【数据】菜单中。

(4) SPSS 数据的保存

SPSS 数据录入并编辑整理完成以后应及时保存,以防数据丢失。保存数据文件可以通过【文件】→【保存】或者【文件】→【另存为】菜单方式来执行。

（二）假设检验

1. 假设检验的基本思想

假设检验的基本思想是带有概率性质的反证法。具体说来，假设检验主要有以下两个特点：第一，假设检验所采用的逻辑推理方法是反证法。为了检验某个假设是否成立，先假定它是正确的。然后根据抽样理论和样本信息，观察由此假设而导致的结果是否合理，从而判断是否接受原假设。第二，这里的合理与否，所依据的是"小概率事件实际不可能发生的原理"。即在一次观察中小概率事件发生了，则认为原假设是不合理的；反之，小概率事件没有出现，则认为原假设是合理的。所以，假设检验的反证法是带有概率性质的反证法，并非严格的逻辑证明。

假设检验是根据样本提供的信息进行判断的，也就是由部分来推断整体，因而假设检验不可能绝对正确，它也可能犯错误接受或拒绝 H_0，都可能犯错误，所犯的错误有两种类型：I 类错误——弃真错误，发生的概率为 α，即当 H_0 为真时，由样本值作出拒绝 H_0 的错误结论；II 类错误——取伪错误，发生的概率为 β，即当 H_0 不真时，由样本值作出接受 H_0 的错误结论。理想情况下，我们希望所有类型的错误尽可能的小，但是很明显，它们之间需要一个对换，因为如果我们想降低第 I 类错误，就要预测更多的第 I 类的假设条件，同时需要更多的数据变量，在这种情况下，如果第 II 类假设为真，我们犯弃真错误的概率就会增大。

2. 假设检验的步骤

（1）提出原假设和备择假设

根据研究问题的需要提出原假设和备择假设。在统计的假设检验中，总是原假设 H_0 =（≥或≤）估计值，相应的备择假设 H_1 "≠" "<" 或 ">" 估计值，具体建立何种形式的假设则要看决策人准备如何下结论来决定。假设检验中所用的推理方法类似于数学中的反证法。希望证明的假设常作为备择假设，因为当否定原假设时，就可以接受备择假设。假设检验几种不同类型：

① 双侧假设检验 $H_0: \mu = \mu_0, H_1: \mu \neq \mu_0$ 有两个拒绝域，两个临界值，每个拒绝域面积为 $\frac{\alpha}{2}$。

② 单侧假设检验

A. 左单侧检验，$H_0: \mu \geq \mu_0, H_1: \mu < \mu_0$

B. 右单侧检验，$H_0: \mu \leq \mu_0, H_1: \mu > \mu_0$

（2）选择显著性水平 α，确定临界值

显著性水平 α 的选择至关重要，如果选择很小的 α 值，就要冒着接受一个不真实的原假设的较大 β 概率的风险；反之，如果选择很大 α 值，则要冒着拒绝一个真实的原假设的较大 α 概率的风险，因此在实践中，应该根据研究的精确程度和可靠程度，控制在小概率以内，选择一个适合的 α 值。常用的取 $\alpha = 0.05$ 或 $\alpha = 0.01$，当 α 选择以后，临界值也就确定了，拒绝域也就随之而定；如果是双侧检验，拒绝域在两边各为 $\alpha/2$，如果是单侧检验，拒绝域在左侧或右侧，为 α。

(3) 选择适当的统计量,并确定其分布形式

假设建立以后,是接受或拒绝原假设,它是根据样本观察值及其概率分布所计算的检验统计量来判定的。因而样本统计量的计算和确定适合的概率分布至关重要。样本统计量有样本平均数、样本比率、样本方差,还要看是大样本还是小样本,总体方差是否知道等。判定样本分布有二项分布、正态分布、t 分布、F 分布和卡方分布等。

(4) 计算检验统计量值并决策

在假设检验时,应根据检验的内容正确选择适合的概率分布,进而计算检验统计量。用检验统计量数值与理论分布临界值比较,做出接受或拒绝原假设的判定。若检验统计量小于或等于理论分布临界值,则接受原假设 H_0;否则拒绝原假设 H_0,接受备择假设 H_1。

根据统计量的分布可以规定决策规则,找出接受区域和拒绝区域的临界。决策规则通常有两种方法,一种是临界值法,即统计量与临界值 Z 或 F 进行比较,通常对于双侧检验,统计量绝对值大于临界值便拒绝原假设,小于临界值便不能拒绝原假设。另外一种是 P 值检验,用拒绝原假设所需的最低概率 P 与显著性水平 α 作比较,做出拒绝或者接受原假设的选择。

(四) P 值法检验

P 值检验就是通过计算 P 值,再将它与显著性水平 α 作比较,决定拒绝还是接受原假设。所谓 P 值就是拒绝原假设所需的最低显著性水平。P 值判断的原则是:如果 P 值小于给定的显著性水平 α,则拒绝原假设;否则,接受原假设。或者,更直观来说就是:如果 P 值很小,拒绝原假设;P 值很大,接受原假设。一般是将统计量所计算的 Z 值或 F 值转换成概率 P,然后与显著性水平 α 进行比较。当 $P<\alpha$,拒绝接受 H,说明样本所描述的总体与原假设所描述的总体具有显著差异;当 $P>\alpha$,不能拒绝 H,说明所采用的检验方法不能证明样本所描述的总体与原假设所描述的总体具有显著差异。对于显著性水平已知的检验,两种方法是等效的,答案也是相同的。临界值法更传统些,但随着计算机的广泛应用,P 值法越来越流行,也更为方便。P 值法是将统计量 Z 值转换成概率,即大于统计量 Z 的绝对值的概率。

(三) 方差分析

1. 单因素方差分析

方差分析的基本思路是一方面确定因素的不同水平下均值之间的方差,把它作为对由所有试验数据所组成的全部总体的方差的一个估计值。另一方面,再考虑在同一水平下不同试验数据对于这一水平的均值的方差。由此,计算出对由所有试验数据所组成的全部数据的总体方差的第二个估计值;最后,比较上述两个估计值。如果这两个方差的估计值比较接近就说明因素的不同水平下的均值间的差异并不大,就接受零假设。否则,就说明因素的不同水平下的均值间的差异比较大,就接受备择假设。

根据上述思路我们可以得到方差分析的方法和步骤。

(1) 提出假设

$H_0: \mu_1 = \mu_2 = \cdots = \mu_k$,即因素的不同水平对试验结果无显著影响;

H_1:不是所有的 μ_i 都相等 $(i=1,2,\cdots,k)$,即因素的不同水平对试验结果有显著影响。

(2) 方差分解

我们先定义总离差平方和为各样本观察值与总均值的离差平方和。

记作

$$SST = \sum_{i=1}^{k} \sum_{j=1}^{n} (X_{ij} - \overline{X})^2$$

其中：$\overline{X}$ 是样本总均值，即

$$\overline{X} = \frac{(\sum_{i=1}^{k} \sum_{j=1}^{n} X_{ij})}{N}$$

$N = nk$ 为样本观察值总数。

将总离差平方和分解为两部分：

$$\begin{aligned} SST &= \sum_{i=1}^{k} \sum_{j=1}^{n} (X_{ij} - \overline{X})^2 \\ &= \sum_{i=1}^{k} \sum_{j=1}^{n} [(X_{ij} - \overline{X}_i) + (\overline{X}_i - \overline{X})]^2 \\ &= \sum_{i=1}^{k} \sum_{j=1}^{n} (X_{ij} - \overline{X}_i)^2 + \sum_{i=1}^{k} n \cdot (\overline{X}_i - \overline{X})^2 \end{aligned}$$

其中：$\overline{X}_i$ 是第 i 个样本的平均值，即

$$\overline{X}_i = \frac{(\sum_{j=1}^{n} X_{ij})}{n}$$

记

$$SSE = \sum_{i=1}^{k} \sum_{j=1}^{n} (X_{ij} - \overline{X}_i)^2$$

表示同一样本组内，由于随机因素影响所产生的离差平方和，简称为组内平方和。

记

$$SSR = \sum_{i=1}^{k} n \cdot (\overline{X}_i - \overline{X})^2$$

表示不同的样本组之间，由于变异因素的不同水平影响所产生的离差平方和，简称为组间平方和。

由此可以得到

$$SST = SSR + SSE$$

对应于 SST，SSR 和 SSE 的自由度分别为 $N-1$，$k-1$，$N-k$。相应的自由度之间的关系也有 $N-1 = (k-1) + (N-k)$。

(3) F 检验

将 SSR 和 SSE 分别除以其自由度，即得各自的均方差：

$$\text{组间均方差} \quad MSR = \frac{SSR}{(k-1)}$$

$$\text{组内的均方差} \quad MSE = \frac{SSE}{(N-k)}$$

统计上可以证明

$$E(MSE) = \sigma^2$$

$$E(MSR) = \sigma^2 + \frac{1}{k-1}\sum_{i=1}^{k} n \cdot (\mu_i - \mu)^2$$

由此可见,如果原假设 $H_0: \mu_1 = \mu_2 = \cdots = \mu_k$ 成立,则 $E(MSE) = E(MSR) = \sigma^2$;否则

$$E(MSR) > \sigma^2$$

根据 F 分布,如果原假设 $H_0: \mu_1 = \mu_2 = \cdots = \mu_k$ 成立,那么 MSR 和 MSE 均是 σ^2 的无偏估计,因而 MSR/MSE 就服从自由度为 $(k-1)$ 和 $(N-k)$ 的 F 分布。

$$\text{检验统计量} \quad F = \frac{MSR}{MSE}$$

如上所述,当原假设 $H_0: \mu_1 = \mu_2 = \cdots = \mu_k$ 成立时,$E(MSE) = E(MSR) = \sigma^2$。此时 MSR 较小,F 值也较小。反之 H_0 不成立时,MSR 较大,F 值也较大。对于给定的显著性水平 α 查 F 分布表得到 $F_{1-\alpha}(k-1, N-k)$。如果 $F > F_{1-\alpha}(k-1, N-k)$,则原假设不成立,即 K 个组的总体均值之间有显著的差异,就拒绝 H_0。若 $F \leqslant F_{1-\alpha}(k-1, N-k)$,则原假设成立,即 K 个组的总体均值之间没有显著的差异,就接受 H_0。

2. 双因素方差分析

双因素方差分析的基本思想与单因素方差分析基本相同。首先分别计算出总变差、各个因素的变差以及随机误差的变差。其次根据各变差相应的自由度求出均方差,最后计算出 F 值并作 F 检验。

双因素方差分析根据两个因素相互之间是否有交互影响而分为无交互影响和有交互影响两种情形。我们首先研究两因素无交互影响时的情形。

(1) 无交互影响的双因素方差分析

如果某一试验结果受到 A 和 B 两个因素的影响。这两个因素分别可取 k 和 m 个水平,则双因素方差分析实际上就是要比较因素 A 的 k 个水平的均值之间是否存在显著差异,因素 B 的 m 个水平的均值之间是否存在显著差异。目的是要检验试验中这两个因素所起的作用有多大,是仅仅一个因素在起作用,还是两个因素起作用或者是两个因素的作用都不显著。在假定两个因素无交互影响的情形,通常采用不重复试验,即对于两个因素每一种水平的组合只进行一次试验,这样总共就进行 $k*m$ 次试验。假定试验的结果如表3.5所示。

表 3.5 双因素分析的试验结果观察值因素 B 的水平

		因素 B 的水平				
		1	2	⋯	m	行总和
因素 A 的水平	1	X_{11}	X_{12}	⋯	X_{1m}	A_1
	2	X_{21}	X_{22}	⋯	X_{2m}	A_2
	⋯	⋯	⋯	⋯	⋯	⋯
	k	X_{k1}	X_{k2}	⋯	X_{km}	A_k
列总和		B_1	B_2	⋯	B_m	

其中：X_{ij}是因素 A 为水平 i，因素 B 为水平 J 时的观察值；

$A_i = \sum_{j=1}^{m} X_{ij} (i = 1, 2, \cdots, k)$ 是因素 A 在 i 水平下的所有观察值的总和；

$B_j = \sum_{i=1}^{k} X_{ij} (j = 1, 2, \cdots, m)$ 是因素 B 在 j 水平下的所有观察值的总和；

$\bar{A}_i = \dfrac{1}{m} \sum_{j=1}^{m} X_{ij} = \dfrac{A_i}{m}$，因素 A 在 i 水平下的平均值；

$\bar{B}_j = \sum_{i=1}^{k} X_{ij} = \dfrac{B_j}{k}$，因素 B 在 j 水平下的平均值；

$T = \sum_{i=1}^{k} \sum_{j=1}^{m} X_{ij} = \sum_{i=1}^{k} A_i = \sum_{j=1}^{m} B_j$ 是所有观察值的总和；

$\bar{X} = \dfrac{1}{N} \sum_{i=1}^{k} \sum_{j=1}^{m} X_{ij} = \dfrac{T}{N}$ 是所有观察值的平均值；

$N = km$ 是所有观测值的总数。

双因素的方差分析问题实际上也是一个假设检验问题。对于无交互影响的双因素方差分析其方法和步骤如下：

① 形成假设。由于两因素相互独立，因此可以分别对每一个因素进行检验。

对于因素 A，H_0：因素 A 的各种水平的影响无显著差异；H_1：因素 A 的各种水平的影响有显著差异。

对于因素 B，H_0：因素 B 的各种水平的影响无显著差异；H_1：因素 B 的各种水平的影响有显著差异。

② 进行离差平方和的分解

$$SST = \sum_{i=1}^{k} \sum_{j=1}^{m} (X_{ij} - \bar{X})^2$$

$$= \sum_{i=1}^{k} \sum_{j=1}^{m} [(X_{ij} - \bar{A}_i - \bar{B}_j + \bar{X}) + (A_i - \bar{X}) + (\bar{B}_j - \bar{X})]^2$$

上式展开式中三个二倍乘积项均为零。我们令

$$SSE = \sum_{i=1}^{k} \sum_{j=1}^{m} (X_{ij} - \bar{A}_i - \bar{B}_j + \bar{X})^2$$

$$SSA = m \cdot \sum_{i=1}^{k} (\bar{A}_i - \bar{X})^2$$

$$SSB = k \cdot \sum_{j=1}^{m} (\bar{B}_j - \bar{X})^2$$

于是就有：$SST = SSA + SSB + SSE$。

SST 的自由度为 $(N-1)$，SSA 和 SSB 的自由度分别为 $(k-1)$ 和 $(m-1)$，而 SSE 的自由度为 $(N-1) - (k-1) - (m-1) = N - k - m - 1 = (k-1)(m-1)$。

③ 编制方差分析表，进行 F 检验。从方差分解式所得到的 SSA、SSB 和 SSE 除以各自的自由度，就得到各自相应的均方差，然后与单因素方差分析时一样，我们可以得到无交互影响时双因素方差分析表如表 3.6 所示。

表 3.6 双因素无交互影响时的方差分析表

方差来源	离差平方和	自由度	均方差	统计检验量 F
因素 A	SSA	$k-1$	$MSA = \dfrac{SSA}{k-1}$	$F_A = \dfrac{MSA}{MSE}$
因素 B	SSB	$m-1$	$MSB = \dfrac{SSB}{m-1}$	$F_B = \dfrac{MSB}{MSE}$
误差 E	SSE	$(k-1)(m-1)$	$MSE = \dfrac{SSE}{(k-1)(m-1)}$	
总方差	SST	$N-1$		

根据方差分析表计算得到 F_A 和 F_B 以后,根据问题的显著性水平 α,查表得到 $F_\alpha\{(k-1),(k-1)(m-1)\}$。于是我们可以分别检验因素 A 和 B 的影响是否显著。对于因素 A 而言,若 $F_A > F_\alpha\{(k-1),(k-1)(m-1)\}$,我们就拒绝关于因素 A 的原假设,说明因素 A 对结果有显著的影响。否则,就接受原假设,说明因素 A 对结果没有显著的影响。对于因素 B 而言,若 $F_B > F_\alpha\{(k-1),(k-1)(m-1)\}$,我们就拒绝关于因素 B 的原假设,说明因素 B 对结果有显著的影响。否则,就接受原假设,说明因素 B 对结果没有显著的影响。

(2) 有交互作用的双因素方差分析

前面假定因素 A 与因素 B 之间相互独立,不存在相互影响,但有时两个因素会产生交互作用,从而使因素 A 的某些水平与因素 B 的另一些水平相结合时对结果产生更大的影响。

对于有交互作用的两因素之间方差分析的步骤几乎与前一种情形一样,不同的是当两因素之间存在交互作用时,先要剔除交互作用的影响,因此比较复杂。同时在有交互作用的影响时对于每一种试验条件要进行多次重复试验以便将因素间交互作用的平方和从误差平方和中分离出来。这样重复试验数据量就大大增加了。

有交互作用的两因素方差分析的方法和步骤同前面一样,关键是对总离差平方和进行分解时必须考虑两因素的交互作用。

设因素 A 有 a 个水平,因素 B 有 b 个水平,试验的重复次数记作 n。记 X_{ijk} 为在因素 A 的第 i 个水平,因素 B 的第 j 个水平下进行第 k 次试验时的观察值,其中 $i=1,2,\cdots,a$; $j=1,2,\cdots,b$; $k=1,2,\cdots,n$。记

$$(AB)_{ij} = \sum_{j=1}^{n} X_{ijk}$$

为在因素 A 的第 i 个水平,因素 B 的第 j 个水平下进行各次重复试验的所有观察值的总和。记

$$(\bar{A}\bar{B})_{ij} = \frac{(AB)_{ij}}{n} = \frac{1}{n}\sum_{j=1}^{n} X_{ijk}$$

为在因素 A 的第 i 个水平,因素 B 的第 j 个水平下进行各次重复试验的所有观察值的平均值。记

$$A_i = \sum_{j=1}^{b} (AB)_{ij}$$

$$\bar{A}_i = \frac{1}{nb} A_i \quad (i = 1, 2, \cdots, a)$$

$$B_j = \sum_{i=1}^{a} (AB)_{ij}$$

$$\bar{B}_i = \frac{1}{na} A_j \quad (j = 1, 2, \cdots, b)$$

$$T = \sum_{i=1}^{a}\sum_{j=1}^{b}\sum_{k=1}^{n} X_{ijk} = \sum_{i=1}^{a}\sum_{j=1}^{b} (AB)_{ij}$$

$$\bar{X} = \frac{T}{N}$$ 是所有观察值的平均值

其中:$N = abn$ 是所有观测值的总数。

利用上面所引入的符号,我们可以得到有交互作用的两因素方差分析的步骤如下:

① 形成假设。由于两因素有交互影响,因此除了分别检验两因素单独对试验结果的影响外,还必须检验两因素交互影响的作用是否显著。

对于因素 A,H_0:因素 A 的各种水平的影响无显著差异;H_1:因素 A 的各种水平的影响有显著差异。

对于因素 B,H_0:因素 B 的各种水平的影响无显著差异;H_1:因素 B 的各种水平的影响有显著差异。

对于因素 AB 的交互作用,H_0:因素 AB 的各种水平的交互作用无显著影响;H_1:因素 AB 的各种水平的交互作用有显著影响。

② 进行离差平方和的分解。有交互作用的两因素方差分析时,总离差平方和可以分解为四项:

$$SST = \sum_{i=1}^{a}\sum_{j=1}^{b}\sum_{k=1}^{n} (X_{ijk} - \bar{X})^2$$

$$= \sum_{i=1}^{a}\sum_{j=1}^{b}\sum_{k=1}^{n} \left[\begin{array}{l} (X_{ijk} - (\bar{A}\bar{B})_{ij}) + ((\bar{A}\bar{B})_{ij} - \bar{A}_i - \bar{B}_j + \bar{X}) \\ + (\bar{A}_i - \bar{X}) + (\bar{B}_j - \bar{X}) \end{array} \right]^2$$

$$= \sum_{i=1}^{a}\sum_{j=1}^{b}\sum_{k=1}^{n} (X_{ijk} - (\bar{A}\bar{B})_{ij})^2 + n\sum_{i=1}^{a}\sum_{j=1}^{b} ((\bar{A}\bar{B})_{ij} - \bar{A}_i - \bar{B}_j + \bar{X})^2$$

$$+ nb \cdot \sum_{i=1}^{a} (\bar{A}_i - \bar{X})^2 + na \cdot \sum_{j=1}^{b} (\bar{B}_j - \bar{X})^2$$

总离差平方和 SST 的自由度为 $N-1$。

分别记

$$SSA = nb \cdot \sum_{i=1}^{a} (\bar{A}_i - \bar{X})^2$$

为因素 A 的离差平方和,自由度为 $a-1$。

$$SSB = na \cdot \sum_{j=1}^{b} (\bar{B}_j - \bar{X})^2$$

为因素 B 的离差平方和,自由度为 $b-1$。

$$SSE = \sum_{i=1}^{a} \sum_{j=1}^{b} \sum_{k=1}^{n} (X_{ijk} - (\bar{AB})_{ij})^2$$

表示随机误差的离差平方和,自由度为 $N-ab=abn-ab=ab(n-1)$。

$$SSAB = n \sum_{i=1}^{a} \sum_{j=1}^{b} ((\bar{AB})_{ij} - \bar{A}_i - \bar{B}_j + \bar{X})^2$$

表示因素间交互作用的离差平方和,自由度为

$$(N-1)-(a-1)-(b-1)-(n-1)ab = (a-1)(b-1)$$

③ 编制方差分析表,进行 F 检验。从方差分解式所得到的 SSA、SSB、$SSAB$ 和 SSE 除以各自的自由度,就得到各自相应的均方差,然后我们对因素 A、因素 B 和因素 AB 的交互作用分别作 F 检验。与前面所讨论的情形一样,这一过程也可以用表格来表示,就得到无交互影响时双因素方差分析表(如表 3.7)。

表 3.7　有交互影响的双因素方差分析表

方差来源	离差平方和	自由度	均方差	统计检验量 F
因素 A	SSA	$a-1$	$MSA = \frac{SSA}{a-1}$	$F_A = \frac{MSA}{MSE}$
因素 B	SSB	$b-1$	$MSB = \frac{SSB}{b-1}$	$F_B = \frac{MSB}{MSE}$
交互作用	SSAB	$(a-1)(b-1)$	$MSB = \frac{SSAB}{(a-1)(b-1)}$	$F_{AB} = \frac{MSAB}{MSE}$
误差 E	SSE	$N-ab$	$MSE = \frac{SSE}{N-ab}$	
总方差	SST	$N-1$		

与前面所讨论过的一样,根据方差分析表计算得到 F_A、F_B 和 F_{AB} 以后,根据问题的显著性水平 α,查表分别得到 $F_\alpha\{(a-1),(N-ab)\}$、$F_\alpha\{(b-1),(N-ab)\}$ 和 $F_\alpha\{(a-1)(b-1),(N-ab)\}$。于是我们可以分别检验因素 A 和 B 的影响,以及两因素的交互作用的影响是否显著。

对于因素 A 而言,若 $F_A > F_\alpha\{(a-1),(N-ab)\}$,我们就拒绝关于因素 A 的原假设,说明因素 A 对结果有显著的影响。否则,就接受原假设,说明因素 A 对结果没有显著的影响。对于因素 B 而言,若 $F_B > F_\alpha\{(b-1),(N-ab)\}$,我们就拒绝关于因素 B 的原假设,说明因素 B 对结果有显著的影响。否则,就接受原假设,说明因素 B 对结果没有显著的影响。对于两因素的交互作用,若 $F_{AB} > F_\alpha\{(a-1)(b-1),(N-ab)\}$,我们就拒绝关于两因素交互作用的原假设,说明因素 A 和因素 B 对结果有显著交互影响。否则,就接受原假设,说明两因素对结果没有显著的交互影响。

四、实训操作

(一) SPSS 应用于假设检验

1. 单个总体均值的假设检验(单样本 T 检验)

例:抽查某地周岁儿童 21 名,测量身高数据见表 3.8,在 0.05 的显著水平下,检验该样本结果能否说明该地周岁儿童的平均身高为 75 厘米?

表 3.8 儿童的平均身高

序号	1	2	3	4	5	6	7	8	9	10	11
儿童身高(cm)	64	68	68	68	69	70	70	70	71	71	71
序号	12	13	14	15	16	17	18	19	20	21	
儿童身高(cm)	71	71	72	73	74	75	76	78	79	80	

该例属于大样本、总体标准差 σ 未知。假设形式为:$H_0:\mu = \mu_0$,$H_1:\mu \neq \mu_0$,软件实现程序:打开已经建立的数据文件,然后选择菜单"【分析】→【比较均值】→单样本 T 检验",打开"单样本 T 检验"对话框。从源变量清单中将"周岁儿童的身高"向右移入"检验变量"框中。

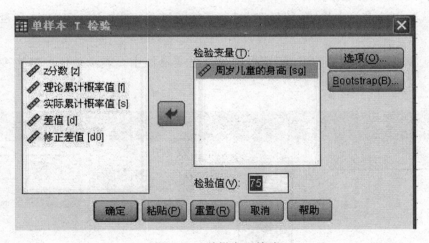

图 3.14 单样本 T 检验

在"检验值"对话框里输入一个指定值(即假设检验值,本例中假设为 75),T 检验过程将对每个检验变量分别检验它们的平均值与这个指定数值相等的假设。在"单样本 T 检验"窗口中点"确定"按钮,输出结果如图 3.15 所示。

单个样本检验

	检验值 = 75				差分的 95% 置信区间	
	t	df	Sig.(双侧)	均值差值	下限	上限
周岁儿童的身高	-3.620	20	.002	-3.14286	-4.9539	-1.3319

图 3.15 单样本 T 检验结果

输出结果中的 t 表示所计算的 T 检验统计量的数值，$t=-3.620$。表中的"df"表示自由度，表中的"Sig（双侧）"表示统计量的 P 值，并与双尾 T 检验的显著性的大小进行比较：Sig.$=0.002<0.05$，说明这批样本的平均产量与 75 有显著差异。表中的"均值差值"，即样本均值与检验值 75 之差，本例中为 -3.14286。表中的"差分的 95% 置信区间"显示样本均值与检验值偏差的 95% 置信区间为 $(-4.9539,-1.3319)$，置信区间不包括数值 0，说明样本数量与 120 有显著差异。

2. 两独立样本的假设检验（两独立样本 T 检验）

例：两种饲料分别喂养甲乙两组实验鼠，甲组 12 只喂饲料 1，乙组 9 只喂饲料 2，所测的钙留量见表 3.9，问不同饲料对实验鼠体内的钙留量是否有显著不同？置信度为 95%。

表 3.9 鼠体内钙留量　　　　　　　　　　　　　　　　单位：毫克

甲组饲料	29.7	26.7	28.9	31.1	31.1	26.8	26.3	39.5	30.9	33.4	33.1	28.6
乙组饲料	28.7	28.3	29.3	32.2	31.1	30	36.2	36.8	30			

首先建立数据文件，采用组变量来分辨甲乙两组，"钙留量"表示实验鼠体内钙留量变量，单位：毫克。计算两总体均值之差的区间估计，采用"独立样本 T 检验"方法。选择菜单"【分析】→【比较均值】→【独立样本 T 检验】"。

（1）从源变量清单中将"钙留量"变量移入检验变量框中。表示要求该变量的均值的检验。

（2）从源变量清单中将"组别"变量移入分组变量框中。表示总体的分类变量。如图 3.16 所示。

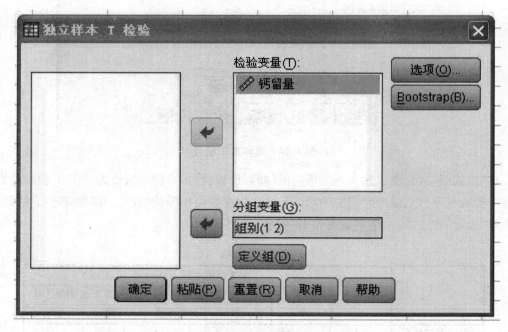

图 3.16 独立样本 T 检验

定义分组。单击"分组变量"框下面的"定义组"按钮,打开"定义组"对话框,如图3.17所示。在组1中输入1,在组2中输入2(1表示甲组,2表示乙组);完成后单击"继续"按钮返回主窗口,单击图3.16中"确定"按钮,输出结果如表3.10所示。

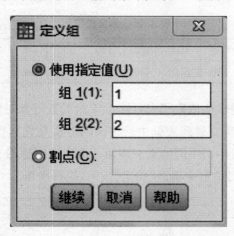

图 3.17 独立样本 T 检验定义组

表 3.10 输出结果表

钙留量	方差方程的 Levene 检验		均值方程的 T 检验						
	F	Sig.	T	DF	Sig.（双侧）	均值差值	标准误差值	差分的 95% 置信区间	
								下限	上限
假设方差相等	0.059	0.811	−0.584	19	0.566	−0.89167	1.52682	−4.08734	2.30400
假设方差不相等			−0.599	18.645	0.557	−0.89167	1.48967	−4.01360	2.23027

方差方程的 Levene 为方差检验,在原假设方差相等下,$F=0.059$,因为其 P 值大于显著性水平,即 Sig. $=0.444>0.05$,说明不能拒绝方差相等的原假设,接受两个总体方差是相等的假设。均值方程的 T 检验为检验总体均值是否相等的 T 检验,由于在本例中,其 P 值大于显著性水平,即 Sig. $=0.566>0.05$,因此不应该拒绝原假设,也就是说不同饲料在实验鼠体内的钙留量没有显著差异。

3. 配对样本 T 检验

配对样本是对应独立样本而言的,配对样本是指一个样本在不同时间做了两次试验,或者具有两个类似的记录,从而比较其差异;独立样本检验是指不同样本平均数的比较,而配对样本检验往往是对相同样本二次平均数的检验。配对样本 T 检验的前提条件为：第一,两样本必须是配对的。即两样本的观察值数目相同,两样本的观察值顺序不随意更改。第二,样本来自的两个总体必须服从正态分布。

假设某公司为了检验进行新式培训前后销售人员的销售成绩是否有了显著提高,从销售人员中随机抽出 12 名进行测试,这些人员培训前后的销售成绩放置于数据文件"销售培训.sav"中,具体数值如表 3.11 所示,试分析该培训是否产生了显著效果?

表 3.11　销售成绩表

| 培训前 | 440 | 500 | 580 | 460 | 490 | 480 | 600 | 590 | 430 | 510 | 320 | 470 |
| 培训后 | 520 | 520 | 550 | 500 | 440 | 540 | 500 | 640 | 580 | 620 | 590 | 620 |

选择菜单【分析】→【比较均值】→【配对样本 T 检验】,打开对话框,如图 3.18 所示,将两个配对变量移入右边的成对变量列表框中。移动的方法是先选择其中的一个配对变量,再选择第二个配对变量,接着单击中间的箭头按钮。选项按钮是用于设置置信度选项,这里保持系统默认的 95%,在主对话框中单击"确定"按钮,执行操作。

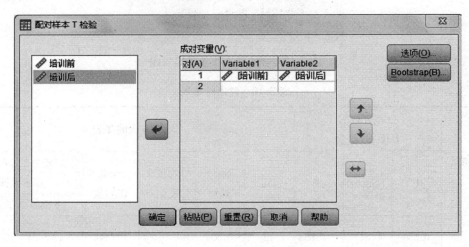

图 3.18　配对样本 T 检验

给出了配对样本 T 检验结果,包括配对变量差值的均值、标准差、均值标准误差以及差值的 95% 置信度下的区间估计,如表 3.12 所示。当然也给出了最为重要的 T 统计量和 P 值。结果显示 $P=0.054>0.05$,所以,公司所谓的新式培训并未带来销售人员销售成绩的显著变化。

表 3.12　成对差分表

	成对差分					T	DF	Sig.(双侧)
	均值	标准差	均值的标准误	差分的 95% 置信区间				
				下限	上限			
培训前－培训后	－62.50000	100.46483	29.00170	－126.33231	1.33231	－2.155	11	0.054

(二) SPSS 应用于方差分析

根据表 3.13 数据,检验民族对收入的影响是否显著。

表 3.13 民族收入表

序号	人均收入	民族	序号	人均收入	民族
1	46	1	13	63	2
2	50	1	14	71	2
3	52	1	15	73	2
4	58	1	16	77	2
5	60	1	17	54	3
6	68	1	18	57	3
7	72	1	19	63	3
8	75	1	20	64	3
9	52	2	21	68	3
10	53	2	22	69	3
11	59	2	23	76	3
12	60	2	24	78	3

选择菜单【分析】→【比较均值】→【单因素方差分析】，依次将观测变量人均收入移入因变量列表框，将因素变量民族移入因子列表框，如图 3.19 所示。

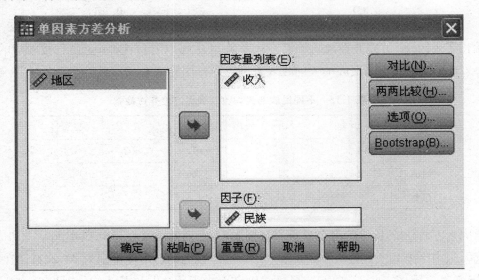

图 3.19 单因素方差分析

单击"两两比较"按钮，如图 3.20，该对话框用于进行多重比较检验，即各因素水平下观测变量均值的两两比较。

假定方差齐性选项栏中给出了在观测变量满足不同因素水平下的方差齐性条件下的多种检验方法，这里选择最常用的 LSD 检验法。单击"选项"按钮，弹出选项子对话框，在对话

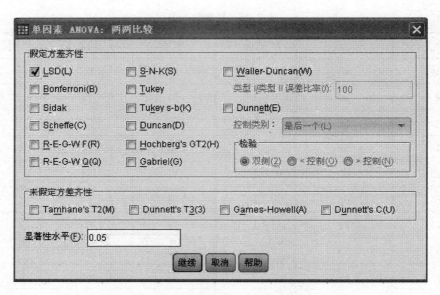

图 3.20　单因素方差分析：两两比较

框中选中"方差同质性检验"复选框，输出方差齐性检验结果。在主对话框中点击"确定"按钮，可以得到单因素分析的结果。试验结果分析如表 3.14 所示。

表 3.14　方差齐性检验

Levene 统计量	df1	df2	显著性
0.361	2	21	0.701

给出了 Levene 方差齐性检验结果。从表 3.14 中可以看到，Levene 统计量对应的 P 值大于 0.05，所以得到不同民族的人均收入满足方差齐性的结论。

表 3.15　不同民族的人均收入满足方差齐性检验

	平方和	df	均方	F	显著性
时间	144.750	2	72.375	0.802	0.462
组内	1895.750	21	90.274		
总数	2040.500	23			

单因素方差分析，输出的方差分析表解释如下：总离差 $SST = 2040.5$，组间平方和 $SSR = 144.750$，组内平方和或残差平方和 $SSE = 1895.75$，相应的自由度分别为 23，2，21；组间均方差 $MSR = 74.375$，组内均方差 90.274，$F = 0.802$，由于 $P = 0.462 > 0.05$ 说明在 $\alpha = 0.05$ 显著性水平下，F 检验是不显著的。即认为不同民族人均收入没有显著性差异。

五、实训评价

"推断统计分析训练"课业的评估分值比重占第三单元"营销数据分析"部分基本技能评估考核总分的 40%，即 40 分。本课业的评估标准及其评估分值为：

(1) 能够使用 SPSS 软件进行假设检验并能达到事先要求得 20 分,没有达到要求的酌情扣分。

(2) 能够使用 SPSS 软件进行方差分析并能达到事先要求得 20 分,没有达到事先要求的酌情扣分。

六、实训范例

广告方式和地区与销售额关系的 SPSS 分析[①]

某企业在制订某商品的广告策略时,收集了该商品在不同地区采用不同广告形式促销后的销售额数据,分析广告形式和地区是否影响商品销售额。自变量为广告方式(X_1)和地区(X_2),因变量为销售额(X_3)。涉及地区 18 个,每个地区抽取样本 8 个,共有案例 144 个。表 3.16 中,在变量 X_1 列中,1 表示报纸,2 表示广播,3 表示宣传品,4 表示体验。具体数据见表 3.16。

表 3.16 广告方式、地区和销售额数据

广告形式	地区	销售额	广告形式	地区	销售额	广告形式	地区	销售额
1	1	75	2	13	68	1	7	70
2	1	69	4	13	51	2	7	68
4	1	63	3	11	41	4	7	68
3	1	52	3	13	65	3	7	52
1	2	57	1	14	65	1	8	86
2	2	51	2	14	63	2	8	75
4	2	67	4	14	61	4	8	61
3	2	61	3	14	58	3	8	61
1	3	76	1	15	65	1	9	62
2	3	100	2	15	83	2	9	65
4	3	85	4	15	75	4	9	55
3	3	61	3	15	50	3	9	43
1	4	77	1	16	79	1	10	88
2	4	90	2	16	76	2	10	70
4	4	80	4	16	64	4	10	76
3	4	76	3	16	44	3	10	69
1	5	75	1	17	62	1	11	56
2	5	77	2	17	73	2	11	53
4	5	87	4	17	50	4	11	70

[①] 资料来源:薛薇.SPSS 统计分析方法及应用[M].3 版.北京:电子工业出版社,2014.

(续表)

广告形式	地区	销售额	广告形式	地区	销售额	广告形式	地区	销售额
3	5	57	3	17	45	3	11	43
1	6	72	1	18	75	1	12	86
2	6	60	2	18	74	2	12	73
4	6	62	4	18	62	4	12	77
3	6	52	3	18	58	3	12	51
1	7	76	1	1	68	1	13	84
2	7	33	2	1	54	2	13	79
4	7	70	4	1	58	4	13	42
3	7	33	3	1	41	3	13	60
1	8	81	1	2	75	1	14	77
2	8	79	2	2	78	2	14	66
4	8	75	4	2	82	4	14	71
3	8	69	3	2	44	3	14	52
1	9	63	1	3	83	1	15	78
2	9	73	2	3	79	2	15	65
4	9	40	4	3	78	4	15	65
3	9	60	3	3	86	3	15	55
1	10	94	1	4	66	1	16	80
2	10	100	2	4	83	2	16	81
4	10	64	4	4	87	4	16	78
3	10	61	3	4	75	3	16	52
1	11	54	1	5	66	1	17	62
2	11	61	2	5	74	2	17	57
4	11	40	4	5	70	4	17	37
1	12	70	3	5	75	3	17	45
2	12	68	1	6	76	1	18	70
4	12	67	2	6	69	2	18	65
3	12	66	4	6	77	4	18	83
1	13	87	3	6	63	3	18	60

(一) 对数据进行预处理

按照 X_1 对数据进行排序,排序方式为升序,具体操作如下:选择菜单【数据】→【排序】个案,指定排序变量"广告形式"到排序依据框中,并选择排列顺序。从排序后的数据可以看出,广告形式为1的商品平均销售额高于其他三种广告形式,但是销售额最大值都出现在广告形式为2的时候。

(二) 单因素方差分析

在这里，以商品销售额为观测变量，广告形式和地区为控制变量，通过单因素方差分析方法分别对广告形式、地区对销售额的影响进行分析。两个单因素方差分析的原假设分别设为：不同广告形式没有对销售额产生显著影响（即不同广告形式对销售额的效应同时为0）；不同地区的销售额没有显著差异（即不同地区对销售额的效应同时为0）。操作步骤如下：选择菜单【分析】→【比较均值】→【单因素方差分析】，选择观测变量"销售额"到因变量列表框，选择"广告形式"到因子框中，于是出现如图3.21所示的窗口。

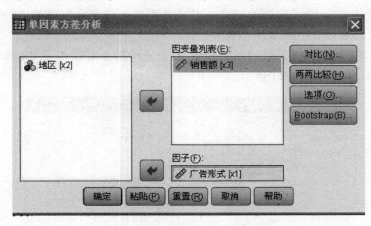

图 3.21 单因素方差分析窗口

SPSS自动计算出组间方差、组内方差、F统计量以及对应的概率P值，完成单因素方差分析的相关计算，并将计算结果输出到SPSS输出窗口中。分析结果如图3.22、图3.23所示。

	平方和	df	均方	F	显著性
组间	5866.083	3	1955.361	13.483	0
组内	20303.222	140	145.023		
总数	26169.306	143			

图 3.22 广告形式对销售额的单因素方差分析结果

	平方和	df	均方	F	显著性
组间	9265.306	17	545.018	4.062	0
组内	16904.000	126	134.159		
总数	26169.306	143			

图 3.23 地区对销售额的单因素方差分析结果

结果分析：图3.22是广告形式对销售额的单因素方差分析结果。可以看到观测变量销售额的离差平方和为26169.306；如果仅考虑广告形式单个因素的影响，则销售额总变差中，不同广告形式可解释的变差为5866.083，抽样误差引起的变差为20303.222，它们的方差分别为1955.361和145.023；所得到的F统计量的观测值为13.483，对应的概率P值近似为0，由于概率值P小于显著性水平0.05，则应该拒绝原假设，认为不同广告形式对销售额产生了显著影响。图3.23是地区对销售额的单因素方差分析结果。可以看到，如果仅考虑地区单个因素的影响,则销售额总变差 26169.306 中不同地区可解释的变差为 9265.306,抽样误差引起的变差为 16904.000,它们的方差分别为 545.018 和 134.159,所得到的 F 统计量为 4.062,对应的概率 P 值近似为 0,由于概率 P 值小于显著性水平 0.05,所以应该拒绝原假设,认为不同地区对销售额产生了显著影响。同时对比图 3.22 和图 3.23 容易发现:如果从单因素的角度考虑,广告形式对销售额的影响比地区来讲更明显。

(三) 多重比较检验

在上述单因素方差分析中,发现不同广告形式对产品销售额有显著影响,不同地区的产品销售额存在显著差异,为了进一步研究哪种广告形式的作用比较明显,哪种不明显,对变量进行多重比较检验。具体操作步骤如下:

(1) 选择菜单【分析】→【比较均值】→【单因素分析】,出现如图 3.22 所示的窗口中按"两两对比"按钮,会出现图 3.24 所示。

图 3.24 多重比较窗口

(2) 点击"继续",回到最开始界面,再点击"确定",输出结果如图 3.25 所示。

	(I)广告形式	(J)广告形式	均值差 (I-J)	标准误差	显著性	95%置信区间	
						下限	上限
Tukey HSD	报纸	广播	2.33333	2.83846	0.844	-5.0471	9.7138
		宣传品	16.66667	2.83846	0	9.2862	24.0471
		体验	6.61111	2.83846	0.096	-0.7693	13.9915
	广播	报纸	-2.33333	2.83846	0.844	-9.7138	5.0471
		宣传品	14.33333	2.83846	0	6.9529	21.7138
		体验	4.27778	2.83846	0.4236	-3.1027	11.6582
	宣传品	报纸	-16.66667	2.83846	0	-24.0471	-9.2862
		广播	-14.33333	2.83846	0	-21.7138	-6.9529
		体验	-10.0556	2.83846	0.003	-17.436	-2.6751
	体验	报纸	-6.1111	2.83846	0.096	-13.9915	0.7693
		广播	-4.27778	2.83846	0.436	-11.6582	3.1027
		宣传品	10.05556	2.83846	0.003	2.6751	17.436

图 3.25 广告形式多重比较检验的相似性子集销售额

	(I)广告形式	(J)广告形式	均值差(I−J)	标准误差	显著性	95%置信区间	
						下限	上限
ISD	报纸	广播	2.33333	2.83846	0.412	−3.2784	7.9451
		宣传品	16.66667	2.83846	0	11.0549	22.2784
		体验	6.61111	2.83846	0.021	0.9993	12.2229
	广播	报纸	−2.33333	2.83846	0.412	−3.2784	7.9451
		宣传品	14.3333	2.83846	0	8.7216	19.9451
		体验	4.27778	2.83846	0.134	−1.334	9.8896
	宣传品	报纸	−16.66667	2.83846	0	−22.2784	−11.0549
		广播	−14.33333	2.83846	0	−19.9451	−8.7216
		体验	−10.0556	2.83846	0.001	−15.6673	−4.4438
	体验	报纸	−6.1111	2.83846	0.021	−12.2229	−0.9993
		广播	−4.27778	2.83846	0.134	−9.8896	1.334
		宣传品	10.05556	2.83846	0.001	4.4438	15.6673

图 3.25 (续)

结果分析:在图 3.25 中,分别显示了两两广告形式下销售额均值检验的结果。以报纸广告与其他三种广告形式的两两检验结果为例,在 LSD 方法中,报纸广告和广播广告的效果没有显著差异(显著性水平为 0.05,概率值为 0.412),与宣传品和体验均有显著差异(概率值分别为 0,接近 0 和 0.021);但在其他三种方法中,报纸广告只与宣传品广告有显著差异,而与体验无显著差异。

训练三 聚 类 分 析

一、实训任务

聚类分析是一种建立分类的多元统计分析方法,它能够将一批样本数据根据其诸多特征,按照性质上的亲疏程度在没有先验知识的情况下进行自动分类,产生多个分类结果,属于探索性的数据分析方法。通常,可以利用聚类分析将看似无序的对象进行分组、归类,以达到更好地理解研究对象的目的。在营销数据分析中,很多问题可以借助聚类分析来解决,比如:聚类分析在市场客户细分中的应用;聚类分析在选择实验市场中的应用;聚类分析在抽样方案设计中的研究应用;聚类分析在市场销售片区选择中的应用;聚类分析在市场机会研判中的运用。

通过本试验项目,使学生理解并掌握使用 SPSS 软件对市场调研中搜集的数据进行聚类分析,理解聚类分析中"亲疏程度"的度量方法,掌握层次聚类的两种类型和两种方式,掌握快速聚类的核心步骤,并能够使用 SPSS 软件对市场调研数据进行相应的聚类分析。

二、实训要求

通过本训练,帮助学生正确掌握使用 SPSS 软件进行层次聚类和快速聚类分析,用统计

方法解决实际问题。具体要求如下:

（1）要求学生能够掌握聚类分析中亲疏程度的度量方法，以及层次聚类的基本原理，并能够熟练使用 SPSS 软件进行层次聚类等实训操作。

（2）要求学生掌握快速聚类的核心步骤，并能够使用 SPSS 软件对市场调研数据进行相应的快速聚类分析。

三、理论指导

（一）相似度的测量

聚类分析是分析如何对样品（或变量）进行量化分类的问题，可分为 Q 型聚类和 R 型聚类。Q 型聚类是对样品进行分类处理，R 型聚类是对变量进行分类处理。

1. 样品相似性的度量

在聚类分析之前，首先要分析样品间的相似性。Q 型聚类分析，常用距离来测度样品之间的相似程度。每个样品有 p 个指标（变量）从不同方面描述其性质，形成一个 p 维的向量。如果把这 n 个样品看成 p 维空间中的 n 个点，则两个样品间的相似程度就可用 p 维空间中的两点距离公式来度量。两点距离公式可以从不同角度进行定义，令 d_{ij} 表示样品 X_i 与 X_j 的距离，存在以下的距离公式。

（1）闵科夫斯基距离

$$d_{ij}(q) = (\sum_{k=1}^{p} | X_{ik} - X_{jk} |^q)^{1/q}$$

闵科夫斯基距离又称闵氏距离，按 q 值的不同又可分成

① 绝对距离（$q = 1$）

$$d_{ij}(1) = \sum_{k=1}^{p} | X_{ik} - X_{jk} |$$

② 欧几里得距离（$q = 2$）

$$d_{ij}(2) = (\sum_{k=1}^{p} | X_{ik} - X_{jk} |^2)^{1/2}$$

③ 切比雪夫距离（$q = \infty$）

$$d_{ij}(\infty) = \max_{1 \leq k \leq p} | X_{ik} - X_{jk} |$$

欧几里得距离较为常用，但在解决多元数据的分析问题时，它就显得不足。一是它没有考虑到总体变异对"距离"远近的影响，显然一个变量程度大的总体可能与更多样品近些，即使它们的欧几里得距离不一定最近；另外，欧几里得距离受到变量的量纲影响，对多元数据的处理是不利的。为了克服这方面的不足，可用"马氏距离"概念。

（2）马氏距离

设 X_i 与 X_j 是来自均值向量为 μ，协方差为 $\Sigma(>0)$ 的总体 G 中的 p 维样品，则两个样品间的马氏距离为

$$d_{ij}^2(M) = (X_i - X_j)' \Sigma^{-1} (X_i - X_j)$$

马氏距离又称为广义欧几里得距离。显然，马氏距离与上述各种距离的主要不同是它考虑了观测变量之间的关联性。如果各变量之间相互独立，即观测变量的协方差矩阵是对角矩阵，则马氏距离就退化为用各个观测指标的标准差的倒数作为加权数的加权欧几里得距离。马氏距离还考虑了观测变量之间的变异性，不再受各指标量纲的影响。将原始数据

做线性变换后,马氏距离不变。

(3) 兰氏距离

$$d_{ij}(L) = \frac{1}{p}\sum_{k=1}^{p}\frac{|X_{ik}-X_{jk}|}{X_{ik}+X_{jk}}$$

它仅适用于一切 $X_{ij}>0$ 的情况,这个距离也可以克服各个指标之间量纲的影响。这是一个自身标准化的量,由于它对奇异值不敏感,它特别适合于高度偏倚的数据。虽然这个距离有助于克服欧氏距离的第一个缺点,但它也没有考虑指标之间的关联性。

(4) 距离选择的原则

一般来说,同一批数据采用不同的距离公式,会得到不同的分类结果。产生不同结果的原因,主要是由于不同的距离公式的侧重点和实际意义都有不同。因此,我们在进行聚类分析时,应该注意距离公式的选择。通常选择距离公式应注意遵守以下基本原则:

① 要考虑所选择的距离公式在实际应用中有明确的意义。如欧几里得距离就有非常明确的空间距离概念,马氏距离有消除量纲影响的作用。

② 要综合考虑对样本观测数据的预处理和将要采用聚类分析方法。如在进行聚类分析之前已经对变量作了标准化处理,通常就可采用欧几里得距离。

③ 要考虑研究对象的特点及计算量的大小。样品间距离公式的选择是一个比较复杂且带有一定主观性的问题,我们应根据研究对象的特点不同作出具体分析。实际中,聚类分析前不妨试探性的多选择几个距离公式分别进行聚类,然后对聚类分析的结果进行对比分析,以确定最适合的距离测度方法。

2. 变量相似性的度量

多元数据中的变量表现形式为向量形式,在几何上可用多维空间中的一个有向线段表示。在对多元数据进行分析时,相对于数据的大小,我们更多地对变量的变化趋势或者方向感兴趣。因此,变量间的相似性,我们可以从它们的方向趋同性或"相关性"进行考察,从而得到"夹角余弦法"和"相关系数"两种度量方法。

(1) 夹角余弦

两变量 X_i 与 X_j 看作 P 维空间的两个向量,这两个向量间的夹角余弦可用下式进行计算

$$\cos\theta_{ij} = \frac{\sum_{k=1}^{p}X_{ik}X_{jk}}{\sqrt{(\sum_{k=1}^{p}X_{ik}^{2})(\sum_{k=1}^{p}X_{jk}^{2})}}$$

显然,$|\cos\theta_{ij}|\leqslant 1$。

(2) 相关系数

相关系数经常用来度量变量间的相似性。变量 X_i 与 X_j 的相关系数定义为

$$r_{ij} = \frac{\sum_{k=1}^{p}(X_{ik}-\bar{X}_i)(X_{jk}-\bar{X}_j)}{\sqrt{\sum_{k=1}^{p}(X_{ik}-\bar{X}_i)^2\sum_{k=1}^{p}(X_{jk}-\bar{X}_j)^2}}$$

显然,也有 $|r_{ij}|\leqslant 1$。

无论是夹角余弦还是相关系数,它们的绝对值都小于或等于1,作为变量近似性的度量

工具,我们把它们统计为 c_{ij}。当 $|c_{ij}|=1$ 时,说明变量 X_i 与 X_j 完全相似;当 $|c_{ij}|$ 趋近于1时,说明变量 X_i 与 X_j 非常密切;当 $|c_{ij}|=0$ 时,说明变量 X_i 与 X_j 完全不一样;当 $|c_{ij}|$ 趋近于0时,说明变量 X_i 与 X_j 差别很大。据此,我们把比较相似的变量聚为一类,把不太相似的变量归到不同的类内。

在实际聚类过程中,为了计算方便,我们把变量间相似性的度量公式作一个变换为

$$d_{ij} = 1 - |c_{ij}|$$

或者

$$d_{ij}^2 = 1 - c_{ij}^2$$

用 d_{ij} 表示变量间的距离远近,d_{ij} 小则 X_i 与 X_j 先聚成一类,这比较符合人们的一般思维习惯。

(二) 系统聚类分析法

1. 系统聚类的基本思想

系统聚类的基本思想是:距离相近的样品(或变量)先聚成类,距离相远的后聚成类,按此过程一直进行下去,每个样品(或变量)总能聚到合适的类中。系统聚类过程是:假设总共有 n 个样品(或变量),第一步将每个样品(或变量)独自聚成一类,共有 n 类;第二步根据所确定的样品(或变量)"距离"公式,把距离较近的两个样品(或变量)聚合成一类,其他的样品(或变量)仍各自聚为一类,共聚成 $n-1$ 类;第三步将"距离"最近的两个类进一步聚成一类,共聚成 $n-2$ 类……以上步骤一直进行下去,最后将所有的样品(或变量)聚成一类。为了直观地反映以上的系统聚类过程,可以把整个分类系统地画成一张谱系图。所以有时系统聚类也称为谱系分析。

2. 类间距离与系统聚类法

在进行系统聚类之前,我们首先要定义类与类之间的距离,由类间距离定义的不同产生了不同的系统聚类法。常用的类间距离定义有8种之多,与之相应的系统聚类法也有8种,分别为最短距离法、最长距离法、中间距离法、重心法、类平均法、可变类平均法、可变法和离差平方和法。它们的归类步骤基本上是一致的,主要差异是类间距离的计算方法不同。以下用 d_{ij} 表示样品 X_i 与 X_j 之间距离,用 D_{ij} 表示类 G_i 与 G_j 之间的距离。

(1) 最短距离法

定义类 G_i 与 G_j 之间的距离为两类最近样品的距离,即为

$$D_{ij} = \min_{X_i \in G_i, X_j \in G_j} d_{ij}$$

设类 G_p 与 G_q 合并成一个新类记为 G_r,则任一类 G_k 与 G_r 的距离为

$$D_{kr} = \min_{X_i \in G_k, X_j \in G_r} d_{ij}$$

$$= \min \{ \min_{X_i \in G_k, X_j \in G_p} d_{ij}, \min_{X_i \in G_k, X_j \in G_q} d_{ij} \}$$

$$= \min \{ D_{kp}, D_{kq} \}$$

最短距离法进行聚类分析的步骤如下:

① 定义样品之间的距离,计算样品的两两距离,得一距离阵记为 $D_{(0)}$,开始每个样品自成一类,显然这时 $D_{ij} = d_{ij}$。

② 找出距离最小元素,设为 D_{pq},则将 G_p 和 G_q 合并成一个新类,记为 G_r,即 $G_r = \{G_p, G_q\}$。

③ 按上式计算新类与其他类的距离。

④ 重复①、③两步,直到所有元素并成一类为止。如果某一步距离最小的元素不止一个,则对应这些最小元素的类可以同时合并。

(2) 最长距离法

定义类 G_i 与 G_j 之间的距离为两类最远样品的距离,即为

$$D_{pq} = \max_{X_i \in G_p, X_j \in G_q} d_{ij}$$

最长距离法与最短距离法的并类步骤完全一样,也是将各样品先自成一类,然后将距离最小的两类合并。将类 G_p 和 G_q 合并为 G_r,则任一类 G_k 与 G_r 的类间距离公式为

$$D_{kr} = \max_{X_i \in G_k, X_j \in G_r} d_{ij}$$

$$= \max\{\max_{X_i \in G_k, X_j \in G_p} d_{ij}, \max_{X_i \in G_k, X_j \in G_q} d_{ij}\}$$

$$= \max\{D_{kp}, D_{kq}\}$$

再找距离最小两类并类,直至所有的样品全归为一类为止。可以看出,最长距离法与最短距离法只有两点不同:一是类之间的距离定义不同;另一是计算新类与其他类的距离所用的公式不同。

(3) 中间距离法

最短、最长距离定义表示都是极端情况,我们定义类间距离可以既不采用两类之间最近的距离也不采用两类之间最远的距离,而是采用介于二者之间的距离,称为中间距离法。

中间距离将类 G_p 和类 G_q 合并为类 G_r,则任意的类 G_k 与 G_r 的距离公式为

$$D_{kr}^2 = \frac{1}{2}D_{kp}^2 + \frac{1}{2}D_{kq}^2 + \beta D_{pq}^2, \quad -\frac{1}{4} \leqslant \beta \leqslant 0$$

设 $D_{kq} > D_{kp}$,如果采用最短距离法,则 $D_{kr} = D_{kp}$,如果采用最长距离法,则 $D_{kr} = D_{kq}$。上式就是取它们(最长距离与最短距离)的中间一点作为计算 D_{kr} 的根据。特别当 $\beta = -\frac{1}{4}$,它表示取中间点算距离,公式为

$$D_{kr} = \sqrt{\frac{1}{2}D_{kp}^2 + \frac{1}{2}D_{kq}^2 - \frac{1}{4}D_{pq}^2}$$

(4) 重心法

重心法定义类间距离为两类重心(各类样品的均值)的距离。中心指标对类有很好的代表性,但利用各样本的信息不充分。

设 G_p 和 G_q 分别有样品 n_p, n_q 个,其重心分别为 $\bar{X}_p$ 和 $\bar{X}_q$,则 G_p 和 G_q 之间的距离定义为 $\bar{X}_p$ 和 $\bar{X}_q$ 之间的距离,这里我们用欧几里得距离来表示,即

$$D_{pq}^2 = (\bar{X}_p - \bar{X}_q)'(\bar{X}_p - \bar{X}_q)$$

将 G_p 和 G_q 合并为 G_r,则 G_r 内样品个数为 $n_r = n_p + n_q$,它的重心是 $\bar{X}_r = \frac{1}{n_r}(n_p \bar{X}_p + n_q \bar{X}_q)$,类 G_k 的重心是 $\bar{X}_k$,那么依据上式它与新类的距离是

$$D_{kr}^2 = \frac{n_p}{n_r}D_{kp}^2 + \frac{n_q}{n_r}D_{kq}^2 - \frac{n_p n_q}{n_r^2}D_{pq}^2$$

这里我们应该注意,实际上上式表示的类 G_k 与新类 G_r 的距离为

$$D_{kr}^2 = (\bar{X}_k - \bar{X}_r)'(\bar{X}_k - \bar{X}_r)$$

$$= \left[\overline{X}_k - \frac{1}{n_r}(n_p\overline{X}_p + n_q\overline{X}_q)\right]'\left[\overline{X}_k - \frac{1}{n_r}(n_p\overline{X}_p + n_q\overline{X}_q)\right]$$

$$= \overline{X}'_k\overline{X}_k - 2\frac{n_p}{n_r}\overline{X}'_k\overline{X}_p - 2\frac{n_q}{n_r}\overline{X}'_k\overline{X}_q + \frac{1}{n_r^2}(n_p^2\overline{X}'_p\overline{X}_p + 2n_pn_q\overline{X}_p\overline{X}_q + n_q^2\overline{X}'_q\overline{X}_q)$$

利用 $\overline{X}'_k\overline{X}_k = \frac{1}{n_r}(n_p\overline{X}'_k\overline{X}_k + n_q\overline{X}'_k\overline{X}_k)$ 代入上式,有

$$D_{kr}^2 = \frac{n_p}{n_r}D_{kp}^2 + \frac{n_q}{n_r}D_{kq}^2 - \frac{n_pn_q}{n_r^2}D_{pq}^2$$

(5) 类平均法

类平均法定义类间距离平方为这两类元素两两之间距离平方的平均数,即为

$$D_{pq}^2 = \frac{1}{n_pn_q}\sum_{X_i \in G_p}\sum_{X_j \in G_q}d_{ij}^2$$

设聚类的某一步将 G_p 和 G_q 合并为 G_r,则任一类 G_k 与 G_r 的距离为

$$D_{kr}^2 = \frac{1}{n_kn_r}\sum_{X_i \in G_k}\sum_{X_j \in G_r}d_{ij}^2$$

$$= \frac{1}{n_kn_r}\left(\sum_{X_i \in G_k}\sum_{X_j \in G_p}d_{ij}^2 + \sum_{X_i \in G_k}\sum_{X_j \in G_q}d_{ij}^2\right)$$

$$= \frac{n_p}{n_r}D_{kp}^2 + \frac{n_q}{n_r}D_{kq}^2$$

类平均的聚类过程与上述方法完全类似,这里就不再详述了。

(6) 可变类平均法

由于类平均法没有反映出 G_p 和 G_q 之间的距离 D_{pq} 的影响,因此将类平均法进一步推广,如果将 G_p 和 G_q 合并为 G_r,类 G_k 与新并类 G_r 的距离公式为

$$D_{kr}^2 = (1-\beta)\left(\frac{n_p}{n_r}D_{kp}^2 + \frac{n_q}{n_r}D_{kq}^2\right) + \beta D_{pq}^2$$

其中,β 是可变的,且 $\beta<1$,这种系统聚类法称为可变类平均法。

(7) 可变法

针对于中间法而言,如果将中间法的前两项的系数也依赖于 β,那么将 G_p 和 G_q 合并为新类 G_r,类 G_k 与新并类 G_r 的距离公式为

$$D_{kr}^2 = \frac{1-\beta}{2}(D_{kp}^2 + D_{kq}^2) + \beta D_{pq}^2$$

其中,β 是可变的,且 $\beta<1$。显然在可变类平均法中取 $\frac{n_p}{n_r} = \frac{n_q}{n_r} = \frac{1}{2}$,即为可变法。可变类平均法与可变法的分类效果与 β 的选择关系很大,在实际应用中 β 常取负值。

(8) 离差平方和法

该方法是 Ward 提出来的,所以又称为 Ward 法。该方法的基本思想来自于方差分析,如果分类正确,同类样品的离差平方和应该较小,类与类的离差平方和较大。具体做法是先将 n 个样品各自成一类,然后每次缩小一类,每缩小一类,离差平方和就要增大,选择使方差增加最小的两类合并,直到所有的样品归为一类为止。

设将 n 个样品分成 k 类 $G_1, G_2, \cdots, G_k$,用 X_{it} 表示 G_t 中的第 i 个样品,n_t 表示 G_t 中样品的个数,$\overline{X}_t$ 是 G_t 的重心,则 G_t 的样品离差平方和为

$$S_t = \sum_{i=1}^{n_t}(X_{it} - \overline{X}_t)'(X_{it} - \overline{X}_t)$$

如果 G_p 和 G_q 合并为新类 G_r,类内离差平方和分别为

$$S_p = \sum_{i=1}^{n_p}(X_{ip} - \overline{X}_p)'(X_{ip} - \overline{X}_p)$$

$$S_q = \sum_{i=1}^{n_q}(X_{iq} - \overline{X}_q)'(X_{iq} - \overline{X}_q)$$

$$S_r = \sum_{i=1}^{n_r}(X_{ir} - \overline{X}_r)'(X_{ir} - \overline{X}_r)$$

它们反映了各自类内样品的分散程度,如果 G_p 和 G_q 这两类相距较近,则合并后所增加的离散平方和 $S_r - S_p - S_q$ 应较小;否则,应较大。于是定义 G_p 和 G_q 之间的平方距离为

$$D_{pq}^2 = S_r - S_p - S_q$$

其中,$G_r = G_p \bigcup G_q$,可以证明类间距离的递推公式为

$$D_{kr}^2 = \frac{n_k + n_p}{n_r + n_k}D_{kp}^2 + \frac{n_k + n_q}{n_r + n_k}D_{kq}^2 - \frac{n_k}{n_r + n_k}D_{pq}^2$$

这种系统聚类法称为离差平方和法或 Ward 方法。

3. 类间距离的统一性

上述八种系统聚类法的步骤完全一样,只是距离的递推公式不同。兰斯(Lance)和威廉姆斯(Williams)与 1967 年给出了一个统一的公式。

$$D_{kr}^2 = \alpha_p D_{kp}^2 + \alpha_q D_{kq}^2 + \beta D_{pq}^2 + \gamma |D_{kp}^2 - D_{kq}^2|$$

其中,α_p、α_q、β、γ 是参数,不同的系统聚类法,它们取不同的数,详见表 3.17。

表 3.17 类间距离的测度方法

方法	α_p	α_q	β	γ
最短距离法	1/2	1/2	0	0
最长距离法	1/2	1/2	0	1/2
中间距离法	1/2	1/2	-1/4	0
重心法	n_p/n_r	n_q/n_r	$-\alpha_p\alpha_q$	0
类平均法	n_p/n_r	n_q/n_r	0	0
可变类平均法	$(1-\beta)n_p/n_r$	$(1-\beta)n_q/n_r$	$\beta(<1)$	0
可变法	$(1-\beta)/2$	$(1-\beta)/2$	$\beta(<1)$	0
离差平方和法	$(n_p+n_k)/(n_r+n_k)$	$(n_q+n_k)/(n_r+n_k)$	$-n_k/(n_r+n_k)$	0

这里应该注意,不同的聚类方法结果不一定完全相同,一般只是大致相似。如果有很大的差异,则应该仔细考查,找到问题所在;另外,可将聚类结果与实际问题对照,看哪一个结果更符合经验。

(三) K 均值聚类分析

用系统聚类法聚类时,随着聚类样本对象的增加,计算量会迅速增加,而且聚类结果——谱系图会十分复杂,不便于分析。特别是样本的个数很大(如 $n>100$)时,系统聚类

法的计算量非常大,将占据大量的计算机内存空间和较多的计算时间,甚至会因计算机内存或计算时间的限制而无法进行。为了改进上述缺点,一个自然的想法是先粗略地分一下类,然后按某种最优原则进行修正,直到将类分得比较合理时为止。基于这种思想就产生了动态聚类法,也称逐步聚类法。

动态聚类解决的问题是:假如有多个样本点,要把它们分为类,使得每一类内的元素都是聚合的,并且类与类之间还能很好地区别开。动态聚类适用于大型数据。动态聚类法有很多种方法,K 均值法是一种比较流行的动态聚类法。

K 均值法是麦奎因(MacQueen,1967)提出的,这种算法的基本思想是将每一个样品分配给最近中心(均值)的类中,具体的算法至少包括以下三个步骤:

(1) 将所有的样品分成 K 个初始类;

(2) 通过欧几里得距离将某个样品划入离中心最近的类中,并对获得样品与失去样品的类,重新计算中心坐标;

(3) 重复步骤(2),直到所有的样品都不能再分配为止。

对于动态聚类法,选择初始凝聚点和判断分类合理的标准是关键问题。下面分别进行讨论。

首先,选择初始凝聚点。为了得到初始分类,须选择一些凝聚点。凝聚点就是一批有代表性的点,是欲形成类的中心。凝聚点的选择直接决定初始分类,对分类结果也有很大的影响,由于选择的凝聚点不同,其最终分类结果也将不同,故选择时要慎重。通常选择凝聚点的方法有:

① 人为选择,当人们对所欲分类的问题有一定了解时,根据经验,预先确定分类个数和初始分类,并从每一类中选择一个有代表性的样品作为凝聚点。

② 将数据人为地分成 A 类,计算每一类的重心,就将这些重心作为凝聚点。

③ 用密度法选择凝聚点。以某个正数 d 为半径,以每个样品为球心,落在这个球内的样品数(不包括作为球心的样品)就叫作这个样品的密度。此方法中,d 要给的合适,太大了会使凝聚点个数太少,太小了会使凝聚点个数太多。

④ 人为地选择正数 d,首先以所有样品的均值作为第一凝聚点。然后依次考察每个样品,若某样品与已选定的凝聚点的距离均大于 d,则该样品作为新的凝聚点,否则考察下一个样品。

其次,衡量聚类结果的合理性指标,或算法终止的标准。

设 P_i^n 表示在第 n 次聚类后得到的第 i 类集合,其中 $i=1,2,3,\cdots,k$,$A_i^{(n)}$ 为第 n 次聚类所得到的聚核。定义 $u_n \triangleq \sum_{i=1}^{n}\sum_{x \in P_i^n} d^2[x, A_i^{(n)}]$ 为所有 K 个类中所有元素与其重心的距离的平方和。

$$A_i^j = \frac{1}{n_i}\sum_{x_l \in P_i^j} x_l, \quad j=1,2,3,\cdots,k$$

若分类不合理时,$u_n \triangleq \sum_{i=1}^{n}\sum_{x \in P_i^n} d^2[x, A_i^{(n)}]$ 取值会很大,随着分类的过程,其值逐渐下降,并趋于稳定。

算法终止的标准是 $\frac{|u_{n+1}-u_n|}{u_{n+1}} \leqslant \varepsilon$,$\varepsilon$ 是事前给定的一个充分小量。此时,形成的分类

是合理的。

K 均值法和系统聚类法一样,都是以距离的远近亲疏为标准进行聚类的,但是二者的不同之处也是明显的:系统聚类对不同的类数产生一系列的聚类结果,而 K 均值法只能产生指定类数的聚类结果。具体类数的确定,离不开实践经验的积累;有时也可以借助系统聚类法以一部分样品为对象进行聚类,其结果作为 K 均值法确定类数的参考。

四、实训操作

例:为了研究中部六省城镇居民人均现金消费的分布规律,需要用调查资料对 6 个省的消费分类。数据如表 3.18 所示。

表 3.18 2013 年中部六省城镇居民人均现金消费数据 (单位:元)

省份	X1	X2	X3	X4	X5	X6	X7	X8
安徽	6370.23	1687.49	1663.55	898.55	2411.16	1904.15	869.89	480.16
江西	5221.10	1566.49	1414.89	1004.15	1812.78	1671.24	672.50	471.58
河南	4913.87	1916.99	1315.28	1281.06	1768.28	1911.16	1054.54	660.81
湖北	6259.22	1881.85	1456.30	1059.22	1745.05	1922.83	1033.46	391.57
湖南	5583.99	1520.35	1529.50	1146.65	2409.83	2080.46	1078.82	537.51
山西	3676.65	1627.53	1612.36	870.91	1775.85	2065.44	1020.61	516.84

其中,X1:人均食品支出;X2:人均衣着支出;X3:人均居住支出;X4:人均家庭设备及用品支出;X5:人均交通通信支出;X6:人均文教娱乐支出;X7:人均医疗保健支出;X8:人均其他支出。

激活分析菜单选分类中的系统层次聚类项,弹出"系统聚类分析"对话框(见图 3.26)。从对话框左侧的变量列表中选 X1、X2、X3、X4、X5,点击▶按钮使之进入变量框;在分群处选择聚类类型为个案聚类。

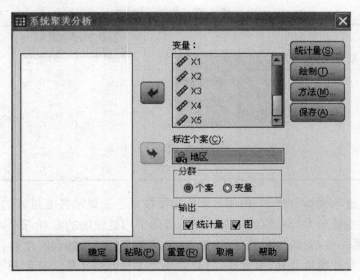

图 3.26 系统聚类对话框

点击"方法"按钮,弹出"系统聚类分析:方法"对话框,选择聚类方法,系统提供7种聚类方法供用户选择:类间平均链锁法、类内平均链锁法、最近邻居法、最远邻居法、重心法、中间距离法、离差平方和法,本例选择类间平均链锁法(系统默认方法)。在选择距离测量技术上,使用欧氏平方距离,再点击"确定"按钮即完成分析,如图3.27所示。

图 3.27 系统聚类方法

在结果输出窗口中将看到如表3.19的统计数据。

表 3.19 聚类过程

阶	群集组合		系数	首次出现阶群集		下一阶
	群集1	群集2		群集1	群集2	
1	2	3	545146.234	0	0	4
2	1	4	597521.249	0	0	3
3	1	5	946707.804	2	0	4
4	1	2	1684699.489	3	1	5
5	1	6	4665632.227	4	0	0

共6个个案进入聚类分析,采用相关系数测量技术。先显示各变量间的相关系数,这对于后面选择典型变量是十分有用的。然后显示类间平均链锁法的合并进程,即第一步,河南与江西先合并;第二步,安徽与湖北合并;第三步,湖南与第二步的合并项再合并;第四步,第一步与第三步的合并项再合并;第五步,与最后一个省份山西合并。按类间平均链锁法,变量合并过程的冰柱图如图3.28所示。先是河南与江西合并,接着安徽与湖北合并,然后安徽、湖北与湖南合并,接着再与河南、江西合并,最后加上山西,6个省份全部合并。

聚类树状图也清晰的显示出中部六省的聚类过程。如图3.29所示。

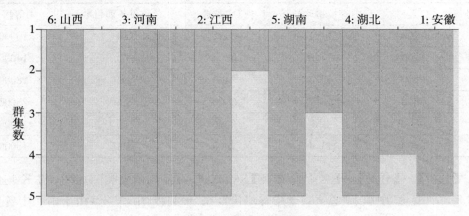

图3.28 聚类冰柱图

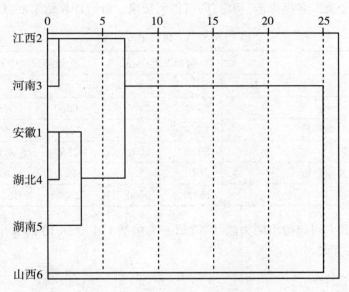

图3.29 聚类树状图

例：根据对美国洛杉矶12个人口调查区调查的数据（见表3.20）进行K均值聚类分析。

表3.20 人口调查数据

编号	总人口	中等校平均校龄	总雇员数	专业服务项目数	中等房价
1	5700	12.8	2500	270	25000
2	1000	10.9	600	10	10000
3	3400	8.8	1000	10	9000
4	3800	13.6	1700	140	25000
5	4000	12.8	1600	140	25000
6	8200	8.3	2600	60	12000

(续表)

编号	总人口	中等校平均校龄	总雇员数	专业服务项目数	中等房价
7	1200	11.4	400	10	16000
8	9100	11.5	3300	60	14000
9	9900	12.5	3400	180	18000
10	9600	13.7	3600	390	25000
11	9600	9.6	3300	80	12000
12	9400	11.4	4000	100	13000

从"【分析】→【分类】→【K均值聚类】"入口，进入"K均值聚类"对话框；在K均值聚类对话框上，在"变量"中填入"总人口－中等房价"，在"聚类数"中填"2"（由于本例中各变量的量纲都一致，因此不必进行标准化）；点击"存储"，弹出"K均值聚类－存储"对话框，在"聚类成员列"中填写"分类"，各框点击"确定"即可得到结果。最后计算结果汇总如表3.21所示。

表3.21 聚类中心

	初始聚类中心		最终聚类中心	
	1	2	1	2
总人口	9600	3400	6600	5985.71
中等校平均年龄	13.7	8.8	13.08	10.27
总雇员数	3600	1000	2560	2171.43
专业服务项目数	390	10	224	47.14
中等房价	25000	9000	23600	12285.71

经聚类分析我们可以得出两类的结果：第一类包括1、4、5、9、10的5个区；第二类包括2、3、6、7、8、11、12的7个区。

五、实训评价

"聚类分析训练"课业的评估分值比重占第三单元"营销数据分析篇"基本技能评估考核总分的20%，即20分。

本课业的评估标准及其评估分值为：

（1）能够使用SPSS软件进行层次聚类并能达到事先要求得10分，没有达到要求的酌情扣分。

（2）能够使用SPSS软件进行快速聚类并能达到事先要求得10分，没有达到事先要求的酌情扣分。

六、实训范例

聚类分析在汽车市场营销中的应用[①]

本案例利用消费者细分系统和聚类分析方法,对某地区汽车市场进行问卷调查,根据受访者的生活方式,对问卷数据进行聚类分析,确定受访者的类别,从而反映该地区整个汽车消费群体的类别,进而确定不同消费群体在整个市场中所占比重,为汽车产品的市场定位提供数据支持。

(一)研究的基本方法

研究的基本方法主要包括抽样方法、心理描述测试法和多元分析方法。抽样方法:为了保证足够的样本数量和样本的合理分配,本文采用随机抽样调查方法(街头随机拦访形式),共500份问卷,有效问卷420份。研究消费者的生活方式,通常采用心理描述测试法,即采用一系列关于社会活动、价值观念等内容的陈述,请消费者根据自己的情况做出评价。调查中采用6分评价法,1分表示"非常不同意",6分表示"非常同意"。经事先的小样本测试筛选,最终确定32个测试语句,如下所示:

(1) 我通常买高品质的产品。
(2) 我通常购买正在流行的产品。
(3) 我经常购买别人推荐的产品。
(4) 当我购买一种我以前没有购买过的产品时,我会认真阅读产品介绍。
……
(32) 我选择一种品牌只是因为有促销活动。

聚类分析:本例先对相关因子进行变量聚类,判断类别数目之后,再对记录进行聚类,从而得出各类别的频数及比重,结果即市场细分的结果。

(二)分析过程

根据问卷结果,设置34个数量变量,问卷编码用 id 表示,32句陈述分别用 d4_1,d4_2,…,d4_32 表示,本文采用 SPSS 统计软件处理数据,无缺失值。

首先采用系统聚类法,判别类别数目。采用最远距离法,得出表3.22,初步判断类别数目为5类。再通过快速聚类分析法,得最终聚类中心表,可看出各类的性质,并能判断各记录的归属类别。从表3.22可看出,第一类在2、3、4句陈述平均打分(经过变化后的均值)较高,即第一类喜欢国外品牌、信赖科技、崇尚自然严谨等,可概括为国外品牌追求者。依此类推,可得第二类为易受他人影响者,第三类为家庭至上者,第四类为品牌忠实者,第五类为价格敏感者。

[①] 资料来源:刘恩华. 聚类分析在汽车市场营销中的应用[J]. 上海汽车,2010(10).

表 3.22 聚类分析表

类 别	聚类				
	1	2	3	4	5
追求个性、品味,希望引人注目,渴望成功	-08995	023031	021188	-019256	-098521
喜欢国外品牌	031788	-030244	-20126	012909	002752
信赖和喜欢高科技,相信亚洲科技的针对性	028272	014874	011520	-118428	014890
崇尚自然、简约、健康和严谨	029812	015093	028651	-066662	-204908
价格敏感	014653	-019930	003386	-011082	037766
品牌忠诚	000861	-018259	008898	076668	-146820
家庭至上	-073495	047136	064549	-000209	-022205
追求低调、简单、平静、舒适的生活	028570	020699	-055460	-036670	-005330
追求产品多样性和香味多样性,更关注产品功效而不是品牌	025057	-056735	037873	022159	-035862
容易受别人的影响	003618	048960	-068389	007751	-081904
更注重产品的品牌,但极易受促销影响	009955	026625	-078930	028047	-011702

表 3.23 是各类在抽样样本中的频数。

表 3.23 聚类分析结果

聚类	1	140000
	2	123000
	3	77000
	4	59000
	5	21000
有效值		420000
缺失值		0000

(三) 结论

根据分析结果,可以把该地区汽车消费群体分为5类。从图3.30可以看到该地区汽车消费群体的结构。可以看出第一类比重最大,为1/3,即有1/3的消费者是国外品牌追求者;第二类比重为29%,即有29%的消费者是易受他人影响者,而价格敏感者所占比重最少,比重为5%。聚类分析对于企业选择目标市场,确定市场营销战略提供了有力的数据支持。虽然聚类方法为市场细分提供了有力的数据分析工具,但其数据分析的前提要求比较高,同时在分析过程中,并不能仅单纯地考虑统计学上意义,还要结合市场和汽车行业背景,才能做出完美的市场细分。

(1) 数据分析的前提:因子分析对样本量的要求较高,总样本量不得少于100,原则是越多越好;样本量与变量数的比例应在5∶1以上。这样无形增加了分析成本。聚类分析对异常值特别敏感,异常值的存在将会导致类别的错分,因而在聚类分析时,一定要尽量避免异常值的出现。其中快速聚类法对变量的多元正态性、方差齐性等条件要求较高,并且

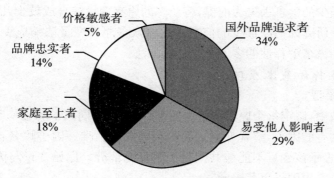

图 3.30　汽车消费群体结构

要求避免变量之间的强共线性。

（2）要有良好的汽车市场行业背景：设计问卷时，良好的陈述更能全面准确地反映消费者的生活方式和消费心态；归纳综合因子时，需结合行业背景，才能合理归纳并做出合理解释。

训练四　因子分析

一、实训任务

因子分析就是用少数几个因子来描述许多指标或因素之间的联系，以较少几个因子来反映原始资料的大部分信息的统计学分析方法。从数学角度来看，因子分析是一种化繁为简的降维处理技术。通过本试验项目，使学生理解并掌握因子分析的基本原理，理解因子分析的数学模型和相关概念，掌握因子分析的基本步骤，并能够使用 SPSS 软件对市场调研数据进行相应的因子分析。

二、实训要求

通过本训练，帮助学生正确掌握因子分析的基本原理并能够使用 SPSS 软件进行因子分析，从而解决实际问题。具体要求如下：

（1）要求学生掌握因子分析的基本原理。

（2）要求学生掌握因子分析的基本步骤，并能够熟练使用 SPSS 软件进行因子分析的实训操作。

（3）要求学生能够根据实践情况对因子分析的结果进行分析解释，增强对数据分析的应用能力。

三、理论指导

因子分析的概念起源于 20 世纪初 Karl Pearson 和 Charles Spearmen 等人关于智力测验的统计分析。目前，因子分析已成功应用于心理学、医学、气象、经济学等领域，并因此促进了理论的不断丰富和完善。

因子分析以最少的信息丢失为前提,将众多的原有变量综合成较少几个综合指标,名为因子。因子分析是研究如何以最少的信息丢失将众多原有变量浓缩成少数几个因子,如何使因子具有一定的命名解释性的多元统计分析方法。

(一)因子分析的基本原理

1. 因子分析模型

因子分析模型中,假定每个原始变量由两部分组成:共同因子和唯一因子。共同因子是各个原始变量所共有的因子,解释变量之间的相关关系。唯一因子顾名思义是每个原始变量所特有的因子,表示该变量不能被共同因子解释的部分。原始变量与因子分析时抽出的共同因子的相关关系用因子负荷表示。

因子分析最常用的理论模式如下:

$$Z_j = a_{j1}F_1 + a_{j2}F_2 + a_{j3}F_3 + \cdots + a_{jm}F_m + U_j \quad (j=1,2,3,\cdots,n, n 为原始变量总数)$$

可以用矩阵的形式表示为 $Z = AF + U$。其中 F 称为因子,由于它们出现在每个原始变量的线性表达式中(原始变量可以用 X_j 表示,这里模型中实际上是以 F 线性表示各个原始变量的标准化分数 Z_j),因此又称为公共因子。因子可理解为高维空间中互相垂直的 m 个坐标轴,A 称为因子载荷矩阵,$a_{ji}(j=1,2,3,\cdots n, i=1,2,3,\cdots,m)$ 称为因子载荷,是第 j 个原始变量在第 i 个因子上的负荷。如果把变量 Z_j 看成 m 维因子空间中的一个向量,则 a_{ji} 表示 Z_j 在坐标轴 F_i 上的投影,相当于多元线性回归模型中的标准化回归系数;U 称为特殊因子,表示了原有变量不能被因子解释的部分,其均值为0,相当于多元线性回归模型中的残差。其中,Z_j 为第 j 个变量的标准化分数;$F_i(i=1,2,\cdots,m)$ 共同因素;m 为所有变量共同因素的数目;U_j 为变量 Z_j 的唯一因素;a_{ji} 为因素负荷量。

2. 因子分析数学模型中的几个相关概念

(1) 因子载荷

所谓的因子载荷就是因素结构中,原始变量与因素分析时抽取出共同因素的相关。可以证明,在因子不相关的前提下,因子载荷 a_{ji} 是变量 Z_j 和因子 F_i 的相关系数,反映了变量 Z_j 与因子 F_i 的相关程度。因子载荷 a_{ji} 值小于等于1,绝对值越接近1,表明因子 F_i 与变量 Z_j 的相关性越强。同时,因子载荷 a_{ji} 也反映了因子 F_i 对解释变量 Z_j 的重要作用和程度。因子载荷作为因子分析模型中的重要统计量,表明了原始变量和共同因子之间的相关关系。因素分析的理想情况,在于个别因素负荷量 a_{ji} 不是很大就是很小,这样每个变量才能与较少的共同因素产生密切关联,如果想要以最少的共同因素数来解释变量间的关系程度,则 U_j 彼此间或与共同因素间就不能有关联存在。一般说来,负荷量为0.3或更大才被认为有意义。所以,当要判断一个因子的意义时,需要查看哪些变量的负荷达到了0.3或0.3以上。

(2) 变量共同度

变量共同度也就是变量方差,就是指每个原始变量在每个共同因子的负荷量的平方和,也就是指原始变量方差中由共同因子所决定的比率。变量的方差由共同因子和唯一因子组成。共同性表明了原始变量方差中能被共同因子解释的部分,共同性越大,变量能被因子说明的程度越高,即因子可解释该变量的方差越多。共同性的意义在于说明如果用共同因子替代原始变量后,原始变量的信息被保留的程度。因子分析通过简化相关矩阵,提取可解释相关的少数因子。一个因子解释的是相关矩阵中的方差,而解释方差的大小称为因子的特征值。一个因子的特征值等于所有变量在该因子上的负荷值的平方总和。变量 Z_j 的共同

度 h^2 的数学定义为：$h^2 = \sum_{i=1}^{m} a_{ji}^2$，该式表明变量 Z_j 的共同度是因子载荷矩阵 A 中第 j 行元素的平方和。由于变量 Z_j 的方差可以表示成 $h^2 + u^2 = 1$，因此变量 Z_j 的方差可由两个部分解释：第一部分为共同度 h^2，是全部因子对变量 Z_j 方差解释说明的比例，体现了因子全体对变量 Z_j 的解释贡献程度。变量共同度 h^2 越接近1，因子全体解释说明了变量 Z_j 的较大部分方差，如果用因子全体刻画变量 Z_j，则变量 Z_j 的信息丢失较少；第二部分为特殊因子 U 的平方，反映了变量 Z_j 方差中不能由因子全体解释说明的比例，u^2 越小则说明变量 Z_j 的信息丢失越少。

总之，变量共同度刻画了因子全体对变量 Z_j 信息解释的程度，是评价变量 Z_j 信息丢失程度的重要指标。如果大多数原有变量的变量共同度均较高（如高于0.8），则说明提取的因子能够反映原有变量的大部分信息（80%以上）信息，仅有较少的信息丢失，因子分析的效果较好。因子、变量共同度是衡量因子分析效果的重要依据。

（3）因子的方差贡献

因子的方差贡献（特征值）的数学定义为：$S_i^2 = \sum_{j=1}^{n} a_{ji}^2$，该式表明因子 F_i 的方差贡献是因子载荷矩阵 A 中第 i 列元素的平方和。因子 F_i 的方差贡献反映了因子 F_i 对原有变量总方差的解释能力。该值越高，说明相应因子的重要性越高。因此，因子的方差贡献和方差贡献率是衡量因子重要性的关键指标。

所谓共同性，就是每个变量在每个共同因素之负荷量的平方总和（横列中所有因素负荷量的平方和），也就是个别变量可以被共同因素解释的变异量百分比，这个值是个别变量与共同因素间多元相关的平方。从共同性的大小可以判断这个原始变量与共同因素之间关系程度。而各变量的唯一因素大小就是1减掉该变量共同性的值（在主成分分析中，有多少个原始变量便有多少个"component"成分，所以共同性会等于1，没有唯一因素）。

至于特征值是每个变量在某一共同因素之因素负荷量的平方总和（直行所有因素负荷量的平方和）。在因素分析之共同因素抽取中，特征值大的共同因素会最先被抽取，其次是次大者，最后抽取的共同因素之特征值最小，通常会接近0（在主成分分析中，有几个题项，便有几个成分，因而特征值的总和刚好等于变量的总数）。将每个共同因素的特征值除以总题数，为此共同因素可以解释的变异量，因素分析的目的，即在因素结构的简单化，希望以最少的共同因素，能对总变异量作最大的解释，因而抽取的因素越少越好，但抽取因素之累积解释的变异量则越大越好。

3. 社会科学中因素分析通常应用在三个层面

（1）显示变量间因素分析的组型。

（2）侦测变量间之群组，每个群组所包括的变量彼此相关很高，同构型较大，亦即将关系密切的个别变量合并为一个子群。

（3）减少大量变量数目，使之成为一组涵括变量较少的统计自变量（称为因素），每个因素与原始变量间有某种线性关系存在，而以少数因素层面来代表多数、个别、独立的变量。

因素分析具有简化数据变量的功能，以较少层面来表示原来的数据结构，它根据变量间彼此的相关，找出变量间潜在的关系结构，变量间简单的结构关系称为"成分"或"因素"。

（二）因子分析的主要方式

围绕浓缩原有变量提取因子的核心目标，因子分析主要涉及以下5个基本步骤：

1. 因子分析的前提条件

由于因子分析的主要任务之一是对原有变量进行浓缩,即将原有变量中的信息重叠部分提取和综合成因子,进而最终实现减少变量个数的目的。因此它要求原有变量之间应存在较强的相关关系。否则,如果原有变量相互独立,相关程度很低,不存在信息重叠,它们不可能有共同因子,那么也就无法将其综合和浓缩,也就无需进行因子分析。本步骤正是希望通过各种方法分析原有变量是否存在相关关系,是否适合进行因子分析。

SPSS 提供了 4 个统计量可帮助判断观测数据是否适合进行因子分析:

(1) 计算相关系数矩阵

在进行提取因子等分析步骤之前,应对相关矩阵进行检验,如果相关矩阵中的大部分相关系数小于 0.3,则不适合做因子分析;当原始变量个数较多时,所输出的相关系数矩阵特别大,观察起来不是很方便,所以一般不会采用此方法或即使采用了此方法,也不方便在结果汇报中给出原始分析报表。

(2) 计算反映象相关矩阵

反映象矩阵主要包括负的协方差和负的偏相关系数。偏相关系数是在控制了其他变量对两变量影响的条件下计算出来的净相关系数。如果原有变量之间确实存在较强的相互重叠以及传递影响,也就是说,如果原有变量中确实能够提取出公共因子,那么在控制了这些影响后的偏相关系数必然很小。

反映象相关矩阵的对角线上的元素为某变量的 MSA(Measure of Sample Adequacy)统计量,其数学定义为

$$MSA_i = \frac{\sum_{j \neq i} r_{ij}^2}{\sum_{j \neq i} r_{ij}^2 + \sum_{j \neq i} p_{ij}^2}$$

其中,r_{ij} 是变量 x_i 和其他变量 $x_j (j \neq i)$ 间的简单相关系数,p_{ij} 是变量 $x_j (j \neq i)$ 在控制了剩余变量下的偏相关系数。由公式可知,某变量 x_i 的 MSA_i 统计量的取值在 0 和 1 之间。当它与其他所有变量间的简单相关系数平方和远大于偏相关系数的平方和时,MSA_i 值接近 1。MSA_i 值越接近 1,意味变量 x_i 与其他变量间的相关性越强;当它与其他所有变量间的简单相关系数平方和接近 0 时,MSA_i 值接近 0。MSA_i 值越接近 0,意味变量 x_i 与其他变量间的相关性越弱。

观察反映象相关矩阵,如果反映象相关矩阵中除主对角元素外,其他大多数元素的绝对值均小,对角线上元素的值越接近 1,则说明这些变量的相关性较强,适合进行因子分析。与(1)中最后所述理由相同,一般少采用此方法。

(3) 巴特利特球形检验

巴特利特球形检验的目的是检验相关矩阵是否是单位矩阵,如果是单位矩阵,则认为因子模型不合适。巴特利特球形检验的原假设相关矩阵为单位阵,如果不能拒绝该假设的话,就表明数据不适合用于因子分析。一般说来,显著水平值越小(小于 0.05)表明原始变量之间越可能存在有意义的关系,如果显著性水平很大(如 0.10 以上)可能表明数据不适宜于因子分析。

(4) KMO 检验

KMO 检验是指 Kaiser-Meyer-Olkin 的取样适当性量数。KMO 测度的值越高(接近

1.0时),表明变量间的共同因子越多,研究数据适合用因子分析。通常按以下标准解释该指标值的大小:KMO 值达到 0.9 以上为非常好,0.8~0.9 为好,0.7~0.8 为一般,0.6~0.7 为差,0.5~0.6 为很差。如果 KMO 测度的值低于 0.5 时,表明样本偏小,需要扩大样本。

综上所述,经常采用的方法为巴特利特球形检验和 KMO 检验。

2. 抽取共同因子,确定因子的数目和求因子解的方法

将原有变量综合成少数几个因子是因子分析的核心内容。本步骤正是研究如何在样本数据的基础上提取和综合因子。决定因素抽取的方法有"主成分分析法"、主轴法、一般化最小平方法、未加权最小平方法、最大概似法、Alpha 因素抽取法与映象因素抽取法等。使用者最常使用的是主成分分析法与主轴法,其中,又以主成分分析法使用最为普遍,在 SPSS 使用手册中,也建议研究者多采用主成分分析法来估计因素负荷量。

所谓主成分分析法,就是以较少的成分解释原始变量方差的较大部分。进行主成分分析时,先要将每个变量的数值转换成标准值。主成分分析就是用多个变量组成一个多维空间,然后在空间内投射直线以解释最大的方差,所得的直线就是共同因子,该直线最能代表各个变量的性质,而在此直线上的数值所构成的一个变量就是第一个共同因子,或称第一因子(F_1)。但是在空间内还有剩余的方差,所以需要投射第二条直线来解释方差。这时,还要依据第二条准则,即投射的第二条直线与第一条直线成直交关系(即不相关),意为代表不同的方面。第二条直线上的数值所构成的一个变量,称为第二因子(F_2)。依据该原理可以求出第三、第四或更多的因子。原则上,因子的数目与原始变量的数目相同,但抽取了主要的因子之后,如果剩余的方差很小,就可以放弃其余的因子,以达到简化数据的目的。

因子数目的确定没有精确的定量方法,但常用的方法是借助两个准则来确定因子的个数。一是特征值准则,二是碎石图检验准则。特征值准则就是选取特征值大于或等于 1 的主成分作为初始因子,而放弃特征值小于 1 的主成分。因为每个变量的方差为 1,该准则认为每个保留下来的因子至少应该能解释一个变量的方差,否则达不到精简数据的目的。碎石图检验准则是根据因子被提取的顺序绘出特征值随因子个数变化的散点图,根据图的形状来判断因子的个数。散点曲线的特点是由高到低,先陡后平,最后几乎成一条直线。曲线开始变平的前一个点被认为是提取的最大因子数。后面的散点类似于山脚下的碎石,可舍弃而不会丢失很多信息。

3. 使因子更具有命名可解释性

通常最初因素抽取后,对因素无法作有效的解释。这时往往需要进行因子旋转,通过坐标变换使因子解的意义更容易解释。转轴的目的在于改变题项在各因素负荷量的大小,转轴时根据题项与因素结构关系的密切程度,调整各因素负荷量的大小,转轴后,使得变量在每个因素的负荷量不是变大(接近 1)就是变得更小(接近 0),而非转轴前在每个因素的负荷量大小均差不多,这就使对共同因子的命名和解释变量变得更容易。转轴后,每个共同因素的特征值会改变,但每个变量的共同性不会改变。常用的转轴方法,有最大变异法、四次方最大值法、相等最大值法、直接斜交转轴法、Promax 转轴法,其中前三者属于"直交转轴法",在直交转轴法中,因素(成分)与因素(成分)间没有相关,亦即其相关为 0,因素轴间夹角为 90°;而后二者(直接斜交转轴、Promax 转轴法)属"斜交转轴",采用斜交转轴法,表示因素与因素间彼此有某种程度的相关,亦即因素轴间的夹角不是 90°。

直交转轴法的优点是因素间提供的信息不会重叠,观察体在某一个因素的分数与在其

他因素的分数,彼此独立不相关;而其缺点是研究者迫使因素间不相关,但在实际情境中,它们彼此相关的可能性很高。因而直交转轴方法偏向较多人为操控方式,不需要正确响应现实世界中自然发生的事件。

所谓直交旋转法,就是要求各个因子在旋转时都要保持直角关系,即不相关。在直交旋转时,每个变量的共同性是不变的。不同的直交旋转方法有不同的作用。在直交旋转法中,常用于社会科学研究的方式是 Varimax 旋转法。该方法是在旋转时尽量弄清楚在每一个因子上各个变量的因子负荷情况,也即让因子矩阵中每一列的 a 的值尽可能变成 1 或 0,该旋转法的作用是突出每个因子的性质,可以更清楚哪些变量是属于它的。由此可见,Varimax 旋转法可以帮助找出多个因子,以澄清概念的内容。Quartimax 旋转法则可以尽量弄清楚每个变量在各个因子上的负荷情况,即让每个变量在某个因子上的负荷尽可能等于 1,而在其他因子上则尽可能等于 0。该方法可以增强第一因子的解释力,而使其他因子的效力减弱。可见 Quartimax 旋转法适合于找出一个最强效力的因子。Equamax 旋转法则是一种折中的做法,既尽可能简化因子,也可弄清楚负荷情况。其缺点是可能两方面都未照顾好。

斜交旋转方法是要求在旋转时各个因子之间呈斜交的关系,表示允许该因子与因子之间有某种程度上的相关。斜交旋转中,因子之间的夹角可以是任意的,所以用斜交因子描述变量可以使因子结构更为简洁。选择直接斜交旋转时,必须指定 Delta 值。该值的取值范围在 0～-1 之间,0 值产生最高相关因子,大的负数产生旋转的结果与直交接近。Promax 斜交旋转方法也允许因子彼此相关,它比直接斜交旋转更快,因此适用于大数据集的因子分析。

综上所述,不同的因子旋转方式各有其特点。因此,究竟选择何种方式进行因子旋转取决于研究问题的需要。如果因子分析的目的只是进行数据简化,而因子的确切含义是什么并不重要,就应该选择直交旋转。如果因子分析的目的是要得到理论上有意义的因子,应该选择斜交因子。事实上,研究中很少有完全不相关的变量,所以,从理论上看斜交旋转优于直交旋转。但是斜交旋转中因子之间的斜交程度受研究者定义的参数的影响,而且斜交旋转中所允许的因子之间的相关程度是很小的,因为没有人会接受两个高度相关的共同因子。如果两个因子确实高度相关,大多数研究者会选取更少的因子重新进行分析。因此,斜交旋转的优越性大打折扣。在实际研究中,直交旋转(尤其是 Varimax 旋转法)得到更广泛的运用。

4. 决定因素与命名

转轴后,要决定因素数目,选取较少因素层面,获得较大的解释量。在因素命名与结果解释上,必要时可将因素计算后的分数存储,作为其他程序分析的输入变量。

5. 计算各样本的因子得分

因子分析的最终目标是减少变量个数,以便在进一步的分析中用较少的因子代替原有变量参与数据建模。本步骤正是通过各种方法计算各样本在各因子上的得分,为进一步的分析奠定基础。

此外,在因素分析中,研究者还应当考虑以下几个方面:

(1)可从相关矩阵中筛选题项。题项间如果没有显著的相关,或相关太小,则题项间抽取的因素与研究者初始构建的层面可能差距很大。相对的题项间如果有极其显著的正/负相关,则因素分析较易构建成有意义的内容。因素分析前,研究者可从题项间相关矩阵分布情形,简扼看出哪些题项间有密切关系。

(2) 样本大小。因素分析的可靠性除与预试样本的抽样有关外,与样本数的多少更有密切关系。进行因素分析时,预试样本应该多少才能使结果最为可靠,学者间没有一致的结论,然而多数学者均赞同"因素分析要有可靠的结果,受试样本数要比量表题项数还多",如果一个分量表有 40 个预试题项,则因素分析时,样本数不得少于 40。

此外,在进行因素分析时,可参考:① 题项与受试者的比例最好为 1:5;② 受试总样本总数不得少于 100 人。如果研究的主要目的在于找出变量群中涵括何种因素,样本数要尽量大,才能确保因素分析结果的可靠性。

(3) 因素数目的挑选。进行因素分析,要考虑因素数目与挑选标准。常用的准则有两种:一是学者 Kaiser 所提的准则标准:选取特征值大于 1 的因素。Kaiser 准则判断应用时,因素分析的题项数最好不要超过 30 题,题项平均共同性最好在 0.70 以上,如果受试样本数大于 250 位,则平均共同性应在 0.60 以上,如果题项数在 50 题以上,有可能抽取过多的共同因素。二为特征值图形的陡坡检验,此图根据最初抽取因素所能解释的变异量高低绘制而成。"陡坡石"原是地质学上的名词,代表在岩石斜坡底层发现的小碎石,这些碎石价值性不高。应用于统计学的因素分析中,表示陡坡图底端的因素不具重要性,可以舍弃不用。因而陡坡图的图形,也可作为挑选因素分析数目的标准。在多数的因素分析中,根据 Kaiser 选取的标准,通常会抽取过多的共同因素,因而陡坡图是一个重要的选取准则。在因素数目准则挑选上,除参考以上两大主要判断标准外,还要考虑到受试者多少、题项数、变量共同性的大小等。

四、实训操作

为研究我国内地年人均收入的差异性和相似性,收集到 1997 年内地 31 个省市自治区各类经济单位(包括国有经济单位、集体经济单位、联营经济单位、股份制经济单位、外商投资经济单位、港澳台经济单位和其他经济单位)的年人均收入(如表 3.24 所示),用因子分析方法对内地年人均收入进行排序。

先对数据做标准化处理,然后基于标准化数据进行以下操作:
① 给出原始变量的相关系数矩阵;
② 用主成分法求公因子,公因子的提取个数为 2,给出公因子的方差贡献度表;
③ 给出共同性表,并进行解释;
④ 给出因子载荷矩阵,据之分析提取的公因子的实际意义。如果不好解释,请用因子旋转(采用正交旋转中最大方差法)给出旋转后的因子载荷矩阵,然后分析旋转之后的公因子,要求给各个公因子赋予实际含义;
⑤ 先利用提取的每个公因子分别对各省市进行排名并作简单分析。
最后构造一个综合因子,计算各省市的综合因子的分值,并进行排序后作简单分析。

表 3.24 1997年我国内地 31 个省市自治区经济单位收入数据

地区	国有经济单位	集体经济单位	联营经济单位	股份制经济单位	外商投资经济单位	港澳台经济单位	其他经济单位
北京	10907	8259	9917	12864	18058	14945	37096
天津	8689	5083	5667	11829	11797	8950	5109
河北	6066	3843	5073	6029	6323	6186	7125
山西	5791	3177	3349	5267	6367	6290	5044
内蒙古	5462	3551	5290	4407	5512	4599	3581
辽宁	6226	3583	3789	6618	9158	7417	4899
吉林	6017	3813	7403	7471	7402	6659	6811
黑龙江	5323	2747	4472	8066	5513	5933	3266
上海	11733	7329	8746	12698	16857	14175	12720
江苏	7745	5183	7390	9144	9153	7352	6864
浙江	8847	7026	7346	9356	10417	9500	8178
安徽	6039	3692	4830	6306	6042	5511	5605
福建	7621	5582	11124	8556	8336	8732	7507
江西	5303	3636	6056	7987	8545	7535	4465
山东	6817	4186	6420	6257	6782	5826	2351
河南	5643	3797	5912	4989	6409	5307	4995
湖北	5741	3731	5193	5319	8237	6769	4963
湖南	5683	3736	6218	5027	7929	5224	3713
广东	10032	6814	11036	12475	12410	11140	7713
广西	5654	4437	5296	6536	6765	5577	6189
海南	5468	4208	7010	11062	9077	8373	8462
重庆	5828	4016	3852	6166	9114	8361	7025
四川	5996	3982	4642	6333	6707	5568	4509
贵州	5434	3556	3778	6686	7313	7048	3661
云南	7237	5473	5065	7710	8388	8109	11793
西藏	10524	4588	5918	9558	7114		6292
陕西	5452	3177	4482	7067	6613	5621	7030
甘肃	6445	4598	4356	5146	10043	6272	3296
青海	7623	3419	2248	5701	5391	4979	
宁夏	6206	4831	4144	6446	9512	4716	1042
新疆	6709	5849	5258	7460	6754	8324	4351

(1) 首先,考察收集到的原有变量之间是否存在一定的线性关系,是否适合采用因子分析方法提取因子。这里借助变量的相关系数矩阵、巴特利特球形检验和 KMO 检验方法进行分析,具体操作、分析结果如图 3.31 所示,数据存在缺失值,用均值替代法处理缺失值。

(2) 输入数据,依次点选"【分析】→【描述统计】→【描述】",将变量 $X1$ 到 $X7$ 选入右边变量下面(见图 3.31),点选"将标准化得分另存为变量",点"确定",即可得标准化的数据。

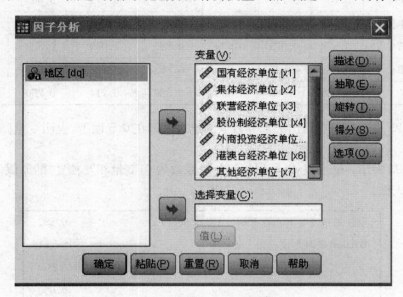

图 3.31 "因子分析"对话框

依次点选"【分析】→【降维】→【因子分析】",打开因子分析窗口,将标准化的 7 个变量选入右边变量下面,点选【描述】→相关矩阵下选中系数及 KMO 和 Bartlett 的检验(如图 3.32),点【继续】、【确定】,就可得出 7 个变量的相关系数矩阵如表 3.25 所示。

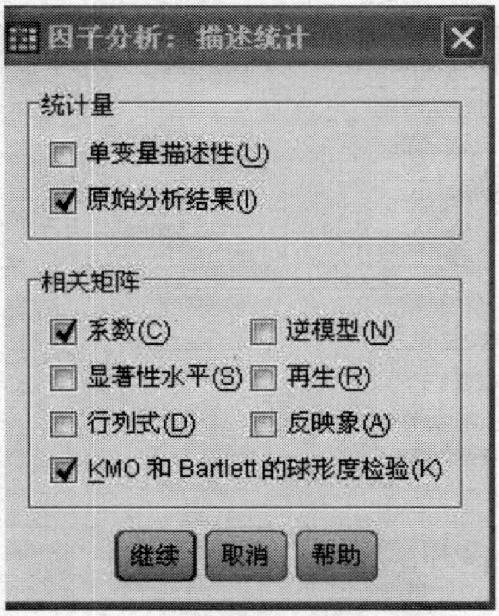

图 3.32 线性关系检验

表 3.25 变量相关系数矩阵

	国有经济单位	集体经济单位	联营经济单位	股份制经济单位	外商投资经济单位	港澳台经济单位	其他经济单位
国有经济单位	1.000	0.916	0.707	0.807	0.878	0.882	0.628
集体经济单位	0.916	1.000	0.711	0.741	0.823	0.845	0.663
联营经济单位	0.707	0.711	1.000	0.693	0.579	0.663	0.508
股份制经济单位	0.807	0.741	0.693	1.000	0.785	0.855	0.586
外商投资经济单位	0.878	0.823	0.579	0.785	1.000	0.898	0.714
港澳台经济单位	0.882	0.845	0.663	0.855	0.898	1.000	0.760
其他经济单位	0.628	0.663	0.508	0.586	0.714	0.760	1.000

由表 3.25 中数据可以看出大部分数据的绝对值都在 0.5 以上,说明变量间有较强的相关性。

由图 3.33 看出,sig. 值为 0,所以拒绝相关系数为 0(变量相互独立)的原假设,即说明变量间存在相关性。

取样足够度的 Kaiser-Meyer-Olkin 度量。	0.882
Bartlett 的球形度检验　近似卡方	182.913
df	21
sig.	0.000

图 3.33　KMO 和 Bartlett 的检验

依次点选在因子分析窗口点选【抽取】→【方法:主成份】→【分析:相关性矩阵】→【输出:未旋转的因子解,碎石图】→【抽取两个因子】→【继续】→【确定】,输出结果如图 3.34、图 3.35 和表 3.26 所示。

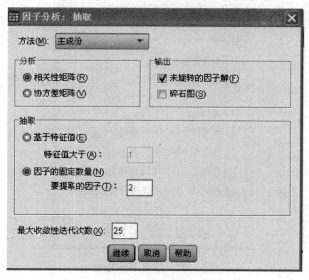

图 3.34　因子提取

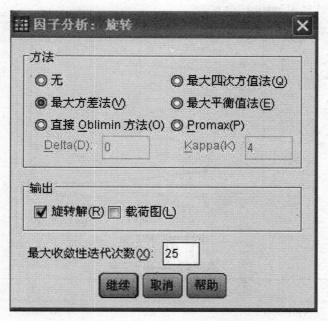

图 3.35 方差最大旋转

表 3.26 初始特征值

成分	初始特征值			提取平方和载入			旋转平方和载入		
	特征值	主成分贡献率	累积贡献率	特征值	主成分贡献率	累积贡献率	特征值	主成分贡献率	累积贡献率
1	5.331	76.151%	76.151%	5.331	76.151%	76.151%	3.168	45.261%	45.261%
2	0.568	8.108%	84.259%	0.568	8.108%	84.259%	2.730	38.997%	84.259%
3	0.410	5.859%	90.117%						
4	0.278	3.976%	94.094%						
5	0.233	3.327%	97.421%						
6	0.107	1.531%	98.951%						
7	0.073	1.049%	100.000%						

提取方法：主成分分析法。

表 3.26 中第一列为特征值（主成分的方差），第二列为各个主成分的贡献率，第三列为累积贡献率，由上表看出前 2 个主成分的累计贡献率就达到了 84.259%，所以选取主成分个数为 2。选 y_1 为第一主成分，y_2 为第二主成分。且这两个主成分的方差和占全部方差的 84.259%，即基本上保留了原来指标的信息。这样由原来的 7 个指标变为了 2 个指标。

由表 3.27 看出，成分数为 2 时，特征值的变化曲线趋于平缓，所以由碎石图也可大致确定出主成分个数为 2。与按累计贡献率确定的主成分个数是一致的。

(3) 共同度计算结果如图 3.36 所示。

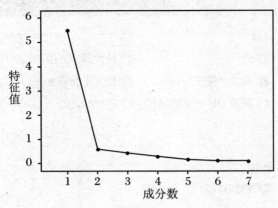

图 3.36 碎石图

表 3.27 公因子方差

	初始	提取
VAR00002	1.000	0.767
VAR00003	1.000	0.854
VAR00004	1.000	0.813
VAR00005	1.000	0.816
VAR00006	1.000	0.855
VAR00007	1.000	0.922
VAR00008	1.000	0.871

提取方法:主成分分析法。

表 3.27 给出了该次分析从每个原始变量中提取的信息。从表 3.27 的数据中可以看出,主成分包含了各个原始变量的 76% 以上的信息。

(4) 在因子分析窗口,点击【旋转】→【输出:载荷阵】。输出结果如表 3.28 所示。

表 3.28 成分矩阵[a]

	成分	
	1	2
VAR00002	0.872	0.086
VAR00003	0.923	0.057
VAR00004	0.774	0.462
VAR00005	0.886	0.176
VAR00006	0.911	−0.159
VAR00007	0.955	−0.095
VAR00008	0.770	−0.527

提取方法:主成分分析法,a.已提取了2个成分。

表 3.28 数据第一列表明第一主成分与各个变量之间的相关性；第二列表明第二主成分与各个变量之间的相关性。可以得出：$X1 \sim X7$ 主要由第一主成分解释，第二主成分可解释的变量为 $X3$、$X7$。下面作因子旋转后的因子载荷阵。在因子分析窗口，依次点击【抽取】→【输出：旋转的因子解】→【继续；旋转】→【方法：最大方差法】→【继续】→【确定】。输出结果如表 3.29 所示。

表 3.29 旋转成分矩阵[a]

	成分	
	1	2
VAR00002	0.702	0.524
VAR00003	0.720	0.524
VAR00004	0.883	0.180
VAR00005	0.773	0.467
VAR00006	0.566	0.731
VAR00007	0.642	0.714
VAR00008	0.213	0.908

提取方法：主成分分析法，旋转法：具有 Kalser 标准化的正交旋转法。
a. 旋转在 3 次迭代后收敛。

由表 3.29 数据可以得出：$X5 \sim X7$ 主要由第一主成分解释，$X1 \sim X4$ 主要由第二主成分解释。第二列数据表明，各个主成分的贡献率与旋转前有变化，但是 2 个主成分的累积贡献率相同都是 84.259%。

(5) 在因子分析窗口，【得分】→【因子得分保存为变量 $F1$、$F2$】→【方法：回归】。再按三个主成分降序排列：【数据】→【排序个案：将 $F1$ 选入排序依据，排列顺序：降序】。同理得出按 $F2$ 排序的结果；最后，以各因子的方差贡献率占三个因子总方差贡献率的比重作为权重进行加权汇总，得出各城市的综合得分 F。即

$$F = \frac{(0.452614 * F1 + 0.38997 * F2)}{0.84259}$$

F 得分再转换→计算变量中得出。最后再按 F 得分排序。排序结果如表 3.30 所示。

表 3.30 因子得分及排序

$F1$	排序	$F2$	排序	F	排序
2.86577	广东	4.54829	北京	2.27	北京
1.9793	上海	1.47936	上海	1.75	上海
1.9614	福建	0.90282	云南	1.31	广东
1.1687	浙江	0.71541	重庆	0.73	浙江
0.90923	天津	0.33774	青海	0.56	天津
0.8676	江苏	0.33366	辽宁	0.56	福建
0.81648	西藏	0.22315	浙江	0.3	江苏
0.46143	海南	0.14557	天津	0.28	西藏

(续表)

F_1	排序	F_2	排序	F	排序
0.33114	山东	0.09507	山西	0.21	海南
0.31325	北京	0.07827	甘肃	0.17	云南
0.2637	吉林	−0.0466	陕西	0.01	新疆
0.21658	新疆	−0.06217	贵州	−0.13	吉林
−0.01573	江西	−0.08034	河北	−0.18	江西
−0.25042	湖南	−0.0847	海南	−0.23	重庆
−0.28492	宁夏	−0.08907	湖北	−0.28	山东
−0.41355	广西	−0.22686	新疆	−0.28	甘肃
−0.4227	河南	−0.27106	广西	−0.3	辽宁
−0.46554	云南	−0.33251	安徽	−0.35	广西
−0.47134	黑龙江	−0.33621	西藏	−0.35	宁夏
−0.52471	四川	−0.34234	四川	−0.38	湖北
−0.5867	安徽	−0.35232	江苏	−0.39	河北
−0.59122	甘肃	−0.3797	江西	−0.44	湖南
−0.62057	内蒙古	−0.42674	宁夏	−0.44	四川
−0.62183	湖北	−0.49397	广东	−0.46	贵州
−0.65314	河北	−0.58159	河南	−0.47	安徽
−0.80523	贵州	−0.58162	吉林	−0.49	陕西
−0.84965	辽宁	−0.66565	湖南	−0.5	河南
−0.87055	陕西	−0.67558	黑龙江	−0.57	黑龙江
−1.04961	重庆	−0.76153	内蒙古	−0.6	青海
−1.24704	山西	−0.99891	山东	−0.63	山西
−1.41013	青海	−1.06986	福建	−0.69	内蒙古

由综合因子 F 得分就可综合评价各地区的经济发展水平,综合得分前3名为北京、上海、广东,得分最低的3个地区是青海、山西和内蒙古。

五、实训评价

"因子分析训练"课业的评估分值比重占第三单元"营销数据分析篇"基本技能评估考核总分的20%,即20分。本课业的评估标准及其评估分值为:

(1) 能够使用 SPSS 软件进行因子分析操作并能达到事先要求得10分,没有达到要求的酌情扣分。

(2) 能够对因子分析结果进行正确的解释和说明并能达到事先要求得10分,没有达到事先要求的酌情扣分。

六、实训范例

基于因子分析法的中小企业国际营销绩效评价[①]

中小企业在我国经济发展中占有非常重要的地位,尤其是在出口贸易方面,我国中小企业做出了很大的贡献,占有举足轻重的地位。我国的众多中小企业利用机制灵活优势和低劳动力成本优势,生产出口了大量劳动密集型产品,对我国出口创汇的提高和外贸事业的发展功不可没。国际互联网的出现,缩短了全球生产者和消费者之间的距离,实现了商家和消费者一对一的直接沟通,为企业节约了成本,也为它们带来了无限商机,使得中小企业国际市场营销活动异常活跃,对国际市场营销的重视程度及应用程度逐渐变大。要正确评价中小企业国际市场营销的整体状况,必须从多个方面进行描述与分析。在众多评价方法中,因子分析法以其独特优势越来越受到重视,得以广泛应用。

(一) 研究对象的选取及数据来源

中小企业是我国出口贸易的主力军,其中机电、纺织、钢铁、建材、电子科技、食品等行业更是中小企业的出口的重中之重,它们在中小企业出口中占绝大部分的比例,可以代表中小企业国际市场营销的成绩,所以本文选取这些行业的中小企业数据为样本。根据因子分析法的基本原理,在查阅国内外有关企业绩效评价指标体系大量文献的基础上,通过调研及征求相关专家的意见,经过筛选后,最终设定8个指标对中小企业国际市场营销绩效进行评定。这8个指标包括:境外销售利润占境外销售额比例、境外销售利润占境外销售成本比例、净资产海外收益率、境外销售额贡献率、境外销售利润贡献率、总资产的境外销售周转率、境外销售额增长率、境外销售利润增长率。本研究以在国际市场上市的出口中小企业作为基础,通过阅读上市公司的企业年报,从中选取了2010年度出口额占主营业务收入比例排名前30位的中小企业为样本,通过对原始数据的计算得到需要的8个指标的数据。

(二) 对收集到的数据进行因子分析

本文采用SPSS软件对收集到的数据进行因子分析,具体分析过程如下:

第一,用SPSS软件对指标数据进行Bartlett's检验和KMO统计计量,结果显示Bartlett值$=107.229$,$P<0.0001$,相关矩阵不是一个单位矩阵,故考虑进行因子分析;KMO值为$0.689(>0.5)$,表明样本数据因子分析的结果可以接受。

第二,根据8个指标的初始值,经过不断地分析调整,按照特征值大于1的标准以及方差极大旋转法提取因子,可提取3个因子(分别设为$F1$,$F2$和$F3$),即从3个方面来衡量中小企业国际市场营销的绩效。这3个主因子对样本方差贡献和为75.607%,说明可以用这3个主因子代表原来的8个指标来评价我国中小企业的国际市场营销绩效。

第三,对这3个主因子进行方差极大旋转(旋转次数为5),得到因子载荷矩阵,见表3.31。可以发现,第一个因子主要由净资产海外收益率($F11$)、境外收入贡献率($F12$)、境外利润贡献率($F13$)及总资产的境外销售周转率($F14$)指标决定,代表着企业国际市场营销活动中的获利及营运能力。该因子对全部初始变量的方差贡献为36.579%,可看出,主因子1是我国中小企业国际市场营销财务绩效指标体系中的主要内容,即获利能力和营运能力是评价中小企业国际市场营销绩效的主要方面,中小企业在提高国际市场营销绩效时应该

[①] 参考文献:张孟才,冷艳楠. 基于因子分析法的中小企业国际营销绩效评价[J]. 当代经济,2012(1).

注重提高这方面能力。第二个因子由境外销售利润率占境外销售收入比($F21$)和境外销售利润占境外销售成本($F22$)两个指标决定，代表着企业通过海外销售和企业自身管理控制的获利能力，在因子重要性中排第二，对全部初始变量的方差贡献为23.019%，可以看出中小企业在发展国际市场营销时也不能忽视自身的管理控制能力，这会影响到海外销售业绩；第三个因子与境外销售增长率($F31$)和境外销售利润增长率($F32$)指标密切相关，它代表企业的国际营销财务绩效的国际市场成长能力，该因子对全部初始变量的方差贡献为15.631%，国际市场的成长能力虽在因子重要性中排第三，影响相对较小，但在一定程度上对国际市场营销绩效产生作用。利用回归法估计出因子得分，将每个主因子的方差贡献率占三个主因子的总方差贡献率的比重作为权数进行加权计算，得到其计算公式为

$$F = 0.48380F1 + 0.30446F2 + 0.20674F3$$

表3.31 旋转成分矩阵

	成分		
	1	2	3
境外销售利润占境外销售额比例	−0.281	0.845	−0.042
境外销售利润占境外销售成本比例	0.037	0.872	−0.169
净资产海外收益率	0.613	0.539	0.214
境外销售额贡献率	0.858	−0.175	0.108
境外销售利润贡献率	0.815	−0.151	−0.024
总资产的境外销售周转率	0.840	0.069	0.183
境外销售额增长率	0.341	−0.060	0.788
境外销售利润增长率	−0.050	−0.087	0.889

第四，根据上式及因子得分系数矩阵，可得到三级指标在二级指标上的加权公式：

$$F1 = 0.1835F11 + 0.4623F12 + 0.2786F13 + 0.2619F14$$
$$F2 = 0.4952F21 + 0.5048F22$$
$$F3 = 0.4428F31 + 0.5572F32$$

第五，根据以上几个公式即可计算样本企业的综合得分，这样就可以对中小企业的国际市场营销绩效进行综合评价，找出我国中小企业在国际市场营销上的优势和劣势以及应该改善哪些指标来提高我国中小企业的国际营销能力。本文以样本中的三家中小企业（艾迪西、天宝股份、朗源股份）为例来进行绩效评价分析，各主因子得分及综合得分如表3.22所示。由此我们可以看到艾迪西(002468)的主成分$F1$的得分在三家公司中的排名第一，说明其良好的海外盈利能力和营运能力，而它的主成分$F2$得分比较低，说明应该提高海外销售和企业自身管理控制能力，主成分$F3$的得分居中，说明其国际市场的成长能力还有发展的

表3.22 主成分得分及综合得分

代码	名称	主因子1	主因子2	主因子3	综合得分
002468	艾迪西	1.40495	0.20263	0.49381	0.84349
002220	天宝股份	1.07690	0.21498	0.74947	0.74140
300175	朗源股份	1.13388	0.25010	0.43408	0.71446

潜力。公司年报显示,该公司属于建筑材料行业,其 2010 年境外销售额占主营业务收入的 88.81%,境外销售利润占总利润的 89.3%,是一家典型的出口企业。随着大宗原材料产品价格逐步上涨,社会消费需求上升,公司抓住市场机遇,努力拓展国内外市场,扩大产品销售规模,同时不断强化公司内部管理基础,优化产品结构,提高产品品质,提升公司综合竞争力,取得了良好的经营业绩;天宝股份(002220)的主成分 $F3$ 的得分最高,说明其国际市场成长绩效最好,其他两个主成分有待加强,综合排名居中。通过阅读该公司的企业年报可知,其 2010 年境外销售额占主营业务收入的 83.40%,境外销售利润占总利润的 92.45%。其中水产品销售额增长较快,比较上年增长 34.02%,公司通过继续参加国际水产品行业专业展会等方式,获得可观的订单,同时提高了公司知名度。公司根据国际市场需求的变化,及时开发新兴市场。2010 年公司大力开发巴西等南美市场,为公司带来了可观的效益。公司的冰淇淋产品也逐渐被美国消费者接受,2010 年对美出口量稳步增长,2010 年实现出口 5362 万元,较上年增长 131.94%。2010 年,公司农产品出口保持稳定,销售收入较 2009 年增长 21.66%。作为出口为主的加工型企业,客户资源是衡量公司竞争力的最重要指标。近年来,该公司依靠自身的实力积累了相当数量的优质客户资源,部分客户实力雄厚,拥有全球各主要地区的销售网络。由于该公司产品质量符合各进口国家食品安全卫生标准,信用程度良好,近年来客户不断加大订单投放,保证了公司产品销售收入的持续增长,这些充分反映了该公司在国际市场上的成长能力,说明模型分析的结果与事实相符;朗源股份(300175)的主成分 $F2$ 的得分最高,说明其海外销售和企业盈利能力较强,但综合成绩较低,还需找出存在的问题及向其他两家公司学习来提高公司的国际市场营销绩效。通过阅读该公司的企业年报知,该公司主营业务为鲜果和干果种植管理、加工、仓储及销售,主要产品为新鲜苹果和葡萄干。其 2010 年境外销售额占主营业务收入的 84.35%,境外销售利润占总利润的 85.06%。目前东南亚和欧洲是世界上最大的苹果消费市场,市场开发潜力大。近年,我国果品质量控制水平提高、食品安全状态得到改善,全球果品市场对我国果品的认可程度逐步上升,我国凭借较低的葡萄干生产成本逐步成为世界新兴的葡萄干出口国,与此同时,澳大利亚、希腊等传统葡萄干原产国由于其葡萄干的单位生产成本较高,国际市场份额逐步下降,我国葡萄干出口迎来了较好发展机遇。该公司坚定质量保证、品质健康、管理创新、人本为先的经营理念,在增强成长性、提高自主创新能力、提升核心竞争优势等方面,体现了公司的海外销售和企业自身管理能力。

(三) 结论

因子分析通过合成少数几个主因子,然后计算指标的综合得分,使得我们能够客观全面地评价企业绩效。本文为中小企业国际市场营销绩效评价提供了一种评定方法,不仅考虑了影响中小企业国际市场营销绩效的所有主要指标,而且还评定了各个指标对整个企业绩效的影响程度,直观地说明了中小企业在国际市场营销所展现出的竞争优势,同时通过综合评价,为中小企业领导在投资企业时提供科学的决策依据以及在改善中小企业国际市场营销绩效时有的放矢,从而进一步提高我国中小企业的国际竞争力。

第四章 营销战略

【内容简介】

市场分析是企业营销管理的一项重要工作,通过市场细分,企业可以了解现有目标市场各类顾客的不同消费需求和变化趋势,选择相应的目标市场,有针对性地开展营销活动,从而可以使企业采取相应的营销组合,实现企业营销目标。在市场营销学课程实践教学平台上,通过学生对某一行业或产品的市场细分,选择相应的目标市场,并给予市场定位建议,训练学生市场细分,目标市场选择,市场定位的应用能力。

本章通过市场细分表设计及分析、市场定位图设计及分析和撰写市场开发分析报告3个实训项目的训练,使学生能够掌握市场细分、目标市场选择和市场定位的理论及方法,培养学生的实践动手能力、分析问题和解决问题的能力。通过对企业的实际市场进行细分,明确如何从实际情况出发,选择相应的目标市场,进而掌握市场定位战略的具体方法,提升学生的实践操作技能。

训练一　市场细分表设计及分析

一、实训任务

（1）要求学生掌握市场细分的依据、有效市场细分准则和市场细分的方法，掌握市场细分表的设计方法。

（2）要求学生通过资料查询及实地调查，了解某一具体产品指向的市场，针对各个不同细分市场的消费者购买、使用、偏好等情况，依据消费者市场细分的标准如地理标准、人口标准、心理标准和行为标准等划分具体市场，设计市场细分表，评估各细分市场的吸引力，并对所选择的一个或几个细分市场进行分析，确定企业的目标市场。

二、实训要求

（一）对教师的要求

（1）对市场细分表在企业市场分析中的实践价值给予说明，调动学生实训操作的积极性。

（2）要求对市场细分表设计相关的市场细分标准、有效市场细分准则、市场细分方法给予说明，帮助学生掌握其具体应用。

（3）要求对市场细分表的资料选择、数据来源、填写规则等给予说明指导。

（4）帮助学生确定选题或研究方向，指导小组确定有关调查事项。

（5）负责指导学生完成本项目研究，评定学生实训成绩，形成书面评价材料，并提交关于本次实训指导工作的总结报告。

（6）要求提供"市场细分表设计与分析"课业范例，供学生操作参考。

（二）对学生的要求

（1）要求学生能够通过资料查询及实地调查，了解某一具体产品所指向的市场上消费者的购买、使用等情况。

（2）要求学生依据所掌握的资料设计市场细分表，并评估各细分市场的吸引力。

三、理论指导

（一）市场细分的理论依据

（1）顾客需求的差异性是市场细分的内在依据。消费者的需要、动机和购买行为是多元性的，由此产生三种不同偏好模式：

同质型偏好——指一个市场上所有购买者的偏好大致相同，企业可提供一种产品满足他们。

分散型偏好——指消费者偏好可能在空间平均分散而无任何集中，表示消费者对于产品的需求存在极大差异。这时企业如果只推出一种产品则难以满足所有顾客。

群组型偏好——指市场上出现了若干具有不同偏好的消费群体，客观上形成不同的细分市场。

（2）企业资源的限制和进行有效的竞争是市场细分的外在强制条件。

（二）市场细分的原则

（1）可衡量性：各细分市场要有明显的区别，表明该细分市场特征的有关数据资料能够加以衡量和推算，如易识别的组成人员、共同的特征、标志或资料等。

（2）可占领性：应该是企业能够占领并能开展有效经营活动的市场。

（3）可盈利性：指企业选定的细分市场的规模和购买力足以使企业有利可图，取得经济效益。

（4）可区分性：市场细分后范围界定明晰，各子市场对营销组合能作出差异性反应。

（三）消费者市场细分标准

1. 地理细分

地理细分指企业根据消费者所在的地理位置、地形气候等变数来细分市场，然后选择其中一个或几个子市场作为目标市场。

（1）地区细分。按原行政区划分：东北、华北、华南、华东、西南、西北等市场。按自然条件划分：山区、平原、丘陵、湖泊、草原等市场。消费者位于不同地区，消费习惯也大不相同：南甜北咸、东辣西酸。

（2）城镇细分。城市市场：特大型城市、大城市、中小城市、县城与乡镇。农村市场：指我国广大的农村市场。

（3）人口密度细分。东部沿海：人口稠密，商业网点以及大的商业中心居多。西部内陆：每平方公里10人左右，大商业中心和商业网点较少。

（4）气候条件细分。干燥地区与潮湿地区、严寒地区与温暖地区，防潮与御寒用品有很大差异。

2. 人口细分

人口细分指企业按照人口调查统计的内容，年龄、性别、收入、职业、教育水平、家庭大小、民族、宗教信仰等"人口变数"来细分市场，这是市场细分的主要标准。

（1）年龄：消费者年龄不同，消费需求则有差异（婴儿、少年、青年、中年、老年）。

（2）性别：对服装、鞋帽、化妆品、杂志等市场的细分一直具有特别的意义。

（3）收入：是反映购买力的主要指标。对高、中、低档商品的需求具有很大的关联性。

（4）职业：职业不同，需求偏好则不同。

（5）教育：消费者受教育程度不同，对商品的文化要求则不一样。

3. 心理细分

心理细分指企业以社会阶层、生活方式以及个性等变数作为划分消费者群的基础。

（1）社会阶层：通常是其职业、教育、收入和价值观诸因素共同作用的结果。不同的社会阶层具有不同的价值观念、不同的生活方式及不同兴趣爱好，因而有不同的购买心理和购买行为。

（2）生活方式：是一个人在生活中所表现出来的活动、兴趣和看法的整个模式。

（3）个性：指个人特性的组合。这种个性模式导致消费者在生活中力求捍卫和保护他们的自我形象。

4. 行为细分

行为细分指企业以消费者对产品的知识、态度、使用或反应为基础来划分消费者群。不少经营者相信行为变数是创建细分市场的最佳起点。

（1）时机：消费者产生需要、购买或使用产品的时机不同，对季节性产品、节假日产品或服务市场的细分具有特殊的意义。

(2) 追求利益：不同消费者对购买同一产品所追求的利益有很大差别。

(3) 使用者情况：有许多市场可以按照使用者对产品的使用情况细分为：从未使用者、曾经使用者、潜在使用者、首次使用者、经常使用者。

(4) 使用量：依据产品购买、使用或消费的数量将顾客分为：少量、中量、大量使用者。

(5) 品牌忠诚度：市场可以根据消费者的品牌忠诚度来细分。

(四) 市场细分的程序

企业进行市场细分，大致可分为以下 7 个步骤：

(1) 选定产品市场范围。即确定进入什么行业，生产什么产品。产品市场范围应以顾客的需求，而不是产品本身特性来确定。

(2) 列举潜在顾客的基本需求。企业要根据已选择或确定的营销目标，对市场上现实或潜在的消费需求，尽可能全面地进行调查分析，并详细描述出来。

(3) 了解不同潜在用户的不同需求。对于列举出来的基本需求，不同顾客强调的侧重点可能会存在差异。通过这种差异比较，不同的顾客群体即可初步被识别出来。

(4) 抽掉潜在顾客的共同要求，而以特殊需求作为细分标准。

(5) 根据潜在顾客基本需求上的差异方面，将其划分为不同的群体或子市场，并赋予每一子市场一定的名称。

(6) 分析细分市场。进一步分析每一细分市场需求与购买行为特点，并分析其原因，以便在此基础上决定是否可以对这些细分出来的市场进行合并，或作进一步细分。

(7) 估计每一个细分市场的规模。即在调查基础上，估计每一细分市场的顾客数量、购买频率、平均每次的购买数量等，并对细分市场上产品竞争状况及发展趋势做出分析。

(五) 市场细分的方法

1. 单一变量因素法

即根据影响消费者需求因素，只选用某一个重要因素对市场进行细分的方法。

2. 多个变量因素组合法

根据影响消费者需求因素，选用两种或两种以上的因素同时从多角度对市场进行细分的方法。

3. 系列变量因素法

根据企业经营的特点并按照影响消费者需求的诸因素，由粗到细地进行市场细分，逐步找到可供企业开发的目标市场。

四、实训操作

(一) 实训组织

将班级同学划分为若干项目小组，小组规模一般为 5~7 人，每组确定 1 人担任项目小组长，负责协调小组的各项工作。由于调研的许多环节存在着连续性，且需要小组成员共同作业，中途无特殊原因不允许组员变动。组团的时候注意小组成员在知识、性格、技能等方面的互补性，如性格外向、熟悉计算机文字处理技术、绘图功能等。小组成绩将作为每位组员的实训成绩。

(二) 实训过程

(1) 对学生进行商品类别划分指导,各小组讨论决定所研究的产品类型。如大学生新鲜感强,喜欢尝试新口味,需要多品种的冰激凌,对冰激凌行业的校园市场进行分析,了解在校大学生对冰激凌的需求程度。

(2) 各小组进行文献、资料查询以及进行实地调研,并将调研情况作详细记录。

(3) 各小组在对调研资料进行整理分析的基础上,绘制市场细分表。

根据市场细分的标准、原则,联系具体市场或有关项目资料,进行市场细分表的设计。具体设计步骤如下:

第一步:确定项目所面对的整体市场范围。

依据项目开发需要,确定整体市场的范围。整体市场的确定具有"相对性",针对自己所进入的市场情况来确定整体市场的范围。如对冰激凌的校园市场选择一个或多个大学校园进行市场调查。

第二步:确定进行市场细分所选择的标准。

根据具体资料,选择一定的细分标准来设计市场细分表。确定的细分标准填入横向表格第一行。细分标准的填入注意次序排列,一般来说应这样排列:区域、性别、年龄、职业、收入、使用情况、品牌偏好等情况。消费者的购买行为受到消费者经济收入水平等多方面因素影响,调查不同性别、不同年龄、不同经济水平的在校大学生对冰激凌的购买行为和口味需求。

第三步:制作市场细分表。

根据确定的市场细分标准,制作市场细分表,并填入相关数据和市场资料。根据具体资料,依据所列细分标准次序完成细分表格的资料填入,表示各细分市场的具体情况。如表4.1所示。

表 4.1 冰激凌校园市场细分表

性别	年龄(岁)	月生活费(元)	购买行为	口味偏好
女	18~20	400~600	一般	奶油、草莓、菠萝、巧克力、果仁、其他
		600~1000	经常	
	20~24	400~600	一般	
		600~1000	经常	
男	18~20	500~800	一般	巧克力、奶油、草莓、香蕉、菠萝、果仁
		800~1200	经常	
	20~24	500~800	很少	
		800~1200	经常	

(4) 各小组进行市场细分表分析,评估各细分市场的吸引力。

根据市场需求状况和企业营销实力现状,正确选择企业准备进入的细分市场,并分析选择的理由。细分市场选择的数量一般根据企业的营销目标与营销实力来确定,中小企业选择细分市场不宜太多、范围太大。

大学校园里面多数为18~24岁的学生,父母给予的生活费也因家庭经济条件的不同而不同。但男女同学的生活费都集中在一定的区间内,相对于女生,男生的生活费开销会多一点。不同的生活费水平购买冰激凌的次数也不同,女生相对于男生而言频率又稍微高一点。男女生对冰激凌口味的偏好大致相同。

（5）各小组在班级进行交流、讨论。各小组委派一名代表使用PPT陈述研究结果。
（6）学生点评,教师总结。

五、实训评价

指导教师根据实训作业、课堂陈述质量与小组成员互评三部分进行考核,各部分成绩比重为50%、30%、20%。教师负责实训作业与综合分析成绩评定,小组成员相互评定工作贡献。

"市场细分表设计及分析"具体评价项目、评价标准、评价分值如表4.2所示。

表4.2 "市场细分表设计及分析"实训项目考核评价表（教师用）

项目名称	分值	实际得分
项目研究计划的确定	10	
文献、资料获取,实地调研	10	
细分标准的合理性	10	
细分表格内容的完整性	10	
细分表格内容的准确性	10	
细分市场吸引力的评价	20	
市场细分报告撰写	20	
小组成员协作	10	
合计	100	

六、实训范例

中国啤酒市场细分[①]

中国经济的快速发展使得中国啤酒市场的需求量呈现出几何级数的迅猛膨胀,中国啤酒企业如雨后春笋般地成长起来,青岛、燕京、珠江、哈尔滨、金星等几家大的啤酒集团迅速地发展起来,并成为支撑中国民族啤酒工业的脊梁和中坚力量。但行业产能的过度膨胀导致了整个市场供需的严重失衡,市场竞争也是日益残酷和激烈,市场竞争秩序长期混乱不堪,使得中国啤酒产业的战略格局始终处于动荡之中。中国啤酒产业的竞争层次和竞争程度,使得中国啤酒产业的未来发展充满变数,增加了更多的不确定性,同时也使企业在竞争过程中遇到更多的困难和挑战。

---

① 资料来源:根据《2011年中国啤酒行业分析报告》整理。

就我国啤酒市场的档次而言,啤酒产品消费市场结构分为高、中、低三个档次。如表4.3所示。从表4.3中可以看出当前我国的啤酒市场以主流及主流高细分产品为主,中低档产品的市场占有率最大。即啤酒企业生产的产品主要是对准中低端市场。其中,该市场产品以青岛啤酒、燕京啤酒、大理啤酒、哈尔滨啤酒等为主。然而,具有市场空间大、利润率高特征的高端市场所占的市场份额较低,且消费集中性很强。

表4.3 中国啤酒市场的档次细分表

产品细分	平均零售价格	份额	代表产品
高档产品	15元/升	3%	百威、嘉士伯、喜力、青岛纯生等
中档及中高档产品	10元/升	8%	朝日啤酒、黄河纯生啤酒、珠江纯生啤酒等
主流及主流高细分产品	5元/升	80%	青岛啤酒、燕京啤酒、大理啤酒、哈尔滨啤酒等
低档产品	3元/升	9%	金星啤酒、白龙潭啤酒等

目前国产啤酒产品价格普遍过低,中国本土的超高档啤酒市场几乎被外资品牌垄断,主要包括百威、喜力和嘉士伯等。目前,中国80%以上的啤酒销量均属于中档及低档产品。

中国啤酒行业内的产业升级势在必行,消费升级主要通过三条途径进行:一是直接提价;价格仍然是争夺消费者的一个关键因素,虽然一些品牌得到了较为广泛的认可,但消费者仍然对价格比较敏感,低价竞争往往是打入新市场的有效手段,但较低的产品均价意味着营业利润率与国际啤酒公司相比仍处于较低水平。因此,提高价格可以获得较高的盈利水平。二是逐步向高毛利品牌调整结构。在消费者增速放缓、行业集中度持续提高的背景下,未来本土啤酒厂商产品结构提升将成为大势所趋,中国啤酒厂将进行持续不断的产品结构调整,并进军中国高档啤酒市场。中国酿酒工业协会曾提出:"到2015年将纯生啤酒提高到占国内啤酒总产量的20%以上;重点发展口味纯正、醇厚的高档啤酒;逐步提高国产啤酒在高档消费市场中的比例。"

训练二 市场定位图设计及分析

一、实训任务

(1) 要求学生掌握市场定位的有关理论知识,掌握市场定位的基本技能,了解各种不同的市场定位途径与方法。

(2) 要求学生具有目标市场确定的能力,能够把市场定位理论运用于营销实践,联系有关项目或资料,为企业品牌或某一具体产品进行市场定位图的设计。能够根据消费者对产品的偏好标准及竞争者的市场定位状况,设计产品定位图,分析项目区别于竞争者、符合消费者需求的依据,从而确定企业产品特色或品牌形象定位。

二、实训要求

（一）对教师的要求

（1）要求对市场定位图在企业市场分析中的实践价值给予说明，调动学生实训操作的积极性。

（2）要求对市场定位图设计相关的目标市场选择、市场定位的方法、市场定位的步骤、市场定位战略、市场定位图的设计、分析等知识给予说明，指导学生掌握其在营销实践中的具体应用。

（3）帮助学生确定选题或研究方向，指导小组确定有关调查事项。

（4）要求提供"市场定位图设计与分析"范例，供学生操作参考。

（5）负责指导学生完成本项目研究，评定学生实训成绩，形成书面评价材料，并提交关于本次实训工作的总结报告。

（二）对学生的要求

（1）要求学生讨论确定小组有关调查事项。能够通过文献、资料的查询及实地调研，了解某一品牌或具体产品所指向的市场上的顾客对该产品的认知、竞争者市场状况、企业自身情况等影响市场定位的因素情况。

（2）要求学生整理分析所掌握的资料，设计市场定位图，并对所研究项目进行相应分析。

三、理论指导

（一）市场定位的含义

市场定位，也称为产品定位或竞争性定位，是根据竞争者现有产品在细分市场上所处的地位和顾客对产品某些属性的重视程度，塑造出本企业产品与众不同的鲜明个性或形象并传递给目标顾客，使该产品在细分市场上占有强有力的竞争位置。其实，市场定位就是塑造一种产品在细分市场上的位置，勾画企业形象和所提供的价值，以使市场全面理解和正确认识本企业有别于其竞争者的象征性的行为。因此，市场定位是市场营销战略体系中的重要组成部分，它对树立企业及产品的鲜明特色，满足顾客的需求偏好，从而提高企业竞争实力具有重要的意义。

（二）市场定位方法

市场定位作为一种竞争战略，显示了产品或企业同类似的产品或企业之间的竞争关系。

1. 避强定位

指企业回避与目标市场上竞争者直接对抗，将其位置定在市场上某处空白领地或"空隙"，开发并销售目前市场上还没有的具有某种特色的产品，开拓新产品市场。

2. 迎头定位

指企业选择靠近于现有竞争者或与其重合的市场位置，争夺同样的顾客。彼此在产品、价格、分销及促销各个方面的区别不大。

3. 重新定位

指企业变动产品特色，改变目标顾客对其原有的印象，使目标顾客对其产品新形象有一个重新的认识过程。

(三) 市场定位步骤

市场定位的关键是企业要设法在自己的产品上找出比竞争者更具有竞争优势的特性。竞争优势一般有两种类型：一是价格竞争优势，二是偏好竞争优势，企业可以通过识别潜在的竞争优势、确定核心竞争优势和明显显示其独特的竞争优势来实现其市场定位。

1. 识别潜在竞争优势

识别潜在竞争优势是市场定位的基础。企业开展定位工作，能分析目标市场中各个位置的情况，结合自己的实力，找出最能适合自己营销的位置。为实现此目标，首先必须进行规范的市场研究，切实了解目标市场需求特点以及这些需求被满足的程度。其次，要研究竞争者的优势和劣势。通过对竞争者、消费者和本企业多种因素的综合分析，就能确定企业现有具备发展潜力、通过努力可以创造的相对竞争优势。

2. 确定核心竞争优势

核心竞争优势是与主要竞争对手相比，企业在产品开发、服务质量、销售渠道、品牌知名度等方面所具有的可获得明显差别利益的优势。应把企业的全部营销活动加以分类，并将主要环节与竞争者相应环节进行比较分析，以识别和形成核心竞争优势。

3. 显示独特的竞争优势

企业在市场营销方面的核心能力和竞争优势，不会自动地在市场上得到充分的表现，必须制订明确的市场战略来加以体现，主要是一系列的传播手段强化本企业产品在目标顾客心中的形象，及时矫正目标顾客理解偏差或企业市场定位宣传失误。

(四) 市场定位战略

差异化是市场定位的根本战略。

1. 产品差异化战略

从产品质量、产品款式等方面实现差别化。

2. 服务差异化战略

向目标市场提供与竞争不同的优质服务实现差别化。

3. 人员差异化战略

通过聘用和培训比竞争者更为优秀的人员获取差别优势。

4. 形象差异化战略

在产品的核心部分与竞争者类同的情况下塑造不同的产品形象以获取差别优势实现差别化。

四、实训操作

(一) 实训组织

将班级同学划分为若干项目小组，小组规模一般为5~7人，各小组成员分工明确，每组确定1人担任项目小组长，负责协调小组的各项工作。由于调研的许多环节存在着连续性，且需要小组成员共同作业，中途无特殊原因不允许组员变动。组团的时候注意小组成员在知识、性格、技能等方面的互补性，如性格外向，熟悉计算机文字处理技术、绘图功能等。小组成绩将作为每位组员的实训成绩。

(二) 实训过程

(1) 各小组讨论决定所研究的产品类型,明确企业想要进入的主要目标市场。

B啤酒有限公司将推出A品牌啤酒,现在我们根据目前的啤酒市场对A品牌啤酒进行市场定位策划。啤酒市场规模巨大,近十年来中国啤酒市场销量增长速度很快。中档啤酒市场品牌众多而分散,其竞争的激烈程度不及高档及低档市场,从长期发展趋势分析,中档啤酒市场成为成长最快的一个市场。由于目前国内市场上中高档产品市场份额小,市场潜力大。外国产品从中国市场上的撤离给发展中高档产品市场的企业带来了契机。从消费者的角度来说,随着生活品质的提高,人们对产品的要求越来越高,发展中高档产品具有一定的潜力。

(2) 各小组进行文献、资料查询以及进行实地调研,列出目标市场的需求特征。

啤酒作为一种生活中的日常饮用品,产品应铺货到各大商场、超市、酒吧,因为产品本身的包装和质量要求,它的中间渠道商不应过多,否则会对产品有很大的损伤,在各大省份设立总经销商,再由总经销商向下发展各级代理或销售。建立比较完善的网络,通过网络进行销售。以稳定渠道留利水平为主,控制二批"以价格为代价"对终端的竞争。

(3) 在各小组对调研的资料进行整理分析的基础上,填写市场细分表,分析各主要目标市场的特征。如表4.4所示。

表4.4 A品牌啤酒市场细分表

地区	性别	使用场所	购买场所	酒精含量
城市	男	聚会、婚庆、商务宴会	商场、酒吧	中浓度
城市	女	聚会、婚庆、商务宴会	大型超市	低浓度
农村	男	节庆、婚宴	小卖部	高浓度
农村	女	节庆、婚宴	超市	低浓度

根据以上分析得出,从啤酒的浓度来看,除了农村的男性消费者喜欢高浓度一点的啤酒外,其他的大多数消费群体都比较偏爱浓度相对低一点的啤酒。从使用的场所来看,城市的消费者无论男女都喜欢在酒吧里消费,年轻一点的消费者,都经常在婚宴场所使用。从购买场所来说,大多数消费者喜欢在超市购买,农村的一些消费人群喜欢在方便的小卖部购买,城市的消费人群一般喜欢在大商场或大型超市购物时顺便买啤酒回去。

由目标市场分析得到,城市市场因其容量大、密度高、回报高成为啤酒企业最重视的市场,而城市啤酒的市场具有如下特点:① 人口密度大,消费者集中;② 消费水平差异性强,消费需求多样化,市场机会多;③ 中高档啤酒市场发展快,前景广阔;④ 强势竞争对手多,市场竞争激烈。在目标市场的选择上,由于我们是中高档产品,所以我们将重点市场定位于城市。

(4) 明确目标市场竞争状况。在对竞争者调查、分析的基础上,把现有竞争者的定位情况在定位图上标示出来。如图4.1所示。

(5) 确定企业产品的市场定位,选择市场定位策略,制作市场定位图。

企业根据市场、竞争状况,确定企业的竞争优势所在,选择合适的定位战略,进行正确的市场定位。如图4.1所示。

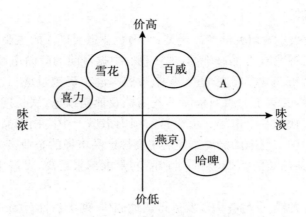

图 4.1 A 品牌啤酒市场定位图

这个产品的主要市场是在城市,主要顾客群体是青年和商务人士,提供给对生活品质要求稍高的消费者。在产品包装和宣传手段上要给消费者一种高品质的感觉。现在的中国啤酒市场中高档啤酒发展空间很大,在产品包装上我们采用统一的、高档的包装设计可以给消费者更加深刻的印象,在一定程度上也是向消费者表明产品的定位是中高档产品。

(6) 各小组在班级进行交流、讨论。

各小组委派一名代表到讲台上通过 PPT 陈述研究结果。

(7) 学生点评,教师总结。

五、实训评价

指导教师根据实训作业、课堂陈述质量与小组成员互评三部分进行考核,各部分成绩比重为 50%、30%、20%。教师负责实训作业与综合分析成绩评定,小组成员相互评定工作贡献。"市场定位图设计及分析"具体评价项目、评价标准、评价分值如表 4.5 所示。

表 4.5 "市场定位图设计及分析"实训项目考核评价表(教师用)

评价项目	分值	实际得分
项目研究计划的确定	10	
文献、资料获取,实地调研	10	
目标市场的细分及分析	10	
目标市场的竞争状况	10	
市场定位图的设计与分析	20	
市场定位图设计与分析报告撰写	20	
市场定位操作的完整性	10	
小组成员协作	10	
合计	100	

六、实训范例

李氏服装市场定位[①]

李氏集团是一个中小型企业,首次准备投资服装企业,对很多服装市场的情形不太了解,同时它又是一个资源力量有限的中小企业。中小企业由于受财力、技术等因素制约,在整体市场可能无力与大企业抗衡,同时首次投资服装企业,首要就是熟悉服装市场的环境,对于才起步的企业,要加快了解消费者对服装的各方面需求,尽量去满足消费者的要求。

(一) 市场细分

采用的细分方法是多元(三元)细分,采用的细分标准为性别、年龄、产品属性这三个标准。具体如表 4.6 所示。

表 4.6 李氏服装市场细分表

性别	年龄(岁)	产品属类
男	18～30	商务正装
女	30～45	高级时装
	45～65	周末休闲
		新正装

1. 根据性别细分

根据性别,可分为男性服装市场和女性服装市场,其中女装市场一直是服装生产的大头,其引领时尚和潮流,是时尚、个性的代表。而男装市场,根据国家统计局 2000 年第五次全国人口普查公报,中国男性人口数量为 65355 万人,占总人口的 51.63%,比女性的比例略高。由此可见,中国的男装消费者构成了一个容量不容忽视的市场。

2. 根据年龄

国内成年服装年龄段分类基本为:18～30 岁,30～45 岁,45～65 岁。

3. 根据产品属类细分

我们将现有市场中主要服装产品的属类进行划分:

(1) 商务正装系列。商务正装系列包括在正式商务活动及高级商务会晤期间所穿着的商务服装,包括如西装(套装)、燕尾服(宴会装)等类型的服装系列。

(2) 高级时装系列。高级时装也被人称为"明星服装",因为这类服装往往价格高昂,诸如各类时尚晚宴及高级典礼之中进行的穿着。此系列服装以奢侈、豪华设计为特点,大多以纯个性化(即个人订制)订购为经营模式。

(3) 周末休闲系列。在周末休闲的服装系列中,还可进行细分,以现今市场中所出现的休闲类型大致可分为:大众休闲(如佐丹奴、班尼路等)、运动休闲(如国际的耐克、阿迪达斯、李宁的专业运动休闲、Lacoste 的网球休闲、Wolsey 的高尔夫休闲等)、时尚休闲(如 ONLY/VERO MODA 等)、户外休闲(如 Paul Shark 的海洋休闲、JEEP 的野外休闲等)等。

[①] 资料来源:根据网络资源《李氏服装市场定位》整理。

(4)"新正装"系列。随着"知识精英族群"日益成为都市社会的主流人群,品味休闲、人本与自然的双重追求成为时尚,大量生活化正装、休闲化正装、时尚化正装、商务休闲装的出现,跳脱了传统正装或休闲装的领域,这些都可以统称为"新正装"系列。

(二)目标市场的选择

1. 评估细分市场

经过市场调查和以上市场细分来看,建议李氏集团选择女性服装,原因在于,男装在现在服装市场竞争都相当的激烈,男装发展较早相对成熟,市场也相对于稳定,要进入男装市场对一个准备进入服装市场的李氏集团来说,较困难,竞争也相当大。相反,选择女装市场的话,有"得女装者得天下"一说。因此众多企业和资源均混战在女装市场里,女装品牌众多,不大,总和也只在15%左右。国内女装品牌带有强烈的区域色彩,还没有一个能在全国形成规模和影响,例如颜色鲜艳、色块较大、结合时尚流行款式的"汉派"服装,带有江南文化气息的杭州女装产业和具有港澳风格的深圳、广东虎门女装产业。众多国内女装品牌定位基本都是在中低档市场,在中高档市场上还没几家知名品牌。

同时,随着国内消费者消费观念的成熟和国内市场的不断扩大,世界女装大牌也纷纷进军中国,国内市场越来越成为世界女装的重要组成部分。国外女装品牌纷纷驻进国内的一线城市,或专卖店或专柜。虽说其目的渠道较少,价格定位较高,但其对女装高档市场影响和对国内女装趋势的影响却是巨大的,基本占据了高档市场。同时国外品牌为了开拓更广阔的内地市场和占据中高档女装市场,与国内品牌合作的步伐越来越快,市场竞争也越来越激烈。所以趁现在这个时候选择女装市场,能够更好更容易地进入服装市场,然后慢慢站稳脚步。

并且李氏集团应该选择18～30岁、30～45岁这两个年龄段的消费群体,这个群体对服装市场更有利。

18～30岁:该年龄段的消费者群体是服装消费最主要的群体,是消费群体中服装购买频率最多、总体购买金额较多的群体,该年龄段人口在1.8亿左右,其中女性人口略多于男性,与中国总体人口男女比例相反。该群体具有一定的经济基础,有很强的购买欲望,时尚,追求流行、个性,敢于尝试新事物,容易接受各种新品牌。该群体中很大一部分人容易冲动购物。这是目前服装品牌最多、竞争最激烈的细分市场。

30～45岁:该年龄段的消费者群体是服装消费的主要群体,是消费群体中购买单件服装价值最高的群体,该年龄段人口在3.3亿左右。该群体是消费群体中经济基础最为雄厚的群体,有较强的购买欲望。但该群体大多数人的人生观和价值观已相对成熟,因此对风格、时尚都有自己的喜好,其中相当部分人已有自己喜好的品牌,对新品牌的接受程度较低,购物理性居多。有相当部分品牌定位于此细分市场。

而根据我们所做的调查问卷的统计,可以很明显地分析出,在18～30岁、30～45岁这两个年龄段的消费者大多喜欢休闲运动系列和"新正装"系列。

虽然休闲品牌领域的竞争者越来越多,各个品牌开始将原有品牌的着装领域进行延伸,并将一些具体的生活或娱乐概念付之其上,使之更为形象也更加容易被消费者所接受。正装休闲化已经成为近年国际服装市场的一大流行趋势,"新正装"概念应运而生,其定位于"知识精英族群"的社会主流人群,着力营造出一种品味休闲、人本与自然的双重追求时尚,为男/女士提供了一种8小时以外同样可以展示自己魅力的选择。尤其是商务休闲系列是近几年国际消费市场中越来越推崇的着装方式，即能够在一般的商务场合进行着装，也可以在8小时以外着装，可以更加放松地享受工作和生活，因此，也越来越受到白领和成功人士的喜爱。由于"新正装"继承了正装和休闲装的双重元素，其已经成长为一种独立的衣着文化。"新正装"的主导消费群体都是各行各业的青年才俊，包括技术型、知识型、艺术型等知识精英族群，而且这个消费群体正在迅速地扩大。所以Inspiration营销策划有限公司建议李氏集团选择以休闲运动系列和"新正装"为主进行生产和销售。

2. 目标市场的选择策略

目标市场策略无论选择哪一种都是有利有弊的，综合考虑企业资源或实力、产品的同质性、市场同质性、产品所处生命周期的不同阶段、竞争者的市场营销策略及竞争者的数目等多方面因素予以决定。

考虑到以上问题，最终选择集中性市场营销策略，试图满足所有消费者在某一方面的需要。但是我公司通过调查建议李氏集团生产和销售18~30岁、30~45岁这两个年龄段的女性服装，因此不需要以整个市场作为营销目标，更不用去满足所有消费者在某方面的需要。集中性营销策略则是集中力量进入一个或少数几个细分市场，实行专业化生产和销售。实行这一策略，企业不是追求在一个大市场角逐，而是力求在一个或几个子市场中占有较大份额。

集中性营销策略的指导思想是：与其四处出击收效甚微，不如突破一点取得成功。这一策略特别适合于资源力量有限的中小企业。同时采用市场集中化，企业选择一个细分市场，集中力量为之服务。集中营销使企业深刻了解该细分市场的需求特点，采用针对的产品、价格、渠道和促销策略，从而获得强有力的市场地位和良好的声誉。

（三）市场定位

根据调查，我们以价格、质量为指标作出以下的市场定位图，如图4.2所示。

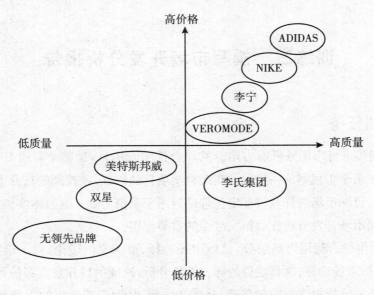

图4.2 李氏集团市场定位图

从市场定位图(见图 4.2)可以很明显地看出,在高价格高质量的市场已经具有很多的品牌,比如说,ADIDAS、NIKE……都在这个市场以内,竞争已经非常地激烈了,对李氏集团绝对是无利可图的,所以首先排除在这个市场里面落脚。而现在有很多个人创业的都会选择一个低质量低价格的市场落脚,也就是一些无领先品牌,再加上双星、美特斯邦威都在质量一般、价位较低的市场范围以内的,竞争也相对激烈,对于像李氏集团一样准备进入服装市场的企业来说没利益可图。当然不管是谁都不会去选择一个高价位低质量的东西,这一个市场可以完全省略。所以根据定位图来显示,在高质量和低价格的市场中留有很大的空白,所以本公司建议李氏集团的市场定位应该在中端和中高端价格的一个较高质量的市场。这样一来李氏集团就可以很容易地进入到服装市场,同时竞争没有那么激烈,这对于一个才进入服装市场的企业来说较容易站稳脚跟,打响名声。

同时由于李氏集团是一个刚准备进入服装市场的企业,一定要避开一些强有力的竞争对手,在一个竞争力小的地方先站稳脚跟,打响名声,所以一定要选择一个容易进入服装市场的策略,因此本公司建议李氏集团选择填补式定位,即企业将自己的产品避开强有力的竞争对手,定位在目标市场目前的空白部分或是"空隙"。市场的空缺部分指的是市场上尚未被竞争者发觉或占领的那部分需求空当。企业选择此定位目标,主要是为了能避开竞争,迅速在市场上站稳脚跟,先入为主地在顾客心目中建立对自己有利的形象。这种定位方式风险较小,成功率也较高。对消费者来说,这种定位抓住了他们的心理,消费者一旦对定位产品与企业产生认可,其他的竞争者一时难以改变他们的惠顾心理。

李氏集团可以选择个性化差异,必须建立与竞争中有明显差异的品牌形象,赋予品牌独有的个性,以迎合消费者的个性。消费者在挑选产品时,一方面考虑的是商品的实际效用,另一方面也不由自主地评估不同品牌表现的独特个性。

训练三 撰写市场开发分析报告

一、实训任务

(1) 本实训是进行市场分析能力培养的综合性实践项目,是整个营销专业教学过程中的重要环节。要求学生根据前一阶段的实践教学项目的积累,在教师的指导下,以小组为单位,把市场细分、目标市场选择和市场定位理论运用于营销实践。通过本实训项目的训练使学生能够认识到市场开发分析在营销实践中的重要作用。

(2) 要求学生综合运用市场细分、目标市场选择、市场定位理论,对小组拟定的项目进行市场细分、目标市场选择、项目定位的等方面的分析,论证项目开发方案的可行性,使学生能够掌握项目开发分析报告撰写的步骤、格式和内容,从而培养学生的市场开发分析技能,锻炼学生的社会实践能力。

二、实训要求

（一）对教师的要求

（1）对"市场开发分析报告"在企业市场分析中的实践价值给予说明，调动学生实训操作的积极性。

（2）帮助学生确定调研课题或方向。

（3）要求教师对市场细分、目标市场选择、市场定位等相关理论在市场开发分析报告中的实践运用给予说明，帮助学生掌握其具体应用。

（4）帮助学生确定选题或研究方向，指导小组确定有关调查事项。

（5）要求提供"市场开发分析报告"范例，供学生操作参考。

（6）负责指导学生完成本项目研究，评定学生实训成绩，形成书面评价材料，并提交关于本次实训工作的总结报告。要求对市场开发分析报告撰写的具体内容、规范格式等给予说明指导。

（二）对学生的要求

（1）要求学生讨论确定小组有关调查事项。能够通过文献、资料的查询及实地调研，了解企业、某一品牌或具体产品所指向的市场上顾客对该产品的认知、竞争者市场状况、企业自身情况等市场开发分析内容的各因素情况。

（2）要求学生共同参与，小组进行分工撰写，每个学生对自己完成的撰写任务负责。

（3）小组成员依据所掌握的资料完成不少于8000字的市场开发项目分析报告。

三、理论指导

（一）市场开发分析报告撰写的程序

1. 确定选题

小组成员对企业定位、产品定位、品牌定位等方面进行讨论，在教师的指导下确定所要研究的具体题目，以便于确定所要收集的资料和资料的具体内容。

2. 开展调查、收集资料

通过市场实地调查、观察、召开座谈会等形式，对项目的消费需求、竞争格局、市场容量等情况进行实地调查，收集第一手相关资料。通过查找有关市场和企业的经济文献、统计报表、销售报表、财务报表、经营计划等收集第二手相关资料，为项目的市场细分、确定作准备。

3. 项目的环境分析

对收集的消费者、竞争者、企业的各项资料进行系统整理，并进行客观分析项目存在的宏观、微观环境，为项目开发的初步可行性研究提供依据。

4. 项目的目标市场分析

运用市场细分、目标市场策略理论进行分析。根据企业自身状况、市场状况、产品特性、消费者的需求差异情况等确定细分市场。根据市场的评估条件，对各细分市场进行分析，确定目标市场。根据市场竞争状况，确定本项目在市场中的竞争地位，以此明确本项目是否适应市场需求，从而确定项目的市场定位。

5. 项目投资可行性分析

项目的投资可行性分析为项目的开发决策提供一定的科学依据。根据预测的相关经济指标，确定拟开发项目的可行性，从微观的角度判断本项目的定位。

6. 提出项目分析结论

项目开发可行性分析的主要内容是在对市场机会分析的基础上，对项目开发进行客观、全面、系统地分析，目的在于论证项目投资的有效性，从而综合性判断项目的可行性。这一环节是项目分析报告所作的结论部分。

（二）项目开发分析报告的内容及结构

项目开发可行性分析最终要形成一份书面报告，其结构一般由以下几部分组成：

1. 题目

确定题目以便于确定所要收集的资料及其具体内容。

2. 正文

正文是分析报告的主体部分。运用市场细分、目标市场选择理论，对项目的目标市场、环境、机会、投资可行性、市场定位等进行全面、客观、系统地分析。

（1）前言。主要是介绍背景或说明实训目的、项目开发的必要性、分工组织情况等。

（2）目标市场分析。对被选的项目的市场环境进行分析，对总体市场状况、消费者需求情况、竞争格局状况进行客观、重点分析。采用市场细分表，进行目标顾客的选择，确定本项目的目标顾客、竞争者，并对其情况进行分析，论证目标市场选择的准确性。

（3）投资可行性分析。一般根据同类项目的投资额及成本费用来估算本项目的投资额与成本费用，以此来分析投资效果。

（4）市场定位设计。根据消费者的需求和竞争状况进行经营特色定位，制作市场定位图。

（5）结论分析。从报告分析的目标市场、环境、投资可行性、市场定位等方面进行归纳，提出、分析项目结论。

四、实训操作

（一）实训组织

将班级同学划分为若干项目小组，小组规模一般为5～7人，每组确定1人担任项目小组长，负责协调小组的各项工作。由于调研的许多环节存在着连续性，且需要小组成员共同作业，中途无特殊原因不允许组员变动。组团的时候注意小组成员在知识、性格、技能等方面的互补性，如性格外向，熟悉计算机文字处理技术、绘图功能等。小组成绩将作为每位组员的实训成绩。

（二）实训过程

（1）对学生进行选题确定指导，各小组讨论决定所研究的项目类别。

（2）各小组进行文献、资料查询以及进行实地调研，并将调研情况、背景资料作详细记录。

(3) 各小组对调研的资料进行整理分析的基础上，绘制市场细分表，并进行分析。

(4) 各小组根据相应数据和资料，绘制市场定位图，并进行分析。

(5) 各小组提供项目开发分析报告。

五、实训评价

指导教师根据实训项目作业、课堂陈述质量与小组成员互评三部分进行考核，各部分成绩比重为50%、30%、20%。教师负责实训作业与综合分析成绩评定，小组成员相互评定工作贡献。"市场开发分析报告"具体评价项目、评价标准、评价分值如表4.7所示。

表4.7 "市场开发分析报告"实训项目考核评价表（教师用）

评价项目	分值	实际得分
项目研究计划的确定	10	
文献、资料获取，实地调研	10	
市场环境分析	10	
目标市场细分及分析	10	
投资可行性分析	10	
市场定位分析	10	
结论分析	10	
市场开发分析报告撰写	30	
合计	100	

六、实训范例

"快餐小屋"（环城东路店）开发分析报告[①]

随着社会经济发展和人民生活水平的不断提高，人们的餐饮消费观念逐步改变，外出就餐更趋经常化和理性化，选择性增强，对消费质量要求不断提高，更加追求品牌质量、品位特色、卫生安全、营养健康和简便快捷。快餐的社会需求随之不断扩大，市场消费大众性和基本需求性特点表现得更加充分。上海奉浦地区商学院及周边的餐饮竞争环境不如市区激烈，周边餐饮门面集中，主要客户群为上海奉浦地区商学院师生。我们"快餐小屋"初步选定在本市奉贤区环城东路458号，投资期为4年。

位于奉贤地区上海商学院的"快餐小屋"计划于2008年8月成立，快餐业的迅速膨胀是一个不可忽视的市场。在上海的市中心，快餐店遍布大街小巷。在上海商学院奉贤校区及周边地区餐饮店门面比较集中。根据我们组员的调查，商学院及周边地区的店面经营的快餐品种比较单一。除了位于南桥文化广场和乐购旁边的肯德基、麦当劳及集集小镇等以外，

---

① 资料来源：根据上海震旦职业学院精品课程《市场营销学》实训报告样式整理。

就没有真正意义上的快餐店了。追求高生活质量的年轻人,既需要快速地解决用餐问题,又追求可供选择丰富多样的食品种类,因此在商学院周边设立能提供多样品种的快餐店具有一定的市场。

上海商学院 06 市场营销第二小组在前期市场调研的基础上,利用三周时间再次开展实地调查,认真分析研究开发项目,发挥团队合作精神,团结一致,群策群力,共同努力,终于完成了《"快餐小屋"新店开发(环城东路店)可行性分析报告》。

本报告由许佩君担任主审与主编,参加撰写的人员有:朱灵宪、许佩君、张依琳、张碟。本调研报告撰写的分工为:"前言"和"新店的经营定位分析"由张依琳负责;"新店的目标市场分析"和"新店的选址环境分析"由张碟负责;"新店的经营损益分析"由朱灵宪负责;"新店开发的分析结论"以及附录由许佩君负责。

由于时间仓促,分析报告有不足和错误之处,敬请老师以及同学提出宝贵的意见。本报告作为"快餐小屋"在奉贤区进一步开发的决策依据。

(一)"快餐小屋"的目标市场分析

根据对上海快餐店发展状况的调查,就有关数据分析,随着人民生活水平和餐饮社会化程度的逐步提高,2007 年我国餐饮消费持续快速增长,在国民经济各行业中继续保持领先地位。快餐店秉承的是方便、快捷、价廉、物美等原则,属于小型商店,营业面积在 80～120 平方米之间,可为顾客带来快速、简洁的饮食。

1. 快餐店具有开发价值

随着社会经济发展和人民生活水平的不断提高,人们的餐饮消费观念逐步改变,外出就餐更趋经常化和理性化,选择性增强,对消费质量要求不断提高,更加追求品牌质量、品位特色、卫生安全、营养健康和简便快捷。快餐的社会需求随之不断扩大,市场消费大众性和基本需求性特点表现得更加充分。2008 年 1～2 月,全国住宿与餐饮消费继续保持良好态势,零售额实现 2535.7 亿元,同比增长 23.1%,比 2007 年同期增幅高出 6.1 个百分点,占社会消费品零售总额的比重达到 14.5%,拉动社会消费品零售总额增长 3.28 个百分点,对社会消费品零售总额的增长贡献率为 16.2%。

为了适应当代快节奏及新颖的生活方式,追求快速便捷的上班族,力求价廉物美的学生群,以及不甘落后的中年人群都非常喜欢并且愿意尝试如今不可或缺的一种饮食文化——快餐。因此,快餐店具有以下开发价值:

第一,快餐顾名思义就是可以达到消费者所求的方便与快捷的要求。据调查,白领人士每月进入一家消费层次稍高的餐馆消费频率为 1～2 次,而普通阶层的工人只有每月发工资的时候才可能会舍得进入一家消费层次稍高的餐馆,更别说是学生群了。而快餐店既适合普通阶层工人,也适合白领人士,更适合没有收入的学生群。况且,快餐店力图的是便捷,根据调查,有 47.5%的人会在 5～15 天内去吃一次快餐。

第二,以食物种类的多寡来说,稍高层次的餐馆所供应的是属于一个系列的食品,而且它们变更菜单以及推出新产品的间隔非常之久。而快餐店所涉及的品种数量繁多,而且推出新产品的速度也十分之快。这样,消费者就不用为换口味而东家西家的跑,满足了现代都市人的新鲜感。

第三,便于管理,客流量大,较那些高层次的餐馆而言,薄利多销是快餐店取胜的法宝。

2. "快餐小屋"的目标顾客分析

环城东路店的目标顾客是采用了市场细分技术进行选择确定的,见表4.8。

表4.8 "快餐小屋"市场细分状况

地区	年龄	职业	月收入(元)	购买情况	品牌偏好
校内	18～24 岁*	学生*	依靠父母*	大量	明显
				一般	不明显*
				少量	
	25～60 岁*	教师*	2000～6000*	大量	明显
				一般*	不明显
				少量	
		物业人员	800～2000	大量	明显
				一般	不明显
				少量	
		个体经营者	3000 以上	大量	明显
				一般	不明显
				少量	
校外	16～24 岁	学生	依靠父母	大量	明显
				一般	不明显
				少量	
	18～60 岁*	周边企业职员*	1000～3000*	大量*	明显
				一般	不明显*
				少量	
	18～60 岁	自由职业者	800～2000	大量	明显
				一般	不明显
				少量	

＊为选择的细分市场

3. "快餐小屋"快餐市场细分分析

根据上海奉浦地区商学院校区内及校区外的调查情况看,两地的快餐市场购买群体存在一定差异。在市场细分表上,把"快餐小屋"快餐市场大致可以分为三类,对它们的分析如下:

（1）"学生"市场评估

上海商学院奉浦校区内全日制在校生共计 10000 名左右,是一个很大的快餐市场。校内快餐市场竞争一般,校办食堂具有主导地位,进入该市场具有一定风险。这个消费群体的收入主要来自于父母,月生活费在 800 元左右,具有一定的购买力。且该消费群体具有很高的成长性,在接受了一个品牌后,能迅速扩大该品牌市场份额。该消费群体比较容易尝试并接受新的品牌。而且校内也并不存在一些知名品牌，如肯德基、麦当劳、必胜客等，市场竞争环境较好，竞争者数量较少。加上，该消费群体注重就餐的方便快捷和丰富多样的食物品种，因此，企业只要投其所好，便能在该市场获得较好的盈利。

上海商学院奉浦校区外的学生主要来自于商学院周边的一些中专以及华东理工大学奉浦校区，该消费群体具有不稳定性，因为其学校内部本身设有食堂，往往不会特地来商学院内就餐。

(2) "教师"市场评估

上海商学院奉浦校区内现有专任教师400余人，其中博士、硕士以上学历占37.9%，副高以上职称占37.4%（其中正教授、研究员40人），拥有一支百余名以国内外著名企业集团董事长、总裁等高级管理人员组成的客座教授队伍。该消费群体约占校内快餐市场的20%。他们具有相当的购买能力，对品牌的偏好较弱。这个市场盈利性较好。消费者有固定的收入来源。因此，进入市场的风险较小。企业进入这一市场后应着重于服务质量的提高，加上校内不存在国际化品牌，如肯德基、麦当劳、必胜客等，市场竞争环境较好，竞争者数量较少。

(3) "周边企业职员"市场评估

上海商学院奉浦校区周边企业职员主要来自于奉浦大厦内的一些企业、政府单位。这个消费群体重质量轻价格，他们更看重快餐的食品质量与方便快捷。该消费群体有稳定的收入来源，企业在他们身上能够获得较高的利润。而且，只要他们接受了一种品牌，一般不会轻易改变。因此，市场成长性较高。企业应着眼于食品安全与服务质量。

根据上述细分市场的分析与研究，"快餐小屋"快餐市场应选择如下细分市场：

细分市场一：上海商学院奉浦校区内的广大师生，年龄在18～60岁之间，学生月生活费主要依赖父母，约为800元，教师月生活费为2000元以上。他们对快餐的需求较大，是品牌偏好不明显的消费群体。

细分市场二：上海商学院奉浦校区周边企业职员，年龄在18～60岁之间，收入在1000元以上，对快餐的需求较大，也是品牌偏好不明显的消费群体。

（二）"快餐小屋"的选址环境分析

本项目小组经过周密的调查，根据店铺立地原则，新店选址确定在上海奉贤区环城东路458号。选定的新店位于上海商学院东门口，背依上海商学院，面向新建成的高级住宅区。新店的选址是否合理，我们必须做可行性分析。

新店经营的范围可以囊括上海商学院的每一位学生和老师，周边的各种住宅区以及工厂的员工，其他学校的师生等。根据商圈划分原理，考虑店铺地址所在地段属于学生较为集中地段，所以以100米半径的商圈划为中心商圈，东至A4公路，北至环城北路，西至韩村路多多米线店，南至环城东路540号永和豆浆；200米半径的商圈为次级商圈，东至A4公路，北至环城北路，西至韩村路608号悦和生煎，南至环城东606号湘乡人家；350米半径的商圈为边缘商圈，东至A4公路，北至环城北路，西至环城西路，南至八字桥路。新店商圈的界定，有助于企业合理选择店址，了解哪些是本店铺的基本顾客群和潜在顾客群，以保证新店更好的定位。

1. "快餐小屋"的道路交通状况分析

环城东路是一条双车道的商业街，走向为由北向南，车站在道路东岸。人流较多，但车流速度一般。沿街分布大量的商店与住宅区，经营较多的是餐馆及娱乐场所，是一条人流较为密集的商业街。

"快餐小屋"所处地段是有许多人群集聚的场所。北至环城北路,有很多厂房,南至八字桥路,内有皇品酒家、KTV、网吧和小吃街,东至A4公路,内有高级住宅区,西至环城西路,内有上海商学院、奉浦中专及诸多居民小区。

"快餐小屋"所在地交通比较便利,拥有许多条交通线路。在中心商圈有南桥3线、莘南线、南嘉线、南华线等公交线路车站。在次级商圈有公交莘海线等公交线路车站。

从上述分析可以推论,在环城东路458号开设"快餐小屋"是最佳选择。该店的地段比较有利,交通方便,人流量较大,足以吸引人们前往消费,市场潜力大,这为快餐店的营销提供了有利的前提条件。这些优越的环境是我们这家快餐店开发时选择的第一重要因素,尤其是快餐店的开发更要考虑人流密集的问题。

2. "快餐小屋"的购买量分析

一个选址优良的店铺必然拥有一批稳定的目标顾客,这就要求在其商圈范围内拥有足够多的户数和人口数。许多店铺设在有较强购买力、人口密度大的地区,其中一个重要原因,就是为了保证周围有持续旺盛的购买力。所以,新店开发必须了解其商圈范围内的中心圈、次级圈内目标顾客的数量和收入程度、职业分布、消费特点与偏好。通过对这些情况的了解,可以对顾客的购买量估算。(边缘商圈对新店没有影响。)

(1) 固定人群消费分析

据调查分析,上海奉浦地区商学院是环城东路上的人口密集点。据调查,上海商学院目前有全日制学生10000多名,教师400余人。上院,位于商学院西侧(奉浦大道和沪杭公路交叉口的东南),项目占地面积130亩,总建筑面积10万余平方米,是新建高级住宅区。预计到7~8月份将会有6到7成的住户搬入上院居住。届时,人气将集聚上升。且这些人群都有足够的消费能力,是快餐店的主要消费对象。据统计调查,上院及商学院的人每天的入店购买率可达55%,购买金额平均在15~25元。

在次级商圈内住户现大约有1000户,虽然在他们的周边有一些小餐馆,但是非常缺乏像我们这样品种多样、整洁的快餐店,因此,次级商圈对于我们来说也是一个很重要的市场。据调查统计,每户的入店购买率为30%,购买金额平均在15元以下(含15元)。

在次级商圈里还有两所其他院校,虽然他们的购买力不如上院和商学院的强,但是也可以成为新的快餐店的目标顾客。这样,两个学校的学生为2000人左右,入店购买率可达10%,购买金额平均在12元以下(含12元)。

由此可见,根据"快餐小屋"的商圈固定人群现有数量和收入程度、职业分布、消费特点与偏好,他们前往快餐店消费具有很强的购买力。

(2) 流动人群消费分析

2008年4月8日下午,本小组成员在上海商学院东门门口进行市场调查,调查对象为商学院内的流动人群。调查上海商学院东门门口的流动人群结果见图4.3,图4.4为出自上海商学院前往快餐店人数示意图。

调查结果显示:奉贤区上海商学院东门门口的流动人群速度较快。由上海商学院前往快餐店就餐的人流要少于上海商学院学生。在作为主要目标客户的学生方面,流动人群的高速流动能为"快餐小屋"带来大量的顾客。需要注意的是应及时改变商学院学生的饮食习惯,这可依赖学生间的交流传播品牌。

根据我们对上海商学院前往快餐店就餐的人数实地观测统计,估计每天的流动人潮量

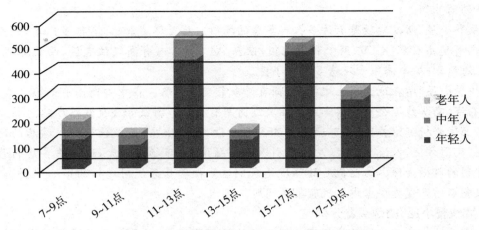

图 4.3　上海商学院东门门口的流动人口示意

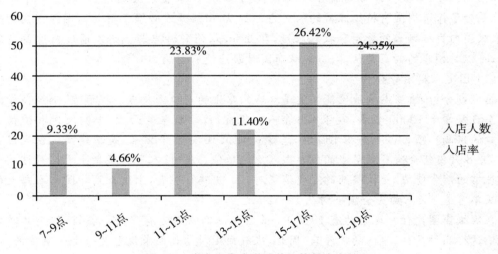

图 4.4　出自上海商学院前往快餐店人数

约为 200 人次,入店率可超 15%,人均消费 15 元左右。根据这一数据,新店将有比较稳定的营业收入。

从上述分析数据可以推论,"快餐小屋"背靠上海商学院奉贤校区,面向人流密集的学生群体,有一定的市场消费潜力。因此在奉贤区环城东路 458 号开设新的快餐店是完全正确的。

3. "快餐小屋"的竞争状况分析

在对商圈消费潜力分析时,还应调查分析该地区的快餐店竞争状况,了解这个地区内同行业的数量和竞争对手的经营状况,并对新店地址的选择做出客观的分析。

在中心商圈内,有一家"多多米线店",位于韩村路上。这是"快餐小屋"最大的竞争对手,它的门面虽然不大,食品种类也十分单一,但是深受广大学生及居民的喜爱,入店率可达 60% 左右。在其营业时间内将对"快餐小屋"造成较大的威胁。通过对其经营状况分析后,本小组成员一致认为:该家门店的定价比较低,可供选择食品种类单一,但味道鲜美,独具特色。针对这个竞争对手,"快餐小屋"的经营策略是要提供齐全的食品种类和完善的服务及明亮宽敞整洁的就餐环境。相信"快餐小屋"足以与"多多米线店"对峙抗衡。

在次级商圈内,有一些小吃店,但只供路过的人们买来填填肚子,且相互竞争非常激烈。这对"快餐小屋"的威胁不大。

本小组还观察到:在商学院里面有一家名为"胜百隆"的快餐店,虽然不提供店内用餐,但是对于路过的商学院学生来说,是一个非常便利的场所。因此对我们的"快餐小屋"也具有一定的威胁。

(三)快餐店的经营损益分析

1. 快餐店的投资预估

快餐店的投资经营期为4年。投资预估首先考虑店铺租金。快餐店选在奉贤环城东路458号商铺,面积80平方米,租金为4.8万元/年,可以半年交付,属于中等的地段层次。

快餐店的投资估计需要考虑装修费用和设备购置费。该商铺为尚未使用的毛坯房,需要全装修,装修费用预估8万元。快餐店营业需要购置的设备有:不锈钢系列豆浆机;封杯机;电炸炉;电扒炉;电烘炉;冷冻冷藏设备;空调;收银台系统;水电设备;办公设备;内仓设备,共计8万元。店铺装修和设备购置需要投资16万元,这些投资预计40个月折旧完毕。工作人员安排5人,水电煤费用考虑2500元/月。

由于快餐店的投资预估还需要考虑8万元备用金作为流动资金用于采购原材料以及日常运营需要。本店的食品采购有相当一部分要自行解决。

2. 快餐店的经营损益评估

(1) 月营业额计算

$$月营业收入 = 月人均购买金额 \times 目标顾客数量 \times 市场占有率$$
$$= 10 \times 160 \times 30 \times 100\%$$
$$= 48000(元)$$

日营业收入 = 月营业收入 ÷ 30 = 1600(元)

(2) 合适店铺面积估算

根据行业特点,考虑到我们的快餐店是中西合璧式,所以每天每平方米销售额应定20元,每天的销售额为1600元,合适的营业面积估算如下:

$$店铺面积 = 日营业收入 \div 20 元 = 80(平方米)$$

快餐店的使用面积应保证在80平方米,月营业收入才能得到保证。

(3) 月经营费用估算

快餐店经营费用分为固定费用和变动费用两类。具体估算如下:

A. 月固定费用估算

① 人员工资:5人×1000元/人　　　　　　　5000元
② 房租:24000元÷6(月)　　　　　　　　　4000元
③ 装修分摊费:80000元÷40(月)　　　　　2000元
④ 设备折旧费:80000元÷40(月)　　　　　2000元
⑤ 水电费用:2500元/月　　　　　　　　　2500元
⑥ 管理费用:500元/月　　　　　　　　　　500元
固定费用总计:　　　　　　　　　　　　　16000元

B. 月变动费用估算(计算每项费用在销售总额中的比重):

① 营业税:　　　　　　　　　　　　　　　5.0%

② 运杂费： 0.2%
③ 包装费： 0.1%
④ 商品损耗： 0.1%
总计比重： 5.4%

月变动费用总计：48000×5.4%＝2592(元/月)

(4) 项目损益预算

经营损益＝销售毛利－变动费用－固定费用

销售毛利＝营业收入×毛利率

① 预计月销售毛利＝营业收入×毛利率(餐饮毛利率一般考虑50%)
　　　　　　　　＝48000×50%＝24000(元/月)

② 预计月经营利润＝销售毛利－变动费用－固定费用
　　　　　　　　＝24000－2592－16000＝540(8元/月)

③ 预计年经营利润＝月经营利润×12
　　　　　　　　＝5408元/月×12＝64896(元/年)

④ 预计4年经营利润(不考虑资金时间价值)：64896元/年×4＝259458(元)

(5) 投资风险估算

投资风险是对投资的"经营安全率"进行分析。经营安全率是衡量新店经营状况的重要指标。估算经营安全率必须先计算出"损益平衡点销售额"。

① 估算损益平衡点月销售额：
　　　损益平衡点销售额＝固定费用/(毛利率－变动费用率)
　　　　　　　　　　　＝16000/(50%－5.4%)＝35874(元)

② 估算经营安全率：

经营安全率＝1－损益平衡点销售额/预期销售额＝1－35874/48000＝25.26%

快餐店的经营安全率估算为25.26%，可以列为优良店铺，说明经营风险比较小。

(6) 项目资金估算

投资总额＝半年租金＋装修费用＋设备费用＋流动资金＝2.4＋8＋8＋3＝21.4(万元)

(7) 投资回报估算

项目投资回报估算也应该包括"年投资收益率"与"投资回收期"。

① 年投资收益率
　　　年投资收益率＝年经营利润/投资总额＝64896/214000＝30.33%

② 投资回收期
　　　投资回收期＝投资总额/年经营利润＝214000/64896＝3.3(年)

(四)"快餐小屋"的经营定位分析

"快餐小屋"选址于奉贤区环城东路458号，有很大的商机和发展空间，也有很大的风险。面对机遇与挑战，本小组认为："快餐小屋"应勇于进入市场，开拓新的利益增长点。面对挑战，"快餐小屋"更应该进行正确的市场定位，在保持原有快餐店特色基础上，进一步开拓自己的新亮点，要有自己的经营特色。

1. "快餐小屋"经营的市场定位

根据消费者对快餐店需求的主要评价标准：价格和可供食品种类。

针对上海商学院奉浦校区周边快餐店的相关竞争情况，制定了以上"快餐小屋"的市场定位图(见图4.5)。

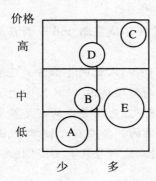

A 代表韩村路上的"多多米线店"的定位
B 代表"商学院"汉堡店的定位
C 代表学校食堂(1~2楼)
D 代表学校食堂(3楼)
E 代表我们的"快餐小屋"的定位

图4.5 "快餐小屋"的市场定位图

图4.5说明了中西结合的"快餐小屋"经营的市场定位。该图中横坐标代表快餐店的可供选择食品种类的多少,纵坐标代表了快餐店消费价格的高低。其中A是代表韩村路上的多多米线店的定位情况,它的产品种类单一,主要就是米线,但是价格还是比较便宜的,辐射范围内除了上海商学院的学生外还有一些周边学校的学生。B代表"商学院"汉堡店的定位,它的价格比起肯德基麦当劳要便宜些,产品种类相对较多,辐射范围主要是上海商学院的学生,客户群相对比较狭窄。C、D代表了上海商学院的学校食堂,他们的产品种类比较多,规模比较大,相对的价格也比较高,辐射范围主要是上海商学院师生。E代表我们的"快餐小屋"的定位,价格中下,产品种类较多,辐射范围除了上海商学院的学生外还有一些周边学校的学生、居民。该店的特色在于快餐食品既有中式的点心也有西式的汉堡薯条,并且提供送餐服务。

"市场定位图"显示,"快餐小屋"的市场定位方案采用的是"填补定位"策略。既为避免市场现有的竞争对手,将产品定位在目标市场空白的部分,能够迅速在市场上站稳脚跟,并能在消费者的或用户心目中迅速树立新的品牌。这一方案的风险较小,成功率较高。而且通过同时提供中式及西式的食品,同时满足不同顾客的需要,使产品在种类上具有竞争优势,尽可能在奉浦地区具备一定的规模,以达到经营目标。

2. "快餐小屋"的经营特色

(1)"快餐小屋"为目标顾客提供便捷购买、优质食品、合理价格与热诚服务

首先,对商品摆放进行程式化设计,使消费者在10分钟内购买到所需要的商品。其次,确保商品的质量,加强管理环节,以优质的食品满足目标顾客的需求。提供便民服务,实行上午十点提供服务,可以考虑提供减肥套餐、运动型套餐、老年人套餐、中式早点、西式下午茶,提供特殊食品与服务包括外送早餐服务。再次,以合理的定价,吸引消费者,击败竞争者,抢占市场份额,树立"快餐小屋"独具匠心的第一形象。

(2)营业布局、食品样品陈列和环境布置的宽敞亮堂、简洁优雅、大方便利

本小组成员认为:针对该地段的消费层次中上的实际情况,"快餐小屋"的营业布局、食品样品陈列和环境布置都应该与绿地南桥老街即将入住的居民和一批又一批考入上海商学院的学生消费需求特点相适应,改变"快餐小屋"店小、杂乱的形象。食品样品陈列在宽敞的货架间。多留出的空间应该开放休闲区,顾客可以小坐饮食休息。利用自己的手提电脑免费上网。店堂环境布置要求简洁优雅,适当播放背景音乐,力求使消费者耳目一新,对本店留下良好、深刻的印象。当然,上述的这些布局设计是经过了我们小组的调查才决定的。在

保持"快餐小屋"应有的方便快捷的前提下，可以小小的改变，对该店的发展是有益的。

（五）"快餐小屋"开发的分析结论

综合上述各项评估分析，"快餐小屋"欲将投资的奉贤区环城东路458号新店开发是一项完全可行的投资项目。其理由如下：

（1）快餐消费潜力大。随着经济的发展，教育水平的提高，人们的生活方式已发生了翻天覆地的变化，改变过去与自然一体的工作情况，日益走向写字楼内。"民以食为天"，和人们生活息息相关的"食"自然是重中之重。而生活环境的变化，为快餐业的发展提供了一个广阔的空间。而对于上海商学院奉贤校区周边餐饮店提供的产品品种比较单一，越来越不能满足上海商学院学生及周边企事业单位职工的需要，因此这部分客户群是"快餐小屋"的目标客户。

（2）"快餐小屋"的选址是正确的。新址选在奉贤区环城东路458号，选定的新店位于上海商学院东门口，背依上海商学院，面向新建成的高级住宅区，交通便利，目标客户群比较密集，顾客有一定的购买力，有一定的市场潜力。

（3）"快餐小屋"具有一定的投资收益。新店开发资金为21.4万元，与周边的店铺相比略高（因位于商学院东门门口，主要是租金及装修较高）。经估算月经营利润为5408元，年经营利润64896元，经营安全率为25.26%，可以列为优良店铺，说明经营的风险较小，年投资收益率为30.33%，投资回收期为3.3年，说明此项目具有一定的收益。

本项目小组认为：新店开发的投资风险与回报是成正比的，鉴于"快餐小屋"选址地目前由金叶超市转租，转租进程未结束，所以有充足的时间供决策者讨论和准备。希望决策者能充分考虑本项目小组的报告，有效地进行"快餐小屋"环城东路店的开发。

第五章 营销策略

【内容简介】

营销策略执行是营销战略的实施和延伸,也是营销职场必然涉及的技能。本章按照营销人员职业能力进行设计,旨在培养其必备的产品认知能力、商务谈判能力、分销渠道设计能力及营销传播能力,具体包括5个训练项目,分别为商品感官质量审评、CIS设计、广告创意设计、分销渠道设计及模拟商务谈判。

训练一　商品感官质量审评

一、实验任务

（1）通过商品感官质量审评，掌握感官质量审评方法。
（2）运用感官质量审评方法，以茶叶为代表性商品，对其质量进行审评。
（3）通过了解大类产品基本质量特征，为产品营销奠定良好的基础。

二、实验要求

（1）掌握感官检验法、理化检验法等基本质量检验方法。
（2）掌握茶叶的主要成分及特性、茶叶的分类、主要品种及其特征。
（3）掌握茶叶及茶具的选购技巧。
（4）掌握茶叶感官质量审评基本程序。

三、理论指导

（一）商品质量检验方法

1. 感官检验法

感官检验法，又称感官分析、感官检查或感官评价，是利用人的感觉器官作为检验器具，对商品的色、香、味、形、手感、音色等感官质量特性作出判断和评价的检验方法。

感官检验法在商品流通领域中使用比较广泛。处在流通领域中的商品都要经过出厂检验且配有合格证，但商品在储存、运输或进出货过程中，经常需要对商品的品质变化作出判断。其范围包括商品的外形结构、外观疵点、色泽、硬度、弹性、气味、声音、包装物等，所以流通中的检验以感官检验为主。另外对于某些特殊商品的感官检验，国家还制定了检验标准，比如酒类的品评。感官检验的优点是：不需要复杂精密仪器，简便易行，快速灵活，成本低、可以依赖实践经验进行判断；缺点是：准确度低，检验项目受感官能力限制，只能得出初步判断，需要进一步检验。

感官检验法可以分为视觉检验法、嗅觉检验法、味觉检验法、触觉检验法和听觉检验法等。

（1）视觉检验法

视觉检验是用人的视觉器官来检验商品的外形、结构、颜色、光泽以及表面状态、疵点等质量特性。凡是直接能够用眼睛分辨的质量指标都适合视觉检验。

视觉检验中，有时要使用标准样品，某些如茶叶、烟叶、棉花、羊毛和生丝等均制定有标准样品。标准样品是实物标准，它是标准的另一种存在形式，与文字标准合在一起构成完整的标准形态。自从 20 世纪初美国成功研制第一个冶金标准样品（当时称 Standard Sample）以来，经过约 100 年的发展，在国际上和我国均已经建立了一个完整的标准样品管理体系。这个体系包括一套行政管理和技术管理法规体系和相应层次的管理机构。全国标准样品技术委员会还分别批准成立了冶金、有色金属、环保、农药、气体化学品、无损探伤、酒类等 7 个分技术委员会以及多个专业技术工作组。

视觉检验鉴定者应该具有丰富的关于对所鉴定商品外观形态方面的知识,并熟悉标准样品中各等级的条件、特征和界限;视觉鉴定过程中要注意对光线强弱的要求。

(2) 嗅觉检验法

嗅觉检验是通过人的嗅觉器官检查商品的气味,进而评价商品质量。适用于食品、药品、化妆品、洗涤用品、香料等商品的气味检验和评价;也适用于一些通过燃烧气味进行品质成分鉴定的检验实验。

当食品或工业品的质量发生变化时,气味也会发生相应的变化;某些具有吸附性的商品,吸收了其他异味而影响商品的品质;某些商品具有本品独特的芳香气味,有时质量产生变化或不适当的加工会改变这种独特的香气,这些情况都可以通过嗅觉检验来对商品进行鉴定。嗅觉鉴定者要具备所要求的生理条件和丰富的实践经验。嗅觉鉴定场所也要符合鉴定标准要求。

(3) 味觉检验法

味觉检验是利用人的味觉器官,检查有一定滋味要求的商品(如食品、药品等),并作出一定判断的检验方法。

酒类品评主要使用味觉检验法。商务部制定了《酒类商品批发经营管理规范》和《酒类商品零售经营管理规范》;国家关于品酒员、品酒师、高级品酒师进行三级管理;中国酿酒协会设有白酒品酒员培训班,学员通过考核合格后,可以获得中国酿酒协会颁发的全国统一专业资格证书。味觉检验依靠检验者味觉的敏感度,检验者味觉的敏感度决定了检验结果的准确性,为此国家制定了 GB/T 12312—1990《感官分析·味觉敏感度的测定》标准以评判味觉的敏感度。

(4) 触觉检验法

触觉检验是利用人的触觉感受器对被检商品轻轻作用的反应以触觉来评价商品质量。如利用触摸、按压、拉伸、拍敲、抓摸等方法施加于商品,得到商品的光滑细致程度、软硬程度、干湿程度、弹性拉力弹力大小的感觉,对商品的某些特性进行判断。

(5) 听觉检验法

听觉检验是凭借人的听觉器官来检验商品质量的方法。如检查玻璃、陶瓷、金属制品有无裂纹,评价家用电器、乐器的音质等。

以上五类感官检验方法各有特点,在实际检验时有时要综合运用。感官检验要运用人的感觉器官,要求操作者具有灵敏的感觉,有良好的生理、心理素质,有丰富的商品知识和实践经验。在实施感官检验时还要注意检验环境的配合。一般要求检验场所空气清新,无异味;光线柔和自然,避免使用强光或有颜色的光线;场地安静,装饰搭配不影响检验效果。

2. 理化检验法

理化检验法是在实验室的一定环境条件下,借助各种仪器、设备和试剂,运用物理、化学的方法来检测评价商品质量的一种方法。它主要用于检验商品的成分、结构、物理性质、化学性质、安全性、卫生性以及对环境的污染和破坏性等。

理化检验法的优点包括:检验结果精确,可用数字定量表示(如成分的种类和含量、某些物理化学、机械性能等);检验的结果客观,它不受检验人员的主观意志的影响,使对商品质量的评价具有客观而科学的依据;能深入地分析商品成分、内部结构和性质,能反映商品的内在质量。

理化检验法的局限性包括:需要一定仪器设备和场所,成本较高,要求条件严格;往往需要破坏一定数量的商品,消耗一定数量的试剂,费用较大;检验需要的时间较长;要求检验人员具备扎实的基础理论知识和熟练的操作技术。因此,理化检验法在商业企业直接采用较少,多作为感官检验之后、必要时进行补充检验的方法,或委托商检机构作理化检验。

理化检验法主要包括化学分析检验法、仪器分析检验法、物理检验法、生物学检验法等。

(1) 化学分析检验法

化学分析检验法是利用化学原理与方法,应用试剂与仪器对商品的化学成分及其含量进行测定,进而判断商品品质是否合格的检验方法。

化学鉴定的主要内容是化学分析,包括定性分析与定量分析。定量分析又分重量分析和滴定分析两类。重量分析是将试样中的被测成分与其他成分分离,根据被测成分的重量计算占试样重量的百分含量,如各类食品的水分含量、灰分含量、纤维素含量等;滴定分析是将已知准确浓度的标准溶液通过滴定管滴加到被测溶液中直到等当点,然后根据体积计算被测成分含量的方法,各类食品中的蛋白质含量、酸度等都使用滴定分析法。

(2) 仪器分析检验法

仪器分析检验法是采用光、电等方面比较特殊或复杂的仪器,通过测量商品的物理性质或化学性质来确定商品的化学成分的种类(定性)、含量和化学结构以判断商品质量的检验方法。仪器分析检验法包括光学分析法和电学分析法,光学分析是通过被测成分吸收或发射电磁辐射的特性差异来进行成分鉴定,具体有比色法、分光光度法、荧光光度法等。如利用光量光谱仪可以在1~2分钟内测出钢中20多种合金元素的含量;用气相色谱法测定绝缘油中溶解气体的组分含量,是判断运行中的充油电力设备是否存在潜伏性的过热、放电等故障,以保障电网安全有效运行的有效手段,也是充油电气设备制造厂家对其设备进行出厂检验的主要手段。变压器油色谱分析系统采用单柱流程系统,一次进样即可完成绝缘油中溶解气体组分(包括氢气、氧气、甲烷、乙烯、乙烷、乙炔、一氧化碳和二氧化碳)含量的全分析。电学分析法是利用被测物的化学组成与电物理量之间的定量关系来确定被测物的组成与含量,具体有光谱法、电位滴定法、电解分析法等。

仪器分析检验投资成本比较高,普及起来比较困难,但是仪器检验速度快,准确度高,检测量达到一定程度时单位检测成本会降低。如美国一直使用大型X射线装置检验集装箱,X射线对装在铁盒里的核弹或浓缩钚无能为力,所以出于安全考虑,美国劳伦斯·利弗莫尔国家实验室2004年试验用活性中子探寻法检测可疑货物,每个集装箱不到一分钟的时间就可以完成扫描,差错率小于千分之一,而且对人和货物都安全无害。

(3) 物理检验法

物理检验法是在一定的实验环境条件下,利用各种仪器、器具作手段,运用物理的方法来测定商品质量指标的方法。物理检验法包括一般物理检验法、光学检验法、热学检验法、机械检验法、力学检验法、电学检验法。

① 一般物理检验法即通过各种量具、测量仪、天平及专门仪器来测定商品的长度、细度、面积、体积、厚度、比重、黏度、渗水性、透气性等一般物理特性的方法。例如棉纤维长度和细度的测定。

② 光学检验法是通过各种光学仪器来检验商品品质的方法。可以用来检验商品的物理性质,也可以用来检验某些商品的成分和化学性质,常用的仪器有显微镜、折光仪、旋光仪、比色计等。如用折光仪测定油脂的折光率,可以判断油脂的新陈;利用旋光仪测定糖液的比旋光度,可以测定溶液中可溶性固形物的含量等。

③ 热学检验法是利用热学仪器测定商品的热学特性的一种检验方法。可以用来检验商品的熔点、凝固点、沸点、耐热性能等，玻璃、金属、塑料、橡胶等很多商品的热学性质与质量密切相关。

④ 机械检验法是利用各种力学仪器测定商品机械性能的一种检验方法。工业品商品的质量指标，如抗拉强度、抗压强度、断裂伸长率、抗顶强度、硬度、弹性、塑性、脆性等多采用这种检验方法。机械检验法使用的仪器设备有万能材料试验机、冲击试验机、扭力试验机、硬度试验机等。

⑤ 电学试验法是利用电学仪器测定商品电学特性的一种检验方法。检验的项目有电阻、介电系数、电容、电压、电流强度等。电学检验节省材料、检验速度快、结果准确。

(4) 生物学检验法

生物学检验法是食品类、药类和日常工业品商品质量检验的常用方法之一，包括微生物学检验法和生理学检验法两种。

① 微生物学检验法是利用培养法、分离法、显微镜观察法、形态观察法等，对商品中有害微生物存在与否及其存在的数量进行检验，并判断其是否超过允许限度的一种检验方法。微生物学检验法是判断商品卫生质量的重要手段。

② 生理学检验法是用来检验食品的可消化率、发热量及营养素对机体的作用及食品和其他商品中某些成分的毒性等的一种检验方法。检验中有时使用鼠、兔等进行毒理、病理试验，经过动物试验后验证无毒害，经过有关部门批准才能在人体上进行试验。现在科学家正在尝试避免使用动物试验，利用更好的办法对一些有毒化学品进行检测，如马歇尔航天飞行中心的科学家，利用微生物在低重力下对有毒化学品敏感导致游动速度和方向都改变的现象检测化学品、废水和潜在污染源；检测化妆品的生理毒性、过敏反应等非常有效。

(二) 茶叶基本知识

茶叶就是以茶树的嫩叶或嫩芽经加工制成的干制品，是一种植物性食品，其含有丰富的生理成分和营养成分。茶叶起源于我国，相传公元前2700年前，神农氏最早发现茶树。茶叶与咖啡、可可称为当今世界三大饮料品种，我国被称为"茶叶的故乡"。茶叶具有重要的生理功能，可止渴解热，兴奋神经，解除疲劳，促进消化，利尿解毒，补充维生素，能预防辐射，对减肥、美容、防癌有一定效果。

1. 茶叶的主要成分及特性

(1) 茶叶的主要成分

① 茶多酚也称茶单宁或茶鞣质，是一类多酚化合物的总称，包括儿茶素、黄酮、花青素、酚酸四类化合物，其中儿茶素在茶多酚中的比例最大。

儿茶素具有杀菌、降压、强心等功效，另外对尼古丁和吗啡等有毒生物碱还有解毒作用。与茶叶质量关系十分密切，它既与饮茶的功效有关，也是决定茶叶色、香、味的主要成分。

② 生物碱。茶叶中的生物碱主要是咖啡因、茶碱和可可碱等，一般含量为2%～4%。纯的咖啡因是针状结晶，微溶于冷水，其溶解度随水温升高而增大，会出现"冷后浑"现象。咖啡因能兴奋中枢神经，解除大脑疲劳，强心利尿，减轻酒精、烟碱等有害物质对人体的伤害。

③ 芳香油也叫茶香精，是酯、醇、酮、酸、醛类等有机物的混合物，易挥发，是赋予茶叶香气最主要的成分。茶叶中芳香油的含量极少，约为0.003%～0.02%（干茶）；一般情况下嫩叶高于老叶，高山茶多于平地茶，红茶多于绿茶，由于芳香油属易挥发成分，故陈茶的茶香

较差。

④ 蛋白质和氨基酸。茶叶中含有较多的蛋白质,约为17%～20%(干茶),除蛋白质外还含有一定量的游离氨基酸(1%～3%),氨基酸的存在有利于提高茶汤的滋味,使茶汤具有鲜爽味。

⑤ 糖类。茶叶中含糖类约20%～30%,有单糖、双糖及淀粉、纤维素、果胶质等多糖。单糖和双糖能使茶汤具有甜醇味,还有助于提高茶香。可溶性果胶质可以使茶汤具有醇厚感。

⑥ 色素是构成干茶、茶汤、叶底颜色的主要物质。绿茶的色素物质主要是叶绿素,故茶绿、汤绿、底绿。红茶的色素主要是儿茶素的氧化产物茶黄素和茶红素等,因此茶红、汤红、底红。

(2) 茶叶的特性

① 陈化性。茶叶经长时间贮存后,会出现香气下降,色泽变暗等不良变化,即陈化现象。主要是因为茶叶的香气成分芳香油易挥发,经长时间贮存后,香气散失。

② 吸湿性。茶叶由于经干制形成了疏松多孔的组织结构,并且茶叶的很多成分如茶多酚、咖啡因、糖类、蛋白质等都具有亲水性,因此茶叶具有很强的吸湿性。

③ 吸附异味性。茶叶的多孔结构和疏松状态使茶叶具有较强的吸附异味性。茶叶在储运销售与存放过程中则应避免与有异味的物质接触,以免影响茶叶质量,甚至丧失饮用价值。

2. 茶叶的种类

我国茶叶种类繁多,按茶叶加工方法不同和经营习惯,茶叶可分为绿茶、红茶、乌龙茶、紧压茶和其他六大类茶。

(1) 绿茶

绿茶是我国茶叶中产量最多的一种,约占世界绿茶产量的70%,花色品种之多也居世界之首。其中每年的出口量约为5万多吨。绿茶的加工过程为:鲜叶→杀青→搓捻→干燥→绿毛茶。绿茶的品质特点是:干茶色绿,味道清香,鲜醇爽口,浓而不涩,其冲泡后清汤绿叶。杭州西湖龙井就以"色绿、香郁、味甘、形美"四绝著称。

(2) 红茶

红茶是我国茶叶产量中较多的一种,其中的工夫红茶以做工精细而闻名,远销海外60多个国家和地区。红茶为发酵茶,即茶叶中的茶多酚在酶的作用下发生了氧化,其加工工序为:鲜叶→萎凋→揉捻→发酵→干燥。红茶的品质特点为:干茶色泽乌黑油润,冲泡后红汤红叶,香味如甜花香或蜜花香。其中福建的"正山小种"最早出现,且品质也最好。

(3) 乌龙茶

乌龙茶又称青茶,属半发酵茶类。青茶加工工序为:晒青→摇青→凉青→杀青→初揉→初烘→包揉→复烘→烘干。青茶的品质特点为:干茶外形条索粗壮,色泽青灰有光,冲泡后茶汤橙黄清澈,香味浓郁,有如花茶。岩茶在青茶中,采制技术最为精细,质量也最好,岩茶外形粗壮、紧实,色泽油润红点明显,不带梗,香味浓而持久。青茶中最著名的有闽北的"武夷岩茶",还有入口微苦后转甜的闽南"安溪铁观音"、广东潮安"绿叶红镶边"的凤凰单丛水仙,也都是青茶中的名品。我国宝岛台湾也盛产青茶,"台湾乌龙"较为著名。

(4) 紧压茶

紧压茶又称黑茶,是用较粗老的鲜叶加工而成,是藏族、蒙古族、维吾尔族等少数民族日常生活的必需品。黑茶一般经杀青、揉捻、捂堆、干燥等工序压制而成的,有砖茶、饼茶、圆茶、方茶等。黑茶的品质特点是:色泽黑褐油润,汤色橙黄或橙红,香味纯正不苦涩,叶底黄褐粗大。黑茶的品种主要有:湖南黑茶(每块约重 2 kg)、湖北的老青茶、四川边茶、滇桂黑茶,其中以云南普洱散茶和方茶最为著名。

(5) 白茶

白茶是我国的特产,因采摘细嫩、叶背多白茸毛的芽叶而得名,产量较少,主要产于福建的福鼎、政和、松溪和建阳等县。白茶的品质特点是:毫色银白,具有"绿装素裹"之美感,芽头肥壮,汤色黄亮,滋味鲜醇,叶底嫩匀。白茶的主要品种有银针、白牡丹、贡眉、寿眉等。

(6) 黄茶

黄茶也属我国的特产,因在制茶过程中将茶叶进行闷堆捂黄而得名。黄茶的品质特点是:黄叶黄汤,多数叶芽细嫩显毫,香气浓醇。黄茶的品种主要由湖南的"君山银针""北港毛尖",四川的"蒙顶黄芽"和安徽的"霍山黄芽"等。

表5.1 中国茶叶分类

种类	发酵程度	制造过程	茶品
白茶	不发酵茶	制作时不炒、不揉,萎调时间长	白毫银针等
黄茶	不发酵茶	茶叶揉捻后盖布,让茶叶操持在较高的温度之下,促使茶叶氧化,使得茶叶变黄	君山银针、蒙顶黄芽、堆山黄芽、沩江白毛洒、温州黄汤、皖西黄大茶、广东大叶青、海马宫茶
绿茶	不发酵茶	制作重点在于"杀青",用高温破坏茶叶中的酵素作用,停止茶叶发酵	台湾碧螺春、西湖龙井、黄山毛峰、煎茶、玉露
青茶	部分酵茶	制作重点在于"静置搅拌",将萎调的茶叶摊布在筛篦上静置及翻动搅拌,茶叶在反复挤压碰撞后,边缘细胞因此破坏,进而促进氧化作用,产生绿叶攘红边的发酵程度	包种茶、高山乌龙、冻顶乌龙、金萱、四季春、翠玉、铁观音、白毫乌龙(东方美人)
红茶	全发酵茶	红茶的重点则是在发酵,让茶叶在空气中氧化,产生了茶黄素、茶红素、茶糊素,因此茶汤呈深红色	云南滇红、祁门红茶、畅兰红茶、阿萨螺、大吉岭
黑茶	后发酵茶	普洱湿堆熟茶,将茶叶的温度及温度控制在适合的环境下进行增湿,通常不能超过43度,利用蘭种的好氧反应,将茶叶中的植物蛋白水分解成氨基酸,并分解茶叶中的叶绿素,氧化过程产生茶红素及茶褐素	普洱、团茶、湿堆

3. 茶叶的选购方法

确定自己欲购的茶类后,究竟怎样区分各种茶的花色、等级及其他一些品质指标呢? 一般先从特色、价格等方面考虑,通过感观进行判别。

(1) 一摸

以手触摸，可判别茶的干燥程度。选一茶条，以手轻折易断，断片放在拇指与食指之间用力一研即成粉末，则干燥程度是足够的，若为小碎粒，则干燥度不足，即使购买，也需事后加以处理，否则茶的品质不易保存。

表 5.2 判断茶叶含水量的感官标准

含水量	手 感	手 捻	嫩 梗	茶 香
5%	很刺手	即成粉	轻折即断	香气高
7%	感觉刺手	即成粉	轻折即断	香气充足
10%	有些刺手	有片末	稍用力可折断	香气正常
13%	微感刺手	略有碎末	用力可折断、但梗皮不脱离	香气微弱

(2) 二看

将茶放入样盘中（若无，可以白纸代替），双手持盘顺或逆时针旋转摇动，看干茶外形——是否具该花色的特色；色泽——是否新鲜；匀净度——是否均匀，无杂物；整碎度——是否完整，少断碎。

(3) 三嗅

嗅闻干茶的香气。香气的高低——浓淡；香型——清香、甜香、花果香；气味的纯异——辨别是否有烟、焦、酸、馊、霉等劣变气味和各种夹杂的气味。

(4) 四尝

当干茶的含水量、外形、色泽、香气均符合要求后，取数条干茶放入口中含嚼辨味，根据味感进一步了解茶的内质优劣，但这一点需有审评的基本功方能做到。

(5) 五泡

取一撮干茶（约 3~4 g）置茶杯中，冲入沸水 150~200 毫升，绿茶不必加盖，其他茶均需加盖，5 分钟后将茶汤倒入另一杯或碗中，嗅叶底的香气，看汤色，尝味，观看和触摸叶底。

4. 茶具的选择

茶具是指茶杯、茶壶、茶碗、茶盏、茶碟、茶盘等饮茶用具。中国茶具种类繁多，造型优美，除实用价值外，也有颇高的艺术价值，因而驰名中外，为历代茶爱好者青睐。根据制作材料和产地不同，分为陶土茶具、瓷器茶具、漆器茶具、竹木茶具、玻璃茶具和金属茶具等。

(1) 陶土茶具

陶器中的佼佼者首推宜兴紫砂茶具，早在北宋初期就已经崛起，成为别树一帜的优秀茶具，明代大为流行。紫砂壶和一般陶器不同，其里外都不敷釉，采用当地的紫泥、红泥、团山泥抟制焙烧而成。由于成陶火温较高，烧结密致，胎质细腻，既不渗漏，又有肉眼看不见的气孔，经久使用，还能汲附茶汁，蕴蓄茶味；且传热不快，不致烫手；若热天盛茶，不易酸馊；即使冷热剧变，也不会破裂；如有必要，甚至还可直接放在炉灶上煨炖。紫砂茶具还具有造型简练大方，色调淳朴古雅的特点，外形有似竹节、莲藕、松段和仿商周古铜器形状的。《桃溪客语》说："阳羡（即宜兴）瓷壶自明季始盛，上者与金玉等价。"

(2) 瓷器茶具

瓷器茶具的品种很多，主要包括青瓷茶具、白瓷茶具、黑瓷茶具、彩瓷茶具和红瓷茶具等。

① 青瓷茶具以浙江生产的质量最好。早在东汉年间,已开始生产色泽纯正、透明发光的青瓷。晋代浙江的越窑、婺窑、瓯窑已具相当规模。宋代,作为当时五大名窑之一的浙江龙泉哥窑生产的青瓷茶具,已达到鼎盛时期,远销各地。明代,青瓷茶具更以其质地细腻,造型端庄,釉色青莹,纹样雅丽而蜚声中外。16世纪末,龙泉青瓷出口法国,轰动整个法兰西,人们用当时风靡欧洲的名剧《牧羊女》中的女主角雪拉同的美丽青袍与之相比,称龙泉青瓷为"雪拉同",视为稀世珍品。当代,浙江龙泉青瓷茶具又有新的发展,不断有新产品问世。这种茶具除具有瓷器茶具的众多优点外,因色泽青翠,用来冲泡绿茶,更有益汤色之美。不过,用它来冲泡红茶、白茶、黄茶、黑茶,则易使茶汤失去本来面目,似有不足之处。

② 白瓷茶具具有坯质致密透明,上釉、成陶火度高,无吸水性,音清而韵长等特点。因色泽洁白,能反映出茶汤色泽,传热、保温性能适中,加之色彩缤纷,造型各异,堪称饮茶器皿中之珍品。早在唐时,河北邢窑生产的白瓷器具已"天下无贵贱通用之"。唐朝白居易还作诗盛赞四川大邑生产的白瓷茶碗。元代,江西景德镇白瓷茶具已远销国外。如今,白瓷茶具更是面目一新。这种白釉茶具,适合冲泡各类茶叶。加之白瓷茶具造型精巧,装饰典雅,其外壁多绘有山川河流、四季花草、飞禽走兽、人物故事,或缀以名人书法,又颇具艺术欣赏价值,所以,使用最为普遍。

③ 黑瓷茶具,始于晚唐,鼎盛于宋,延续于元,衰微于明、清,这是因为自宋代开始,饮茶方法已由唐时煎茶法逐渐改变为点茶法,而宋代流行的斗茶,又为黑瓷茶具的崛起创造了条件。

宋人衡量斗茶的效果,一看茶面汤花色泽和均匀度,以"鲜白"为先;二看汤花与茶盏相接处水痕的有无和出现的迟早,以"盏无水痕"为上。时任三司使给事中的蔡襄,在他的《茶录》中就说得很明白:"视其面色鲜白,着盏无水痕为绝佳;建安斗试,以水痕先者为负,耐久者为胜。"而黑瓷茶具,正如宋代祝穆在《方舆胜览》中说的"茶色白,入黑盏,其痕易验"。所以,宋代的黑瓷茶盏,成了瓷器茶具中的最大品种。福建建窑、江西吉州窑、山西榆次窑等,都大量生产黑瓷茶具,成为黑瓷茶具的主要产地。黑瓷茶具的窑场中,建窑生产的"建盏"最为人称道。蔡襄《茶录》中这样说:"建安所造者……最为要用。出他处者,或薄或色紫,皆不及也。"建盏配方独特,在烧制过程中使釉面呈现兔毫条纹、鹧鸪斑点、日曜斑点,一旦茶汤入盏,能放射出五彩纷呈的点点光辉,增加了斗茶的情趣。明代开始,由于"烹点"之法与宋代不同,黑瓷建盏"似不宜用",仅作为"以备一种"而已。

④ 彩色茶具的品种花色很多,其中尤以青花瓷茶具最引人注目。青花瓷茶具,其实是指以氧化钴为呈色剂,在瓷胎上直接描绘图案纹饰,再涂上一层透明釉,尔后在窑内经1300℃左右高温还原烧制而成的器具。然而,对"青花"色泽中"青"的理解,古今亦有所不同。古人将黑、蓝、青、绿等诸色统称为"青",故"青花"的含义比今人要广。它的特点是:花纹蓝白相映成趣,有赏心悦目之感;色彩淡雅幽菁可人,有华而不艳之力。加之彩料之上涂釉,显得滋润明亮,更平添了青花茶具的魅力。

直到元代中后期,青花瓷茶具才开始成批生产,特别是景德镇,成了中国青花瓷茶具的主要生产地。由于青花瓷茶具绘画工艺水平高,特别是将中国传统绘画技法运用在瓷器上,因此这也可以说是元代绘画的一大成就。元代以后除景德镇生产青花茶具外,云南的玉溪、建水,浙江的江山等地也有少量青花瓷茶具生产,但无论是釉色、胎质,还是纹饰、画技,都不能与同时期景德镇生产的青花瓷茶具相比。明代,景德镇生产的青花瓷茶具,诸如茶壶、茶盅、茶盏，花色品种越来越多，质量愈来愈精，无论是器形、造型、纹饰等都冠绝全国，成为其他生产青花茶具窑场模仿的对象；清代，特别是康熙、雍正、乾隆时期，青花瓷茶具在古陶瓷发展史上，又进入了一个历史高峰，它超越前朝，影响后代。康熙年间烧制的青花瓷器具，更是史称"清代之最"。

⑤ 红瓷茶具。明代永宣年间出现的祭红，娇而不艳，红中透紫，色泽深沉而安定。古代皇室用这种红釉瓷做祭器，因而得名祭红。因烧制难度极大，成品率很低，所以身价特高。古人在制作祭红瓷时，真可谓不惜工本，用料如珊瑚、玛瑙、寒水石、珠子、烧料直至黄金，可是烧成率仍然很低，原来"祭红"的烧成仍是一门"火的艺术"，也就是说即使有了好的配方如果烧成条件不行，也常有满窑器皆成废品之例，故有"千窑难得一宝，十窑九不成"的说法。

红瓷历来就是古代皇室和国内外收藏家求的珍品，千百年来历朝创烧的红釉瓷器中，唯独没有象征吉祥喜庆最为中国人喜爱的在大红色瓷。而今借鉴历代红釉瓷烧制经验，运用现代科技手段，进行配方创新，使用比黄金还贵重的稀有金属"钽"，历经数年终于在高温下能批量烧制出与国徽、国旗一致的，极为纯正的正红高温红釉瓷。从而结束了中国瓷器无纯正大红色的历史。从此，昔日只有皇室专享的彰显富贵尊崇的红釉珍品，如今成为走出国门的国瓷珍品、国宾礼品、政务礼品，也成为日常生活中的商务礼品、节庆礼品、收藏品等，从而极大地丰富了人们的社会活动，美化了现代生活，开创了中国陶瓷新篇章，寓示着中国红瓷，繁荣富强。

（3）漆器茶具

漆器茶具始于清代，主要产于福建福州一带。福州生产的漆器茶具多姿多彩，有"宝砂闪光""金丝玛瑙""釉变金丝""仿古瓷""雕填""高雕"和"嵌白银"等品种，特别是创造了红如宝石的"赤金砂"和"暗花"等新工艺以后，更加鲜丽夺目，逗人喜爱。

（4）竹木茶具

隋唐以前，中国饮茶虽渐次推广开来，但属粗放饮茶。当时的饮茶器具，除陶瓷外，民间多用竹木制作而成。陆羽在《茶经·四之器》中开列的28种茶具，多数是用竹木制作的。这种茶具，来源广，制作方便，对茶无污染，对人体又无害，因此，自古至今，一直受到茶人的欢迎。但缺点是不能长时间使用，无法长久保存，失去文物价值。到了清代，在四川出现了一种竹编茶具，它既是一种工艺品，又富有实用价值，主要品种有茶杯、茶盅、茶托、茶壶、茶盘等，多为成套制作。

竹编茶具由内胎和外套组成，内胎多为陶瓷类饮茶器具，外套用精选慈竹，经劈、启、揉、匀等多道工序，制成粗细如发的柔软竹丝，经烤色、染色，再按茶具内胎形状、大小编织嵌合，使之成为整体如一的茶具。这种茶具，不但色调和谐，美观大方，而且能保护内胎，减少损坏；同时，泡茶后不易烫手，并富含艺术欣赏价值。因此，多数人购置竹编茶具，不在其用，而重在摆设和收藏。

（5）玻璃茶具

在现代，玻璃器皿有较大的发展。玻璃质地透明，光泽夺目。外形可塑性大，形态各异，用途广泛，玻璃杯泡茶，茶汤的鲜艳色泽，茶叶的细嫩柔软，茶叶在整个冲泡过程中的上下穿动，叶片的逐渐舒展等，可以一览无余，可说是一种动态的艺术欣赏。特别是冲泡各类名茶，茶具晶莹剔透。杯中轻雾缥缈，澄清碧绿，芽叶朵朵，亭亭玉立，观之赏心悦目，别有风趣。而且玻璃杯价廉物美，深受广大消费者的欢迎。玻璃器具的缺点是容易破碎，比陶瓷烫手。

(6) 金属茶具

自秦汉至六朝,茶叶作为饮料已渐成风尚,茶具也逐渐从与其他饮具共享中分离出来。大约到南北朝时,中国出现了包括饮茶器皿在内的金属器具。到隋唐时,金属器具的制作达到高峰。

20世纪80年代中期,陕西扶风法门寺出土的一套由唐僖宗供奉的鎏金茶具,可谓是金属茶具中罕见的稀世珍宝。但从宋代开始,古人对金属茶具褒贬不一。元代以后,特别是从明代开始,随着茶类的创新,饮茶方法的改变,以及陶瓷茶具的兴起,才使金属茶具逐渐消失,尤其是用锡、铁、铅等金属制作的茶具,用它们来煮水泡茶,被认为会使"茶味走样",以致很少有人使用。但用金属制成贮茶器具,如锡瓶、锡罐等,却屡见不鲜。这是因为金属贮茶器具的密闭性要比纸、竹、木、瓷、陶等好,具有较好的防潮、避旋旋光性能,这样更有利于散茶的保藏。因此,用锡制作的贮茶器具,至今仍流行于世。

四、实验操作

(一) 茶叶审评的意义

茶叶的审评在收购、拼配、销售、科研中十分重要,是茶叶等级和规格的主要技术依据。目前国内外贸易活动中仍采用感官检验审评茶叶。技术性强,有严格的评审制度。往往需要认识和掌握各种茶叶的特征,以及外形和内部质量优劣的情况,审评结果才能正确可靠。

茶叶的品质主要是依靠人的感觉(视觉、嗅觉、味觉、触觉)来鉴定。相对于理化检验,茶叶感官审评的主要内容是茶叶品质、等级、制作等质量问题,包括外形、汤色、香气、滋味、叶底五项,简称"五项因子",相应定义了500余条专用评茶术语。

(二) 茶叶感官质量审评的实施条件

感官审评需要有一个适合的评茶室,室内光线要充足、均匀,避免阳光直射。室内墙壁、门窗、天花板宜涂成白色,并安装足够的灯管在自然光较少时用。评茶室要求干燥清洁,最好设在楼上远离有异味的场所。评茶室设有干评台、湿评台、样茶柜架,分别用于审评样茶外形、内质及存放茶样。评茶需要如下专门用具:

(1) 审评盘:用于审评茶叶外形,以木质为宜,涂成白色,形状有方形和长方形,规格为23 cm×23 cm×3 cm或25 cm×16 cm×3 cm。

(2) 审评杯:用来泡茶和审评香气,瓷质白色,杯盖上有一小孔,在杯柄对面的杯口上有一弧形或锯齿形,容量一般为150 ml。

(3) 审评碗:用于审评汤色和滋味,白色瓷质,容量与审评杯一致。

(4) 叶底盘:审评叶底用,一般为木质,涂成黑色,有正方形(10 cm×10 cm×2 cm)和长方形(12 cm×8.5 cm×2 cm)两种。

(5) 天平秤:用来称量茶叶。

(6) 计时器:用来记录开汤的时间。

(7) 网匙:用于取茶汤中的碎片茶渣。

(8) 茶匙:取茶汤评滋味用。

(9) 吐茶筒:审评时吐茶及盛废水茶渣用。

(10) 烧水壶:用于烧开水。

(三) 茶叶感官质量审评的步骤

茶叶感官质量审评可以分为干评和湿评。按外形、香气、汤色、滋味、叶底的顺序进行。不同类别的茶叶,彼此间有较大差别。同类茶叶不同等级的质量特征也可在审评中区别出来。一般操作程序为:

1. 把盘

审评精茶外形一般是将茶样倒入木质审评盘中,双手拿住审评盘的对角边,一手要拿住样盘的倒茶小缺口,用回旋筛转的方法使盘中茶叶分出上中下三层。一般先看面装和下身,再看中段茶。外形包括形状、色泽、级别、老嫩、整碎、净度等内容。各种商品茶都有特定的外形,与制茶方法密切相关。审评外形,各种茶的共同之处在于要求形态一致,以规格零乱、花杂为次,在依据实物标准样划分等级时,尤其强调嫩度、整碎和净度。

2. 开汤

俗称泡茶或沏茶,为审评内质重要步骤。一般红、绿、黄、白散茶,称取3 g投入审评杯内,然后以慢快慢的速度冲泡满杯,5分钟时按冲泡次序将杯内茶汤滤入审评碗内。开汤后应先嗅香气,快看汤色,再尝滋味,后评叶底(审评绿茶有时先看汤色)。

3. 嗅香气

嗅香气应一手拿住已倒出茶汤的审评杯,另一手半揭开杯盖,靠近杯沿用鼻轻嗅。为了正确辨别香气的类型,高低和长短,嗅时应重复一两次,但每次嗅的时间不宜过久,一般是3秒左右。嗅香气应以热嗅、温嗅、冷嗅相结合进行。热嗅重点是辨别香气正常与否及香气类型和高低,温嗅能辨别香气的优次,冷嗅主要是了解香气的持久程度。茶叶中已知的香气成分达百种之多,组分的差异就形成了各种不同的香气,如绿茶多具清香,红茶显糖香,黄茶有甜熟香,乌龙茶呈花果香,白茶透毫香,黑茶带陈香,各种花茶尚含附加的花香。

4. 看汤色

汤色是指冲泡茶叶后,沥入审评碗中茶汤呈现的颜色、亮度与清浊度。就茶叶本身而言,不同的茶树品种、加工技术和贮运等因素,都影响汤色,如绿茶多明绿,红茶显红亮,乌龙茶橙黄(红),黄茶、白茶呈黄色,黑茶具棕色等。但审评不同茶类对汤色的明暗、清浊的要求是一致的:汤色明亮清澈,表示品质好;深暗浑浊,则品质表现差。

5. 尝滋味

尝滋味时茶汤温度要适宜,以50℃左右为佳。评茶味时用瓷质汤匙从审评碗中取一浅匙呷入口内,由于舌的不同部位对滋味的感觉不同,茶汤入口后在舌头上循环滚动,才能较正确全面地辨别滋味。审评滋味主要按浓淡、强弱、爽涩、鲜滞、纯异等评定优次。审评不同的茶类,对滋味的要求也有所不同,如名优绿茶要求鲜爽,而红碎茶强调滋味浓度等,但各类茶的口感都必须正常,无异味。

6. 评叶底

将冲泡过的茶叶倒入叶底盘或审评盖的反面,先将叶张拌匀、铺开、撤平,观察起嫩度、匀度和色泽的优次。不同茶叶的叶底形态、色泽不尽相同,如绿茶色绿,红茶具紫铜红,青茶红绿相映,黑茶深褐,黄茶呈黄色,白茶多显灰绿。又如条形茶的叶底芽叶完整,而碎茶则细碎匀称。各类茶也有相同之处:均以明亮调匀为好,以花杂欠匀为差。茶叶品质审评一般通过上述五个项目的综合观察,才能正确评定品质优次和等级价格的高低。

审评结果可以填写下表:

表 5.3　茶叶感官质量审评表

茶叶品种	级别	干茶外形	茶汤			叶底	审评意见
			香气	汤色	滋味		

五、实验评价

（1）实验态度(25分)。学生进行茶叶感官质量审评实验，要树立严谨治学的态度，切不可将实验和品鉴混为一谈，更不能将实验室视为茶馆，端正实验态度是实验评价的重要指标。

（2）实验准备(25分)。实验准备包括知识的储备和实验工具材料的准备。实验工具材料由指导教师统一提供，知识的储备包括茶叶基本知识及茶叶感官质量审评的基本程序，实验准备直接影响到实验效果。

（3）实验过程(25分)。实验过程中，重在考查学生是否能够按照茶叶感官质量审评的基本程序进行操作，按照把盘、开汤、嗅香气、看汤色、尝滋味、评叶底的顺序依次进行。

（4）实验结果(25分)。重在考查学生通过实验得到的实验结果，是否和实际结果相符以及相符的程度，两者之间相符程度越高，得分则越高，反之则越低。

六、实验范例

"六安瓜片"感官质量审评

六安瓜片品质独特，成品与其他绿茶大不相同，叶缘向背面翻卷，呈瓜子形，自然平展，色泽宝绿，大小匀整。每一片不带芽和茎梗，微向上重叠，形似瓜子，内质香气清高，水色碧绿，滋味回甜，叶底厚实明亮。假的则味道较苦，色比较黄。六安瓜片宜用开水沏泡，沏茶时雾气蒸腾，清香四溢；冲泡后茶叶形如莲花，汤色清澈晶亮，叶底绿嫩明亮，气味清香高爽、滋味鲜醇回甘。六安瓜片还十分耐冲泡，其中以二道茶香味最好，浓郁清香。

表 5.4　不同品级六安瓜片的特征

品级	形状	色泽	嫩度	净度	香气	滋味	汤色	叶底
一级	形似瓜子匀整	色绿上霜	嫩度好	无芽梗漂叶和茶果	清香持久	鲜爽醇和	黄绿明亮	黄绿匀整
二级	瓜子形较匀整	色绿有霜	较嫩	稍有漂叶	香气较纯和	较鲜爽醇和	黄绿尚明	黄绿匀整
三级	瓜子形	色绿	尚嫩	稍有漂叶	香气较纯和	尚鲜爽醇和	黄绿尚明	黄绿匀净
极品	瓜子形，平伏，大小匀整	宝绿上霜	嫩度高显毫	无芽梗漂叶和茶果	清香高长持久	鲜醇回味甘甜	清澈晶亮	嫩绿鲜活
精品	瓜子形匀整	翠绿上霜	嫩度好显毫	无芽梗漂叶和茶果	清香高长	鲜爽醇厚	清澈晶亮	嫩绿鲜活

1. 把盘

(1) 望色。通过观望应具备铁青(深度青色)透翠,老嫩、色泽一致,说明烘制到位。

(2) 闻香。通过嗅闻应具备茶的清香透鼻的香气,尤其是有如烧板栗那种香味或幽香的为上乘;有青草味的说明炒制功夫欠缺。

(3) 嚼味。通过细嚼应具备头苦尾甜、苦中透甜味觉,略用清水涮口后有一种清爽甜润的感觉。

(4) 观形。通过察看应具备片卷顺直、长短相近、粗细匀称的条形,可见形状大小一致、炒功到位。

2. 开汤

茶具一般选用白瓷茶杯(碗),以泉水或深井水为佳,没有条件的可选用矿泉水或纯净水等 PH 值近于中性的水质为适宜。根据茶具容量,放入茶叶适量,清淡适中,不宜过多。为避免片茶原香流离,主张用开水高冲、缓收、起壶至茶具 2/3 处加盖稍候片刻(新嫩茶不宜满加盖)。片刻后,即可审评。

3. 嗅香气

靠近杯碗口或口面,感觉是否有悠悠的茶叶清香;以其香味浓度体验茶叶的香醇。

4. 看汤色

用碗盖浮动茶叶查看汤色,一般是青汤透绿、清爽爽的,没有一点的浑浊。其叶片颜色一般是谷雨前 10 天的茶草制作的新茶,泡后叶片颜色有淡青、青色的,不匀称。相近谷雨或谷雨后茶草制作的片茶,泡后叶片颜色一般是青色或深青的,而且匀称,茶汤相应也浓些、若时间稍候一会儿青绿色也深些。干茶开水发汤后,先浮于上层,随着叶片的开汤,叶片一一地自下而上陆续下沉至杯碗底。有原来的条状变为叶片状,叶片大小近同,片片叠加。

5. 尝滋味

通常是先慢喝两口茶汤后,再小呷细细品味,正常都有微苦、清凉、丝丝的甜味;叶片营养生长丰厚的茶草制作的片茶,沏泡的茶汤,往往能够使你明显感觉到茶汤的柔度。

6. 评叶底

将冲泡过的茶叶倒入叶底盘或审评盖的反面,先将叶张拌匀、铺开、撤平,观察起嫩度、匀度和色泽的优次。优质六安瓜片叶底应当黄绿匀整。

训练二 CIS 设 计

一、实训任务

(1) 要求学生把 CIS 设计的理论运用到实践中,联系有关项目,为某个项目设计具体的形象策划方案。

(2) 要求学生依据企业形象设计的内容,根据具体的情况,对 CIS 设计中的"理念识别"、"行为识别"和"视觉识别"分别进行设计。

(3) 要求学生通过"CIS 设计"实训项目的训练,更好地理解企业形象策划的重要作用,掌握企业形象策划的基本技能。

二、实训要求

（1）要求教师对"CIS设计"在市场营销活动中的实践应用价值给予说明，调动学生参与实训项目的积极性。

（2）要求教师对CIS设计的"MI""BI""VI"三个子系统设计的操作步骤、设计思路和设计方法进行具体指导。

（3）要求学生为所在学校进行形象策划。通过对所在学校背景调查，结合企业形象设计的内容，正确运用企业形象策划的原则、步骤和时机，加深对企业形象策划的理解，树立正确的企业形象策划理念。

（4）要求教师提供"CIS设计"实训范例，供学生操作参考。

三、理论指导

（一）企业形象策划的概念

企业形象策划是指企业形象识别系统策划，是将企业经营理念与精神文化运用统一的整体传达系统传达给企业周边的关系或团体，并使其对企业产生一致的认同感与价值观，从而达到形成良好的企业形象和促进企业产品销售的实际系统的策划。

企业形象策划不同于局部的营销策划，它是一个系统工程，也是一个整体系统，包括有理念识别策划(MI)、行为识别策划(BI)、视觉识别策划(VI)三个子系统组成。这三个系统有机结合在一起，相互作用，形成完整的企业识别系统。

企业形象策划中的三大基本要素各具特色，并且重点各不相同。理念识别策划是企业最高层次的思想系统和战略系统，它是企业的灵魂，是企业形象策划的核心和原动力，通过行为识别策划、视觉识别策划表现出来。行为识别策划是企业内外各项运行活动的行为方式，是动态的识别形式。它规范着企业内部的组织、管理活动与对外的经营过程和社会活动，实际上是企业的运作模式。视觉识别策划是体现企业经营理念，精神文化的外在视觉形象设计，是企业形象策划最直观最外在的部分，是静态的识别符号，也是企业形象策划中与社会公众联系最为密切、影响层面最为广泛、能直接快捷地向社会传递企业信息的部分。同时视觉识别策划本身具有美学价值，能艺术地提升企业形象。如果把企业形象策划比喻为人的形象策划，那么理念识别策划是人的思想策划，行为识别策划和视觉识别策划则分别是人的行为举止和外表形象策划。三者共同构成了企业形象策划的完整内涵。

（二）企业形象策划的特征

1. 多面性

企业形象不是挂在墙上的一幅单调的平面绘画，它是社会空间中的企业组织在公众心里的立体反映。由于公众的层次不同，观察的角度不同，需求不同，每个人都可能从个人的需要角度，站在特殊的角度上来观察同一个企业行为，该企业的形象特征在公众心目中就明显带有这一角度所看到的侧面。例如，政府官员与普通客户对一个企业组织的评价取向往往不同，政府官员注重企业的总体价值、社会价值和长期发展价值，而客户则更多地注重产品本身的价值。从总体上来看，不同的企业其社会存在的价值不同，目的也不同。所以不能对所有企业提出同样的形象要求，这说明每一家企业的形象都存在着多面性。

2. 创新性

企业形象策划的思维过程是一种创造性思维。策划设计往往追求独创性，以新颖的策划设计方案提高企业形象活动成功的概率。创新性是企业形象策划的生命力,它集知识、智慧、谋划、新奇于一身,不断放射出耀眼的光芒,成为当今企业谋求发展的一大法宝。只有创新的企业形象行为才能吸引公众的眼球,才能吸引公众参与企业形象活动,在活动中接受企业形象的信息,达到塑造企业形象的目的。任何成功的企业形象策划都是具有创新的策划。

3. 可变性

人们对某一事物的形象的形成有赖于信息的刺激,人们对这一事物的形象的改变也借助于信息的刺激,就一般认识规律,事物对人们的刺激使人们产生了对该事物的认识、理解、评价,从而在心目中形成该事物的形象。同样的道理,要想改变这一形象也是可能的,只是需要一个更加强烈的刺激而已。企业形象的形成与改变也是同样的道理。

4. 思想性

企业形象策划过程是一种思维过程,它依赖于受到思想特质支配的人脑的制约,并通过策划者对社会环境、企业条件和策划目标的分析来完成。思维方式是人类运用思维规律、思维方法进行思维活动的综合表现形式,是人类进行思维的具体模式,随着科学技术的进步、社会生产方式的变革而变革。不同的文化背景出现不同的思维方式,不同的思维方式产生不同的谋略策划,并产生不同的效果。因此,在策划时要充分考虑所处国家的政治、经济、文化、民族心理、价值观等,并且作为一种社会活动在思想上要做正确的引导。

(三) CIS 策划设计

1. MI——理念识别策划

CIS 策划开始于 MI。MI 是 BI 和 VI 的基础,即 BI 和 VI 都是在 MI 的基础上设计与实施的。MI 策划主要包括企业理念的开发、企业理念的定位和企业理念的实施等内容。

(1) 理念识别的定位

理念识别主要有如下类型:目标导向型、团结创新型、产品质量与技术开发型、市场营销型、优质服务型。

① 目标导向型。用精炼、概括的用语提纲挈领地反映企业追求的精神境界和经营战略目标。

② 团结创新型。用简洁、精炼、概括的用语反映企业团结奋斗的优良传统以及拼搏、开拓、创新的团队精神和群体意识。它的主要目标是企业的内部公众。

③ 产品质量、技术开发型。用简洁、精炼、概括的用语突出强调企业名牌产品的质量,或强调尖端技术的开发意识,以此来代表企业精神,展示企业形象,有效传达企业对社会的贡献。

④ 市场营销型。它的目标是外部公众,强调市场的覆盖和开拓,争创最佳的经济效益。

⑤ 优质服务型。它的主要目标也是企业的外部公众,它着重强调的是"顾客是上帝"。

(2) 企业理念的应用

企业理念主要用于标语、口号、广告、企业歌曲。

① 标语、口号。标语用于横幅、墙壁、标牌上,陈列起来或四处张贴使员工随时可见,形成一种舆论气氛和精神氛围。口号是用生动有力、简洁明了的句子,呼之于口,一呼百应。标语和口号表达方式可以是比喻式、故事式、品名式和人名式等。

② 广告。企业理念一般比较稳定,而广告语可以根据不同时期、不同地域、不同环境灵活改变。

③ 企业歌曲。优秀的企业歌曲能够激发人们团结、奋进、向上的激情。

2. BI——行为识别策划

BI(行为识别策划),包括企业内部的行为识别和企业外部的行为识别。

(1) 内部的行为识别

进一步规范企业内部行为是 BI 设计的关键内容,包括员工招聘、员工考评等。

(2) 外部的行为识别

企业外部的识别行为主要包括广告行为、推销行为、推广行为、公共关系等。

3. VI——视觉识别策划

在企业的视觉识别系统中,包含两类要素:基本要素和应用要素。

VI 的基本构成要素有企业名称、企业品牌、标志、标准字、印刷字体、标准色彩、企业象征造型及企业标语口号等。这些基本要素不仅单独予以应用,而且通过标准组合整体地构成企业识别标志应用于企业生产经营过程中,从语义名称、形象感染、色彩冲击三方面传播企业视觉识别形象。

(1) 企业名称

企业定名的要诀在于:① 简洁,越单纯、明快的名称,越易于和消费者进行信息交流,易于刺激消费者的遐想;② 特殊,强调特殊性独一无二;③ 新异,名称新颖奇异,标新立异;④ 响亮,取名节奏感强,响亮有气势;⑤ 巧妙,巧妙利用联想的心理现象,使企业名称能给人以好的、吉利的、优美的、高雅的等多方面提示和联想,较好地反映出企业的品位,在市场竞争中给消费者好的印象。

(2) 标志设计

企业在标志的设计中必须注意:简洁鲜明,富有感染力;把握一个"美"字,使符号的形式符合人们对美的共同感知,在保持相对稳定性的同时,也应具有时代精神,做必要的调整修改。世界各地企业标志设计的发展趋势,总的特点是出现了"感性凌驾理性"的发展新趋势。

(3) 标准字设计

所谓标准字设计是指一个企业在各种场合下使用各种宣传内容(包括广告、标志、名称以及各种媒体)都要使用统一的字体。确定标准字的原则在于:① 集中表现企业理念;② 体现企业的统一性和独立性,通过标准字加以统一和规范,给人以独特完整的形象;③ 给人一种可靠和稳定的感觉。

(4) 企业标准色

在视觉识别中,标准色占有十分重要的位置,确定标准色时要体现商品的特性并能感染公众。比如,日常食品的标志是红色,能够引起食欲的颜色有红色、橙色、茶色、不鲜明的黄色、温暖的黄色、明亮的绿色,统称为"食欲色"。纯红色不但能引发食欲,还能给人以"好滋味"的联想。绿色较容易给人以好感。

(四) 企业形象策划的过程

1. 企业形象调研

为了增强导入企业形象行为的目的性,使企业形象的设计开发取得更好的成效,必须对企业的形象进行广泛而深入的调查。调查报告是否完善、充实,是决定企业形象策划成败的关键。

(1) 企业形象调研的程序包括调查准备阶段、资料收集阶段、整理分析阶段、报告写作阶段和总结评估阶段。

(2) 企业形象调查的内容包括企业外部环境调查、企业内部环境调查以及企业形象调查。

2. 企业形象策划方案制定

通过企业形象调查研究，了解企业形象环境，确定企业形象问题。企业为完善自身形象或进一步提高自己的形象需要制定具体的行动方案。分析现有条件，并设计最佳行动方案的过程。企业形象策划方案制定程序如图 5.1 所示。

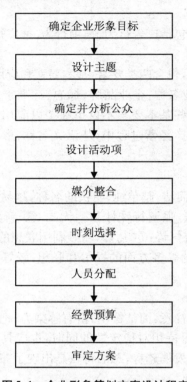

图 5.1　企业形象策划方案设计程序

3. 企业形象策划方案实施

企业形象活动方案的实施，是企业形象方案所规定的目标和内容变为现实的过程，是整个企业形象工作中最为复杂、最为多变、最为关键的环节。一项企业形象计划的实施，其重要性足以和制订方案本身相比，在某种意义上，甚至比方案的制订更为重要。

4. 企业形象策划评估

在提出企业形象活动实施效果的标准和要素后，企业形象评估人员该做的就是认真比较预期与实际实施效果之间的差距。在比较差距的过程中，重要的是寻找发生差距的原因。在提出评判的标准时，必须先找到一个基点，以这个基点的数量为准来衡量实际的情况。

通过比较，评估人员可以在大量原始记录和数据中，仔细搜索和考查发生差距的原因，撇去主观人为因素的影响，更多地从客观的角度去审查原因的发生。这样，从中提出的看法会更有助于今后企业形象活动的改进。

四、实训操作

(1) 以班为单位分为若干组，每小组 5～10 人。
(2) 每小组分别为所在学校进行形象策划。
(3) 各小组分别提交形象策划方案，由教师和学生共同评分，选出优胜组。

五、实训评价

"CIS 设计"实训项目,总分 100 分,实训评价标准及其评估分值如表 5.5 所示。

表 5.5　CIS 设计评价标准及其评价分值

评价指标	评价标准	评价成绩(100 分)
1.MI 设计(30 分)	① 学校使命清晰(10 分) ② 学校精神概括准确(10 分) ③ 办学思想清晰(10 分)	
2.BI 设计(30 分)	① 学校管理行为策划合理(10 分) ② 公关策划新颖(10 分) ③ 学校宣传材料新颖(10 分)	
3.VI 设计(40 分)	① 学校视觉识别设计合理(10 分) ② 学校校标新颖(10 分) ③ 学校校训设计准确(10 分) ④ 校徽设计新颖(10 分)	

六、实训范例

范例一　中国建筑工程总公司企业形象策划方案

近年来,我国大型国有企业集团的改革一直是政界、理论界与商界关注和讨论的话题,这些企业集团很多都属于国有资产管理体系的中介组织,主要是以行政力量建立起来的集体企业,但在实际的市场运作中却遇到了种种梗阻。行政纽带和有形资产在某种程度上都未能使集团企业成为一个真正统一的实体,集团的优势并没有充分地发挥出来。梗阻产生的原因是什么?该如何解决?

下面我们将从这个案例中进行分析,希望能够从企业形象的角度找出以上问题的答案。中国建筑工程总公司(简称"中建")成立于 1982 年,由建设部授权统管八个工程局的运作,由此成为工程局(企业)与建设部(政府)之间的中介。中建下属 8 个直属工程局(早在 20 世纪 50 年代就已形成,直属建设部)、6 个勘察设计院、44 个子公司、57 个驻外机构。这样庞大的企业机构,实际上是先有子后有母的一种存在方式(即先有子公司、分公司,后有总公司),无论从企业的规模还是企业的经营业绩来说,中建都是当之无愧的龙头老大。到 1996 年的时候,集团公司办公厅的刘主任提出来在中建全系统贯彻 CI 和启动 CI 系统。

他们为什么会在这种时候提出导入 CI 的这件事呢?刘主任本人以前曾是中建总公司在香港的一个海外集团的办公室主任,他本人在市场的运作过程中,充分接受了真正的市场经济体制的竞争模式。从他上调到总公司之后,即上报总公司领导,建议公司全面导入 CI。因为他以前所在的中国建筑海外公司,已经在香港聘请一家策划公司导入过 CI,效果良好,同时中建总公司本身对于自身的要求(包括员工素质、建筑质量等)也想进一步提高。

CI 一切的工作必须在调研的前提之后,才能正式入手,对中建的调研是相当困难的,因为中建在全国几乎所有的城市都有其分支机构,所涉及的人员庞大到无法统计的地步。于是我们根据这种情况就采取了一些行之有效的方法(如大规模问卷和小规模访谈的方式),进行了将近一个月的调查,基本上了解到中建的大致情况,包括中建在海外的分支机构。

做访谈的工作尤其是对企业决策领导的访谈,是 CI 工作里非常重要的环节。企业的决策层一定要在 CI 整个项目过程中投注相当一部分的精力,而不是说单单委派下面的人和 CI 公司对接就可以了,因为决策层是一个企业的灵魂(从人的角度来说),决策层领导的一言一行,他的观点、他的意见是否正确等,是 CI 成败的关键问题。

中建的领导层在思想上已接受了 CI 的理念,在相互的接触当中,有了相互深入的了解。我们在进行 CI 之前,必须了解决策层的意见,中建的总体需求有如下:

(1) 企业家需求:做决策层访谈目的就是要充分了解企业家的需求,企业在什么方面需要重点做企业形象建设的工作相当重要。

(2) 相互沟通:希望这些企业的决策层能够充分了解策划公司的想法,在企业导入 CI 的前体下,有一个相同或相似的认同。

(3) 市场调研:要在市场上通过调研来检验策划公司的做法和企业决策层的想法以及市场的需求是不是能够达成共识,这也是 CI 全部工作中第一件要做的事情。

中建决策访谈:决策层访谈领导 6 人,共 26 人次(一对一访谈),执行层访谈 126 人次,座谈会 8 人次,工地走访 20 个,涉及城市 6 个,发放问卷 200 余份。

经过访谈和工地实地走访以及问卷的调查,发现中建内部员工对企业只是有一个初步的了解,而企业外的人员大都只知中建是一个建筑公司,至于有多大规模、实力、信誉等都无从知道,而且品牌识别相当混乱,有的打中建一局、有的打中建某公司等牌子。根据调研的结果,我们向中建递交了调研报告。当时中建的问题可以归纳为一句话,即集团"集而不团",没有形成真正的一体化。

通过这个调研之后,接下来的任务是为企业明确它的发展战略,因为这也是一切后续工作的基础。用了近一个月时间,包括调研资料分析,与企业领导层的多次沟通,最终制订了如下的发展战略:

企业发展战略定位:"五最四跨"战略目标。

"五最四跨":人才最集中,跨行业;科技最先进,跨地区;资本最雄厚,跨所有制;管理最科学,跨国;效益最佳化。

这里的"四跨"目标,并不是一个新的构想,中建本身现已有了这四跨的范畴,将这四跨进一步落到实处,形成一个新的起点,使每一项进行一个更加明确的规化,使企业有一个清晰的认识。而"五最"的目标希望在 8 年的时间内实现,当然这仅指建筑业的"五跨"。

企业形象定位:中国最大的、跨国经营、建筑承包、企业集团。

这既是一句话,同时又是四个单项定位。企业定位简练、集中,把企业的基本形态勾勒出来。只有一个明确的战略目标确立之后,才能入手一些具体的东西,如设计工作。

首先从它的标志入手,一个企业的标志不是好看不好看的问题,应该是这个标志能够真正表达出企业的战略、企业的经营思想等,这样才是一个好的标识。

图 5.2 是中建的中英文全称,标识是中建需要表达的内容。用英文的缩写构筑成一个建筑物的形态,再放在一个非常坚实、稳定框架之中,构成完整的标识。为什么要采用英文的缩写呢? 因为中建本身是一个跨地区、跨国经营的企业,所以必须就要有一个国际的语言,达到一个国际规范。这个标识本身很普通,也不见得好看,但正确地、准确地表达了企业形态的标志。

图 5.2　中国建筑工程总公司中英文全称

CI 设计中最基本的核心要素有标志、标准色、标准字。关于标准字,中国的企业,不仅仅是大中型企业,即使小到一个餐馆都喜欢找一些名人、领导题字。对于市场经济来说,这种方式没有任何实际意义的,应该放弃。中建本身也有一个请人书写的字体,在保留原有字体的前提下,重新设计了标准字。企业的标准字也要在一定程度上传达企业自身的形象,这一点非专业人士是无法办到的。开始在中建的全系统执行实施,但是实施的难度是非常之大的。因为各个下属子公司不认账,觉得没有必要,最后采取下发红头文件的形式硬性贯彻,先实施后消化,时间一长就会接受的。

同时为了 CI 的工作有一个正式的开端,举行了 CI 新闻发布会,CI 新闻发布会是相当重要的,就如跑步比赛时,有一个发令枪似的。

关于理念方面,提出了"创造、希望、个人"这六个字理念,同时也去努力发掘中建作为建筑公司在各方面的文化发展。要在建筑行业不断培养行业的文化氛围和文化思想,不是专门盖房子,而是对人、对社会、对于家庭非常具体的关照。也让员工通过这些理解,超出建筑施工最原始的境界来理解建筑工程公司。

针对这些情况,制定了一系列的理念口号,如"把现代生活信息传至每个角落是我们的美好愿望"。民用建筑的口号:把我们的爱心,融于典雅的社区环境,为世人构筑一个温馨的家庭。我们要让每一个工人都要理解这些话的意思,我们所建的每一个住宅小区是为千家万户构筑一个温馨的家园,而不是说将钢筋、水泥、砖堆砌在一起就完事。只有在全系统真正设立了这样的概念,才可能在每一个环节达到更好的目的,对于企业形象的构筑来说是相当重要的。

通过 CI 的全面推进,中建发生了非常大的变化。中建 CI 项目的最大成果是形成了中建的统一视觉形象。CI 解决了中建"集而不团"的问题,且 CI 的推进对他们的管理来说仍然起到了非常好的作用。例如,中建的员工大都是一些民工,相对来说文化水平不是很高,但是因为有了统一的着装之后,工人在自信心方面有了很大的提高,整体面貌也焕然一新,不再像以前那种散兵游勇似的,也有的员工特意穿上服装去拍照,寄回老家。

因为企业形象的提升,经营业绩也随之提升,国外有很多投资商到中国来做房地产开发等,他们到很多城市都指明要中建,为什么呢?因他们在海外的许多地方都曾看到过中建的统一形象,并且产生了良好印象。

经过一年多的 CI 推广,中建总公司现在有了一个新的提高,尤其在以下几个方面:

(1) 管理问题:诸侯割据——天下一统;

(2) 品牌问题:混乱不清——清晰统一;

(3) 市场问题：局部市场——整体市场；
(4) 进入百家国际最大承包商排行榜；
(5) 被评为世界十大房屋城建商第七名；
(6) 被评为中国五百家最大服务企业国际经济合作类榜首。

中建CI项目的主要成功因素在于该项目的有效推广和执行。

首先，集团的高层领导对于统一形象的推广始终持坚定的意见。如上所述，中建下属的某些单位由于难以舍弃已有的无形资产，CI导入初期曾有抵触情绪和行为，这时，就需要集团高层领导有高瞻远瞩的气魄和胆识，他们以核心领导层的坚定信念保证了CI的迅速推广。

其次，采用多样化的监督和奖罚方式提高CI推广和执行的效果。CI的成功推广除了要有高层领导的坚定意见，还要因地制宜地采用多样化的监督和奖罚方式。在这方面，设计公司与中建总公司共同研究和思考，创造出有效的监督和奖罚办法。

最后，员工的积极配合也是CI成功的重要因素。员工是企业有形产品和无形服务的最终制造者，他们对CI的接受、理解和认可程度以及对CI推广的配合程度，直接关系到CI产生的经济效益的大小。中建的员工在整个CI过程中始终持积极态度，这一方面是由于推广和执行手段的有效运用，另一方面或更重要的是员工对企业导入CI的理解和自豪感。

中建的案例告诉我们，CI的成功不仅要有无限的创意、缜密的思维、系统的设计，更要有从最高层领导到最基层员工企业全员的真正理解和配合，不然，再完整、科学的CI策划也只是一纸无用的文书。

范例二　企业形象设计案例分析——中国移动通信

现今的网络通信市场，已经进入一个买方市场时代。俗话说，酒香不怕巷子深。到了今天这个多元选择的时代，恐怕得改成"酒香还要多广告"。套用到专业领域，就是导入CIS战略。将企业形象广而告之，通过量身定做的CIS战略系统，打造企业的个性与美感，从而使其在市场中占有一席之地。

中国移动通信集团公司（英文：China Mobile Communications Corporation，简称China Mobile，首字母缩写为CMCC)是一家基于GSM网络(即GPRS网络)的移动通信运营商，简称中国移动，前身为中国电信移动通信局。于2000年4月20日成立，由中央政府管理。2000年5月16日正式挂牌。注册资本为518亿元人民币，资产规模超过7000亿元。中国移动是中国唯一专注于移动通信运营的运营商，拥有全球第一的网络和客户规模，是2008年北京奥运会合作伙伴。国资委公布的2009年度运营状况显示，中国移动通信集团以利润总额1484.7亿元再次蝉联榜首。

中国移动通信集团公司标识是一组回旋线条组成的平面，造型为六面体的网络结构，象征着移动通信的蜂窝网络，如图5.3所示。线条纵横交错，首尾相连，由字母CMCC(中国移动通信集团China Mobile Communications Corporation的缩写)变形组合而来，两组线条犹如握在一起的两只手，象征着和谐、友好、沟通。中国移动通信一直致力于通过自己的服务，拉近人与人之间的距离。线条组成的图案在圆形(地球)之中，寓意中国移动通信四通八达，无处不在。

全图以沟通为诉求点，流畅的线条上下贯通、左右结合，体现出中国移动作为信息传递与情感交流的沟通纽带是值得信赖的企业,是中国移动"正德厚生、臻于至善"的企业核心价值观的集中体现。

中国移动通信 CIS 企业形象识别将企业经营活动以及运作此经营活动的企业经营理念或经营哲学等企业文化,运用视觉沟通技术,以视觉化、规范化、系统化的形式,通过传播媒介传达给企业的相关者,包括企业员工、社会大众、政府机关等团体和个人,以塑造良好的企业形象,使他们对企业产生一致的认同和价值感,以赢得社会大众及消费群的肯定,从而达成产品销售的目的,为企业带来更好的经营绩效。

中国移动通信
CHINA MOBILE

图 5.3　中国移动通信企业标识

(一) 中国移动企业文化理念系统——CI

中国移动通信企业文化的核心内涵是"责任"和"卓越",即要以"正身之德"而"厚民之生",做兼济天下、善尽责任、不断进步的优秀企业公民。

企业价值观:正德厚生,臻于至善。企业的价值观是企业持久和最根本的信仰,是企业及其每一个成员共同的价值追求、价值评价标准和所崇尚的精神。无论对于企业整体还是员工个体,价值观作为一把标尺,时刻衡量着我们自身的存在意义和行为方式。

1. 缘起

在中华民族源远流长的文化长河中,"坤厚载物"的责任感,"健行不息"的自强心,一直是浸染在中国这片土地上最深层的人文精神,并成为中华民族上下五千年生生不息的源泉和强劲动力。

从中国移动人迈出勇敢而坚实的第一步开始,踏实勤勉地承担责任、矢志不渝地追求卓越,就成为永恒不移的两条精神主线,它贯穿于每一步脚踏实地的行迹——搭建无数基站、建成数万公里传输、打造精品网络、提供一流服务、塑造优质品牌……在中国移动点点滴滴的成长、发展、壮大的过程中打下深刻的烙印。透过历史的沉淀,珍惜并传承担当责任的胸怀和追求卓越的精神,是对过往岁月的致礼和历经光荣的继承。

在当今这个日行千里的世界,经济与技术的发展、社会结构与文化的嬗变,使得电信行业面临着竞争日益全球化、技术不断更新、消费市场需求日趋复杂等诸多挑战。拥有承担责任的胸襟和追求卓越的勇气,是时代对中国移动的要求,更是中国移动把握当前机遇,发挥竞争优势,持续保持领先的自主选择。

这也同时意味着,在竞争更加激烈和多元的未来,中国移动必将一如既往地以"俯首甘为孺子牛"的坤厚无私为舵,以"直挂云帆济沧海"的豪迈进取为桨,去承载并实现中国移动基业长青、奉献社会、助力人类文明进步的梦想。

从这种意义上说,"正德厚生,臻于至善"正是中国移动内在信仰与精神的最佳体现。

"正德厚生,臻于至善"的价值理念成于千年、相辅相生。"正德厚生,臻于至善"表达言简而意赅,寓意深远而旷达,既传承了中华悠久历史当中"身、国、天下"的深厚文化底蕴,凝聚着中华民族沉积的文明,又彰显了中国移动追求卓越、勇担责任的社会时代精神;既体现了中国移动的独有特质,反映了文化体系的特色核心内涵,又阐释了中国移动的远大信仰,表达了中国移动人的理想和胸襟,融合了中国移动人的现代发展理念,是我们胸中神圣责任感的承载和我们追求卓越情结的传述。

2. 内涵

"正德厚生,臻于至善"既体现了中国移动独有的特质,又阐释了中国移动历来的信仰。"正德厚生,臻于至善"就是要求以人为本打造以"正身之德"承担责任的团队,就是要求成为以"厚民之生"兼济天下、承担社会责任的优秀企业公民,就是要求培养精益求精、不断进取的气质,锻造勇于挑战自我,敢于超越自我的精神。

(1) 正德厚生

"正德厚生"语出《尚书·大禹谟》:"德惟善政,政在养民。水、火、金、木、土、谷维修,正德、利用、厚生,惟和,九功惟叙,九叙惟歌",是一种在中华大地上传承千年的人文精神,是一种以"责任"为核心要义的道德情操。

"德"是对个体品性、修养、行为的要求和标准,"正德"是谓"正身之德",指人们的行为要符合道德要求,承担各自的责任和义务,表达了个体对自我的最高要求,充盈着人对自身严格的责任意识。

"生"指社会民生,甚至一切生命,"厚生"则谓"厚民之生",指要尊重、关爱、厚待社会民生及一切生命体,体现的是一种关爱民生、兼及天下的济世情怀。

"正德"强调个体责任和对自我的约束,"厚生"强调社会责任和对社会的奉献。"正德厚生"集成了中国传统文化与中国移动现代的企业精神,从精神层面上体现了中国移动人渴望担负重任的自我定位和选择。

"正德厚生"是中国移动的行为责任规范。中国移动的员工要以"责任"为安身立命的根本。中国移动在全集团倡导承担责任的自觉意识,鼓励承担责任的自觉行为。中国移动将本着负责任的态度处理好自身与用户、政府、合作伙伴、竞争对手、供应商和员工等各利益相关者的关系。这是中国移动作为一个企业通过承担责任对自身价值的彰显。

"正德厚生"是中国移动的社会责任宣言。中国移动事业的发展,是建立在社会总体经济发展的基础上。中国移动将以高度社会责任感,关怀社会民生,关注民众福祉,做一个优秀企业公民,通过各种实际行动回报社会。

中国移动将关注并尽力满足人与社会的合理愿望和切实需求,充分发挥企业优势,分享通信给人类带来的更为丰富便捷的高品质生活,使不断创新的科技成果为整个社会的和谐快速发展提供助力,展现了中国移动长远的眼光和笃实的志向。

(2) 臻于至善

"臻于至善"源自《大学》:"大学之道,在明明德,在亲民,在止于至善",是一种古已有之,奉行者甚众的事业理念,是一种以"卓越"为核心要义的境界追求。

"止"是"到达"的意思。"臻"也是"到达"的意思,同时"臻"还有"不断趋向、不断接近"的意思,用"臻"取代"止"表达了一种不断进取,不断超越,永不停息的精神。"至善",即最完善、完美的"理想境界"。"臻于至善"昭示的是一种永不止息、创新超越的"进取"心态,是一种对完善、完美的境界孜孜不倦追求的崇高精神,宣示了中国移动争取成为公认成功典范的自我定位。

"臻于至善"是一种状态,是一种不断完善、不断超越的状态。中国移动"臻于至善"的进程,是一个不断进取、上下求索、开拓创新、自我超越的持续提升过程,最终将引领中国移动成为其他企业学习和追赶的标杆。

"臻于至善"是一种境界,是一种按照事物内在的标准力求达到极致的境界。追求至善至美是中国移动不断提升、不断发展、从做大走向做强的内在驱动。意味着中国移动将以无畏的精神追求完美和极致,不留恋于历史的辉煌,敢于直面未来的竞争,在更大的地域范畴,在无限的技术领域,在更长的时间维度,不断创造历史的辉煌和高度。

"臻于至善"是一种位势,是一种站位领先的气势。它宣示了中国移动在未来通信行业乃至全球产业界的自我定位,那就是要力争在全球企业中站位领先。通过不懈的努力,成为同业乃至所有企业所公认的典范。

"正德厚生,臻于至善"是在中国移动企业发展历程中形成的特色文化的核心,是我们的灵魂,它体现了中国移动"先天下之忧而忧,后天下之乐而乐"的宽阔胸襟和责任意识,和"天行健,君子以自强不息"的进取斗志和卓越精神。

3. 承诺

秉承"正德厚生,臻于至善"的信仰,中国移动以承担责任的胸怀、追求卓越的精神,通过实际行动向客户、股东、员工、合作伙伴、竞争对手、社会公众郑重承诺。

对客户的承诺:做为客户提供卓越品质的移动信息专家。中国移动以创造卓越品质的产品与服务为永恒目标,以客户导向为经营原则。未来用户需求的重心将由"通信产品"延伸到"信息服务",这不仅意味着需求的领域得到拓展,更意味着需求的层次得到深化。中国移动将主动适应新需求、新竞争、新环境,以更加创新的思维,更加高效的流程,去开发更具吸引力的产品、提供更加优质的服务,及时、充分、持续地满足用户多样化、个性化、信息化的需求,以"专家"的精神开创品质卓越的移动信息服务,为人类的生活、学习和工作助力添彩。

对投资者的承诺:做最具价值的创造者。中国移动自创始之日起,就坚持以诚信为本,高度尊重所有投资人的权益,以高度负责的精神对待投资人的委托,信息公正透明,遵纪守法,建立并遵循有效的治理结构。中国移动将努力实现资源的最优配置,创造和保持优良业绩,始终处于行业发展的领先地位,确保企业的保值、增值,回报投资者长远利益,通过增强股东的信心,赢得股东的信任。

对员工的承诺:成为员工实现人生价值的最佳舞台。没有满意的员工,就没有满意的客户;没有人心的凝聚,就没有企业的发展。中国移动始终坚持员工与企业共同成长的管理理念,以人为本的人文主义眼光,充分关注人的价值与差异,以尊重为人力资源管理的基点和核心,最大限度地理解、关爱、信任和提升员工,营造员工合适的发展空间,帮助员工实现自我价值,促进其发挥所长,为企业发展、为社会进步创造更大价值。

对合作伙伴的承诺:成为引领产业和谐发展的核心力量。现代产业竞争已经由企业之间的个体竞争转变为价值链之间的整体竞争,产业价值链的综合实力对企业的竞争优势起着关键的作用。中国移动将建立互惠共赢的商务机制,与价值链各环节的广泛合作,建立紧密互动的沟通机制,巩固和发展产业共同体间健康和谐的伙伴关系,组建业界最为强大、牢固的产业联盟,以卓越的领导力和强烈的责任感推动"无限通信世界"的形成,引领、促进整个行业的健康持续发展。

对同业者的承诺:成为促进良性竞争、推动共同发展的主导运营商。中国移动充分尊重业内同行,遵守竞争规则。中国移动将同业者视为相互促进的产业伙伴,始终本着坚持公平、公正的原则,在电信法律法规和市场规则框架之下,与之展开积极、富有建设性的竞争。通过公平合理的竞争手段及公开透明的沟通解决机制,与同业者共同维护健康的市场秩序,促进市场规范,建立一个公正有序的行业生存和发展的空间,提升行业整体价值,实现同行间的相互促进与和谐发展。

对社会的承诺:做优秀企业公民。"企业公民"是构建社会主义和谐社会的重要组成部分,也是企业基业长青的必要条件。在寻求自我超越、获得辉煌成就的过程中,中国移动始终从全局着想,以促进社会全面、协调和持续的发展为企业行为的依据和目标。中国移动承诺始终争做品格健全、受人尊敬的优秀企业公民,在承担好基本商业责任、确保通信畅通的同时,积极承担社会责任,参与环保、教育等公益事业,以永不停息的事业追求改善人类生活质量,促进科技进步与文化繁荣,服务和谐社会。

企业使命:创无限通信世界,做信息社会栋梁。
中国移动的愿景:成为卓越品质的创造者。
企业经营宗旨:追求客户满意服务。
企业精神:改革创新、只争朝夕、艰苦创业、团队合作。
企业服务理念:沟通从心开始。
实施"新跨越战略":做世界一流企业,实现从优秀到卓越的新跨越。
战略定位:做世界一流企业,成为移动信息专家,成为卓越品质的创造者。
长期目标,成为卓越品质的创造者。
主要途径:打造卓越的运营体系,建设卓越的组织,培育卓越的人才。
重要举措:实施卓越工程,打造"一个中国移动(One CM)"。

(二) 中国移动通信行为识别系统——BI

行为系统是动态的识别形势,它规范着企业内部的组织、管理、教育以及社会的一切活动,实际上是企业的运作模式。通过这种运作模式,既实现了企业的经营理念,又产生一种识别作用。即人们可通过企业的行为去识别认知这个企业。

中国移动作为国务院直接管理的国有特大型骨干企业,肩负着我国通信业改革和走向世界的重任。企业文化建设必须着力于这一点,积极向外界展示国有企业良好的精神风貌。同时,随着融资渠道的拓宽,大部分子公司已相继在香港和纽约上市。作为境外上市公司,在企业运作上必然与传统的国企不同,这就要求这部分企业的企业文化要与新的企业运作模式要求相适应。例如:中国移动上海公司全力打造"移动世博"。然后松江移动分公司近日开展"迎世博提效行动",着力提升营业厅的服务质量。而且世博会期间,上海移动将在世博园区内搭建一个4G网络,让大家感受4G的技术。加上世博园80个移动信息亭,无处不在提供无线向导。这就是企业的行为识别。

(三) 中国移动通信视觉识别系统——VI

全球通(GO Tone)是中国移动通信的旗舰品牌,知名度高,品牌形象稳健,拥有众多的高端客户。伴随着中国移动业务的迅猛发展和中国移动全体员工的不懈努力,全球通已经成为国内网络覆盖最广泛、国际漫游国家和地区最多、功能最完善的移动信息服务品牌。这充分体现了"全球通"品牌的核心理念"我能"。"我能"源于"全球通"值得信赖的实力,代表着"全球通"与客户一起不断进取的决心;"我能"是坚忍不拔、超越自我的勇气,是坚持梦想、不懈追求的动力,是自信、乐观和笑看人生的胸怀;"我能"更是这个时代的主旋律,为时代喝彩!全球通VI如图5.4所示。

动感地带(M-zone)是中国移动为年轻人群量身定制的移动通信客户品牌,不仅资费灵活,还提供多种创新的个性化服务,给用户带来前所未有的移动通信生活。如图5.5所示。

"动感地带"(M-zone)是一种流行文化、一种生活方式!
"时尚、好玩、探索"就是M-zone人的DNA!

在我的地盘,只要我想做,有想法,就行动!一切不在话下!

没错!我就是 M-zone 人!

我讨厌一成不变,痛恨千篇一律。

我爱探索冒险,爱勇敢尝试,到哪都是我的地盘!

爱热闹、爱表达、爱被人关注。

我的朋友遍天下!随时随地分享快乐,够朋友,统统归入"动感地带"(M-zone)!

让沟通玩的精彩,让青春闪的灿烂!

图 5.4　全球通 VI

图 5.5　动感地带 VI

"神州行"是中国移动通信旗下规模最大、覆盖面积最广的品牌,也是我国移动通信市场上客户数量最大的品牌。它以"快捷和实惠"为原则,带着"轻松由我"的主张服务于大众。

"神州行"标志有卡通形象、品牌名称、品牌口号及底色框四部分组成。如图 5.6 所示。

标志主要由绿色和黄色构成,绿色代表神州大地,黄色象征阳光普照大地;"轻松由我"作为品牌口号,从功能和情感角度体现品牌利益点,传达出客户的生活追求,同时结合卡通形象,通过生动、活泼的设计营造出轻松、自由的氛围;英文 Easy own 中 Easy 代表轻松,own 一语双关,代表自己及拥有,体现出"轻松由我"。整体标志亲切、活泼,体现"神州行"给客户带来的轻松、便利和沟通感受。

图 5.6　神州行 VI

思考与讨论:

思考并讨论中国移动 CI、BI 和 VI 三者之间的相互关系。

训练三　广告创意设计

一、实训任务

在教师指导下,按照指定主题和规则,提供真实企业背景,学生可以通过团队合作的方式开展广告创意的构思和设计,以达到企业形象传播的特定目的。

二、实训要求

(1) 掌握广告的概念、种类及特点等基本知识。

(2) 掌握广告目标策略、广告信息策略、广告媒体策略及广告效果的测定。
(3) 了解广告理性诉求和感性诉求两种方式,并能够在实践中灵活运用。
(4) 了解广告创意的相关知识,掌握广告创意设计的一般程序,并能够结合实际进行操作。

三、理论指导

(一) 广告的概念、种类及特点

1. 广告的概念

广告一词源于拉丁语,有"注意""诱导""大喊大叫"和"广而告之"之意。广告作为一种传递信息的活动,是企业在促销中普遍重视且应用最广的促销方式。市场营销学中的广告是指广告主以促进销售为目的,付出一定的费用,通过特定的媒体传播商品或劳务等有关经济信息的大众传播活动。从广告的概念可以看出,广告是以广大消费者为广告对象的大众传播活动;广告以传播商品或劳务等有关经济信息为其内容;广告是通过特定的媒体来实现的,并且广告主要对使用的媒体支付一定的费用;广告的目的是为了促进商品销售,进而获得较好的经济效益。

2. 广告的种类

根据不同的划分标准,广告有不同的种类。

(1) 根据广告的目的划分

① 商品广告,它是针对商品销售开展的大众传播活动,根据产品所处的不同生命周期,又可以分为报道性广告、劝告性广告和提醒性广告。报道性广告,亦称开拓性广告。新产品刚上市,通过广告向目标市场介绍该产品的性质、用途、价格等,以求得到市场的认可。劝告性广告,又叫竞争性广告。当产品进入成熟期,目标市场的竞争对手增多,市场容量趋于饱和,这时的广告以说服为目标,使消费者加深对某种产品的印象,以吸引保守的购买者,使原有的购买者增加使用频率。提醒性广告,也叫备忘性广告或提示性广告,是指对已进入成熟后期或衰退期的产品所进行的广告宣传,目的是在于提醒顾客,使其产生惯性需求。

② 企业广告,又称商誉广告。这类广告着重宣传、介绍企业名称、企业精神、企业概况(包括厂史、生产能力、服务项目筹情况)等有关企业信息,其目的是提高企业的声望、名誉和形象。

③ 公益广告,是以为公众谋利益和提高福利待遇为目的而设计的广告,是企业或社会团体向消费者阐明它对社会的功能和责任,表明自己追求的不仅仅是从经营中获利,而是过问和参与如何解决社会问题和环境问题这一意图的广告。它是指不以盈利为目的而为社会公众切身利益和社会风尚服务的广告。

(2) 根据广告传播的区域来划分

按照广告覆盖面的大小,可以将广告分为国际性广告、全国性广告、区域性广告和地方性广告。

① 国际性广告,是指选择具有国际影响媒体发布的广告。国际性广告是伴随着国际经济一体化,国际市场逐渐形成而产生的一种广告,通常宣传的是国际品牌的产品或企业,例如美国的万宝路香烟、德国的西门子电器等。

② 全国性广告,是指产品或服务遍及全国,并采用全国性媒体的广告,例如青岛海尔的电冰箱、中粮集团的福临门色拉油等在我国中央电视台做的广告。

③ 区域性广告,是指广告诉求对象限定在某个地区,如东南地区、西北地区、华北地区等,通常选择地方性的媒体。

④ 地方性广告，是指产品或服务只遍及某地区，并采用该地区媒体的广告。这类广告多为零售企业或地方工业企业所发布的广告，广告宣传的重点是诱使人们购买本地区的某一产品。

此外，还有其他一些分类。例如，按广告的艺术形式划分，可分为文字广告、表演广告和演说广告；按广告的媒体不同，可分为报纸广告、杂志广告、广播广告、电视广告、因特网广告等。

3. 广告的特点

（1）传播面广

广告是借助大众媒体传播信息的，它的公众性和普及性赋予广告突出的"广而告之"的优点。广告主可以通过电视、报纸、广播、杂志等大众传媒在短期内迅速地将其信息告之众多的目标消费者和社会公众，这是人员推销等其他促销方式方法与之无法比拟的。

（2）传递速度快

广告是利用大众媒体传递信息的，大众传媒是一种迅捷的信息传播途径。它能使广告主发行的信息在很短的时间内传达给目标消费者。因此，在现代信息化社会，它是一种富有效率的促销方式。

（3）表现力强

广告是一种富有表现力的信息传递方式。它可以借助各种艺术形式、手段与技巧，提供将一个企业及其产品感情化、性格化、戏剧化的表现机会，增大其说服力与吸引力。

（4）广告费用支出具有投资的特点

广告费用作为一种投入，产出的是增加了销售利润。广告产出的效益虽不是直接的。但广告促进了销售，在销售扩大带来利润扩大的过程中广告虽没直接带来利润，但广告起了重要的作用。广告效果有时产生的虽不是即时效应，但是一种积累效应。

（二）广告目标策略

企业的广告目标取决于企业市场营销组合的整体战略要求。企业营销管理的不同阶段，要给广告确定具体的目标，归纳起来有以下几种：

1. 以告知为目标

以此为目标的广告主要向市场介绍一种新产品的问世。目的在于使潜在顾客了解新产品，提高认知度，在市场上唤起初步的需求。

2. 以说服为目标

这一广告目标是使消费者和用户不仅知道企业产品的名称，还要使他们了解、记忆企业及产品特点。这种广告在产品成长期配合差异性市场策略特别有效。

3. 以增加销售量为目标

以此为目标的广告除了对商品进行详细的介绍外，一般还附有图示、说明价格、信贷条件、购买地点，有时还有广告附表。顾客通过阅读这样的广告，即可以决定是否购买，决定购买后，只需要填写广告附表即可成文。

4. 以提醒为目标

当产品进入成熟期之后，配合营业推广促销采取以提醒为主的广告目标。因为这时市场对此产品已经相当熟悉，没有必要再像投入期那样详细地介绍产品，只要向目标受众提醒它的销售地点和新的附加利益等即可。

（三）广告信息策略

确定了广告目标之后，企业就要设计广告内容，即作出广告信息决策。

1. 广告信息创作

广告信息创作内容直接依据广告主所追求的目标市场及产品竞争定位策略的选择。同时还要具体研究目标市场不同年龄、不同收入、不同购买动机对不同广告信息的理解程度,设计几种不同的信息内容,评估、预测潜在市场对不同信息内容的销售反映函数。在此基础上评估、选择最佳的信息表达方式。

2. 广告主题选择

广告主题的确定应根据所推销的商品和不同的广告对象。如果广告对象是最终消费者,宣传的重点放在着重强调追求感情动机上容易成功;如是工业用户,就把重点放在追求理性购买动机上。但无论是追求感情还是理性购买动机,广告主题最重要是强调产品在使用中给买主带来的收益。

企业在确定广告主题时,应注意以下原则:第一,目标市场的社会经济条件所决定的买方利益的综合情况。第二,从目标市场所期望的利益中选择较为重要的因素。第三,经选择较为重要的目标市场利益,检查竞争对手是否也在用其广告主题,避免使用竞争者已采用过的广告主题。第四,广告主题突出,针对性强,以有效吸引目标市场的注意力。

3. 广告信息表达

广告信息的表达方式,一般包括:

(1) 生活片断。表现人们在日常生活中正在使用广告中的产品。

(2) 生活方式。强调本产品如何适应人们的生活方式。

(3) 音乐化。把企业或产品形象用广告歌表达,歌词反复强调产品名称。

(4) 想象与情趣。为产品制造一个能够唤起人们美好联想的气氛与形象。

(5) 拟人化。使产品人格化,让其能说话。一些日用品和儿童用品经常采用此方法表达。

(6) 科学证明,显示调查证明或科学实验。这些表明产品符合科学标准,一些家庭用保健品常用此方法。

(四) 广告媒体策略

为了正确地选择各种广告媒体,实现广告目标,企业在选择媒体之前,必须对媒体的接触度、频率和效果作出决策。接触度是企业必须在一定的时期内使多少人接触广告;频率是企业决定在一定时间内,平均使每人接触多少次广告,频率过多费用太高,频率过少又难以加深受众记忆;效果是指广告显露的效果。

1. 广告媒体的种类

广告媒体的种类很多,主要包括报纸、杂志、电视、广播、户外广告、邮寄等。各种媒体接触的听(观)众不同,影响力不同,广告效果也不同,为了实现广告的接触度、频率和效果等目标,应了解各类媒体的主要优缺点,以选择适当的广告媒体。

(1) 报纸灵活性高,迅速及时,成本低,地理选择性好、可信度高。主要局限是保存性较差,内容庞杂,易分散注意力,清晰度也较差。

(2) 杂志针对对象明确,收效好。保存率高,阅读率也较好,采用套色印刷有利于吸引读者注意。局限性是传递信息的延迟性较大,读者也有限。

(3) 电视能够把形象、声音与动作结合起来的媒介,能够较好地吸引观众的注意力,在短时间内给人留下深刻的印象。主要局限是成本高,时间短,对象缺乏可选性。

(4) 广播传播迅速及时,不受场所限制,成本较低。主要局限是速度快不易记忆,无处查阅,没有视觉上的刺激,不易加深印象。

(5) 户外媒体的地理位置如选择得当,利用各种美术、造型等艺术手段,使广告鲜明、醒目、美观、简明,容易记忆。局限是受空间限制,复杂的内容无法表达。

(6) 邮寄媒体针对对象明确,选择性好,迅速及时。但不易生动化、形象化,广告比较呆板,所涉及的范围也有限。

2. 选择媒体时应考虑的因素

(1) 目标市场接触媒体的习惯。例如,对青少年顾客来说,电视广告的效果最好。

(2) 产品种类。例如,为妇女服装做广告,选择彩色印刷杂志广告很有吸引力。

(3) 广告信息。选择何种媒介还取决于广告信息本身。例如,复杂的技术信息在广播和电视中都难以说清,而选择专业杂志和邮寄广告较为理想。

(4) 成本费用。电视广告成本很高,而广播、报纸相对成本较低。

(五)广告效果的测定

广告效果有经济效果和社会效果之分,也有即效性效果与迟效性效果之分,还有促销效果和广告本身效果的分类,本书中按促销效果和广告本身效果进行测定。

1. 广告促销效果的测定

广告促销效果,也称广告的直接经济效果,它反映广告费用与商品销售量(额)之间的比例关系。广告促销效果的测定,是以商品销售量(额)增减幅度作为衡量标准的。测定方法很多,主要有以下几种:

(1) 广告费用占销率法

通过这种方法可以测定出计划期内广告费用对产品销售量(额)的影响。广告费用占销率越小,表明广告促销效果越好;反之则越差。其公式为

$$广告费用占销率 = \frac{广告费}{销售量(额)} \times 100\%$$

(2) 广告费用增销率法

此法可以测定计划期内广告费用增减对广告商品销售量(额)的影响。广告费用增销率越大,表明广告促销效果越好;反之则越差。其公式为

$$广告费用增销率 = \frac{销售量(额)增长率}{广告费用增长率} \times 100\%$$

(3) 单位费用促销法

这种方法可以测定单位广告费用促销商品的数量或金额。单位广告费用促销额(量)越大,表明广告效果越好;反之则越差。其公式为

$$单位广告费用促销额(量) = \frac{销售额(量)}{广告费用}$$

(4) 单位费用增销法

此法可以测定单位广告费用对商品销售的增益程度。单位广告费用增销量(额)越大,表明广告效果越好;反之则越差,其计算公式为

$$单位广告费用增销量(额) = \frac{[报告期销售量(额) - 基期销售量(额)]}{广告费用}$$

(5) 弹性系数测定法

即通过销售量(额)变动率与广告费用投入量变动率之比值来测定广告促销效果。其公式为

$$E = \frac{(\Delta S/S)}{(\Delta A/A)}$$

其中，S——销售量(额)；ΔS——增加广告费用后的销售增加量(额)；A——广告费用原有支出额；ΔA——增加的广告费支出额；E——弹性系数，即广告效果。E值越大，表明广告的促销效果越好。

影响产品销售的因素很多，广告只是其中因素之一，单纯以销售量(额)的增减来衡量广告效果是不全面的。也就是说，上述测定方法只能作为衡量广告效果的参考。当广告促销效果不理想时，也不应轻易否定广告，而应从其他多方面来考虑分析。

2. 广告本身效果的测定

广告本身效果不是以销售数量的大小为衡量标准，而主要是以广告对目标市场消费者所引起心理效应的大小为标准，包括对商品信息的注意、兴趣、情绪、记忆、理解、动机等。因此，对广告本身效果的测定，应主要测定知名度、注意度、理解度、记忆度、视听率、购买动机等项目。测定方法中，常用的有以下几种：

(1) 价值序列法。它是一种事前测定法。其具体做法是：邀请若干专家、消费者对事先拟定的几则同一商品的广告进行评价，然后排序，依次排出第一位、第二位、第三位……排在首位的，表明其效果最佳，选其作为可传播的广告。

(2) 配对法。也是一种事前测定法。其做法是，将针对同一商品设计的不同的两则广告配对，请专家、消费者进行评定，选出其中一例。评定内容包括广告作品的标题、正文、插图、标语、布局等全部内容。

(3) 评分法。此法既适合于事前测定，又适合事后测定。其做法是：将广告各要素列成表，请专家、消费者逐项评分。得分越高，表明广告自身效果越好。

(4) 访查法。这是一种主要适合于事后测定广告效果的方法。其主要做法是通过电话、直接走访等方式征集广告接受者对广告的评价意见，借以评价广告优劣。

进行广告效果测定，目的不仅仅是为了回答广告投入是否值得的问题，同时也是为今后的广告活动提供借鉴。因此，应当将广告测定的结果与预定的目标进行对比，找出差距，分析原因，进行修正。

表 5.6 广告修正策略表

第一年的目标		市场占有率达 10%	零售店的配销密度达 25%	目标市场的知名度达 50%	营销费用控制在销售额的 50%
6个月	预计	5%	15%	30%	60%
	实际	3%	12%	25%	60%
	修正策略	增加5%的广告投资	给经销商更高的毛利和激励，和更多的批发商保持联系	改进对目标市场的广告诉求	保持严格的成本控制，尤其是广告费的增加，以及给经销商更高的毛利
12个月	预计	10%	15%	50%	50%
	实际	8%	15%	60%	60%
	修正策略	知名度虽高，但市场占有率却很低，表示产品绩效不佳。根据深度调查的结果，考虑改进产品	产品在店头的位置可能是个问题，继续与零售商保持良好关系	广告必须强调产品的实用性与知名度	确实找出营销费用最高的项目，建立更严密的控制措施，并注意营销费用的有效性

资料来源：傅浙铭，吴晓灵.营销八段：企业广告管理[M].广州：广东经济出版社，2000：187.

(六) 广告创意相关知识

1. 广告创意的含义

广告创意是为了达到促进产品或服务销售的目的,实现广告目标,经过创造性思维而获得的独特的"好的主意"或"好的点子"。广告创意是广告作品的灵魂。一部广告作品如果没有很好的创意,形同枯槁、味同嚼蜡,有好的创意,则形象丰满可爱、秀色可餐。从某种意义上来说,广告创意的优劣决定着广告作品质量的高低。

2. 广告创意与策划的关系

广告策划的主要内容包括:广告环境分析、产品研究、消费者行为研究、竞争对手研究、广告目标确定、广告定位、广告创意、广告战略、媒体选择、广告发布时机确定、广告费用预算、广告效果调查及评估等。广告策划与创意的区别在于,策划是宏观战略,创意是微观战术;策划是广告活动的主体,创意是广告活动的中心;策划是整体程序,创意是局部环节;策划强调系统性,创意突出跳跃性。

3. 广告创意与广告制作设计的关系

俗话说:"玉不琢,不成器。"好的"主意"和"点子"必须借助一定的技术和手段才能得以展现。再好的创意点子如果不能转变成现实形态,那么只能称之为"幻想"。所以,广告制作设计完成了广告创意的载体。

4. 广告创意与艺术的关系

广告创意应当体现一定的艺术性,但又不是纯粹的艺术品。尤其是站在商业广告的角度,广告的功能主要应该体现在提醒消费者注意和吸引消费者购买,再好看的商业广告,再具有艺术价值的商业广告,如果不能促进产品的销售,那都是画饼充饥、海中捞月。

5. 广告创意的作用

(1) 吸引消费者注意。好的广告创意善于捕捉消费者的目光,吸引受众眼球,引起大众的强烈关注,而且不是简单的哗众取宠。触目惊心的"牙齿"充当创意的视觉中心,让人不得不联想到如何保护自己的口腔卫生,而 Extra 无糖口香糖恰好是最佳的口腔清洁卫士。如图 5.7 所示。

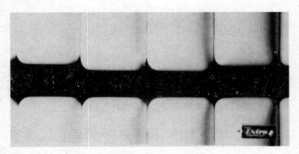

图 5.7　Extra 无糖口香糖广告

(2) 保持消费者兴趣。好的广告创意善于长期维持消费者兴趣,保持消费者的长期偏好。深圳电视台形象推广招贴广告画,运用新娘的红色盖头烘托出深圳电视台电视节目的口号——每天都有新感觉,每天都娶个新媳妇。如图 5.8 所示。

含蓄是一种技巧,以一当十,言简意赅。对待"新感觉"这一诉求概念,作者深知言语有限、意趣无穷这一道理,巧用新娘的红盖头,隐喻电视节目的新意,从而避免了广告中泛滥成灾的那种喋喋不休、咋咋呼呼、强加于人的表现样式。

图 5.8　深圳电视台形象推广招贴广告画

（3）促进消费者行动。好的广告创意易于促进消费者的现实购买行动。可口可乐的球场平面画，对足球、球网、球场和球迷进行产品形象造型的悖异图形表现，让产品于足球运动的密切关系及其价值取向得到张扬，对现场球迷饮用可口可乐有积极的刺激作用。如图 5.9 所示。

图 5.9　可口可乐的球场广告

6. 成功广告创意的特征

（1）创意必须切中主题。广告创意实际上来自于广告定位，广告定位实际上来自于产品定位。关于产品定位，相信大家是比较熟悉的，产品定位是指凸显企业产品优点区别于竞争对手产品的过程，也就是标新立异、鹤立鸡群的过程，商业广告立足于产品，由此产生了广告定位，进而产生了广告主题。广告主题或者说广告的中心思想有没有被体现，也就显得非常重要，牵涉到广告活动、作品的成败。

我们来看一则公益广告的平面设计。如图 5.10 所示。"血"字被刻意地隐匿，而民众无偿献血的热情及热血义胆的人格形象将得以提升。创意紧紧围绕主题——鼓励人们进行义务献血。

图 5.10 义务献血广告

(2) 创意必须易于理解。创意如果过于复杂，很可能达不到传播的效果，因为受众根本就不懂、不理解，千万不要希望消费者在理解广告作品方面会下很大的工夫，这一点不现实。

如图 5.11 所示的这幅丝袜的平面广告，简洁明快、重点突出。随着午餐罐头盒盖被掀起，映入眼帘的是一双双穿着丝袜的美腿。消费者一看便知道，丝袜广告，真正是秀色可餐。

(3) 创意必须有独创性。广告创意切忌千篇一律。和别人都一样，不如不做广告，等于是给别人做广告。所以我们看万宝路的广告设计和形象代言，自产品诞生之日起就没有改变过。草原、骏马、西部牛仔，展开了美国开拓西部的生动画卷，也构建了美国人开拓创新的优秀文化，所以这样的形象极具独特性。如图 5.12 所示。

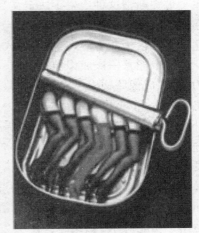

图 5.11 丝袜广告

图 5.12 万宝路香烟广告

（七）广告诉求方式的运用

1. 广告功能诉求的起源及功能诉求的应用

广告诉求方式的基本形式可以分为功能诉求（Uniqae Selling Proposition，简称 USP）和情感诉求（Emotion Selling Proposition，简称 ESP）。功能诉求是指广告诉求定位于受众的理智动机，通过真实、准确、公正的传达企业、产品、服务的客观情况，使受众经过概念、判断、推理等思维过程，理智地做出决定。

功能诉求的首创者是世界著名广告人罗瑟·瑞夫斯，他设计的"M&M 巧克力，只溶在口，不融在手"的广告语，至今还被传为佳话。1954 年，瑞夫斯接受 M&M 糖果公司的委托，为其生产的巧克力创意广告。瑞夫斯通过详细的市场调查后，发现在当时的美国巧克力市场中，只有 M&M 巧克力有糖衣。原本不起眼的一个产品特征，瑞夫斯却如获至宝——巧克力虽然是大众喜爱的食品，却容易在温暖的环境下融化，影响它纯正的口味，而糖衣能够延缓它的融化。瑞夫斯的构思很快形成：在电视广告中只见到两只手，旁白道，"M&M 巧克力，只溶在口，不融在手"。该广告创意体现了产品独特的优点，简单清晰，广告词朗朗上口，很快就家喻户晓。

瑞夫斯把这种广告手法定义为独特销售说辞策略，独特说辞策略是典型的功能诉求，重在突出产品独一无二的功能，对后世产生了深远的影响。许多著名品牌都通过运用该策略达到了强占消费者心理空间、先入为主的效果。

如宝丽莱一次成像照相机的一则广告。根据产品的特点，广告经营者拍摄了一部主题为"一次成像照相机可以做其他照相机做不到的事"的广告片。片中的场景是医院产房的休息室内，一个小男孩想跟随父亲去产房看望刚刚出生的妹妹，但医院规定：除了产妇的丈夫外，其他人一律不许进入产房。男孩的父亲用宝丽莱一次成像照相机从产房拍了婴儿的照片后，立即回到休息室，让她的小哥哥看，小男孩高兴异常。画外音响起："为了那些不能共度重大时刻的人。"

再如美国的宝洁进入中国的洗发水市场时，根据东方人的发质特征，推出了飘柔、潘婷和海飞丝三种主打产品。宝洁清醒的认识到当时的中国洗发水市场尚属于早期，在广告上运用了功能诉求：飘柔——使头发更加柔顺；潘婷——营养护发，富含维他命原 B5；海飞丝——头屑去无踪，秀发更出众。在市场竞争不激烈、消费者不成熟的状况下，宝洁的功能诉求如入无人之境，先声夺人，在消费者心目中留下了不可磨灭的印象。众多的后来者争相效仿宝洁，让产品去诉求同样的功能，岂知是东施效颦，适得其反。

2. 情感诉求在现代广告中的运用

现代广告一方面依赖于高新技术，另一方面又紧紧抓住人类的情感生活，策划出以情感为包装形式的广告作品。情感将成为广告创意诉求的重点，是没有国界的，是全人类共通的语言，富有人情味的广告会为任何国别的人所接受。

情感诉求所传达的情感通常有以下几种：

（1）爱情。其中包括爱情的真挚、坚定、永恒和爱情所赋予人们的幸福、快乐、忧伤等。

爱情是人类永恒的主题，自然也就成为商家渲染产品的常用手段。比如在阿尔卑斯奶糖的电视广告中，背景选择了合家欢乐，一起分享奶糖的场景。奶糖的香浓带来了无限的甜蜜，其乐融融中，一只宠物狗也不甘寂寞，用嘴巴衔起一整篮的奶糖，摇头晃脑的来到心上人的身边，一轮明月之下，两只狗儿亲密地依偎在一起，整个画面充满了温馨与浪漫，让人触景生情。广告巧妙地运用了拟人化的动物来突出阿尔卑斯奶糖传递爱情的主题。

(2) 亲情。包括家庭之爱、亲情之爱及由此而来的幸福、快乐、思念、牵挂等。

如佳洁士牙膏的广告。央视播出的佳洁士牙膏广告,大意是妈妈牙疼,女儿看在眼里急在心里,砸碎心爱的存钱罐,给妈妈买了支佳洁士牙膏。这则广告一改过去与高露洁广告相似的实证风格,采用情感诉求方式,让现代小皇帝以崭新的形象出现,既注重广告的文化导向、提升了广告的文化品位、使受众产生情感上的共鸣,同时又使纯真、可爱的小女孩与佳洁士品牌形象一同在消费者的脑海里打上深深的烙印。

(3) 乡情。包括与此相联系的对故乡往事的怀念、对故乡景物的怀念等。

如南方黑五类的南方黑芝麻糊广告。广告选择了主人翁对童年和故土的回忆为主要线索——故乡江南幽深的小巷,穿着朴素的大娘一声亲切悠扬的叫卖声,我们便走进了主人翁的思念,"小时候,每当我听到黑芝麻糊的叫卖声,我就再也忍不住了,一股浓香,一缕温暖,南方黑芝麻糊"。整个广告画面质朴、怀旧,既突出了浓浓的乡情,也暗寓了南方黑芝麻糊的悠久历史和传统工艺,挖掘出人记忆深处的温馨,使消费者在情感上对该品牌产生强烈的共鸣。

(4) 生活情趣。利用日常生活中大部分人都有切身感受的生活情趣进行诉求,这些情趣包括幽默、悠闲、乐趣等。

在情感诉求广告中,恰当地运用幽默,不失为一种广告妙计,它能使人们在令人捧腹的笑声中获得商品的信息,从而变成对产品的好感,如莱文·汉特列施密特和毕弗斯梯夫·洪恩广告公司为苏伯鲁汽车制作的广告《你总是伤害它》。伴随着主题歌"你总是伤害你所爱的",便出现了这样一个情景:车顶堆满了野营装备,男人使劲下压后车盖,想把过多的物品塞进去,妻子和丈夫在一片吵架声中,"嘭嘭"地甩门。随后,画外音缓缓道出:"人们憎恨他们的车,不好好地使用和保护车。不过,自从1974年以来登记的苏伯鲁轿车的90%仍在街上"。广告的幽默将严肃的推销目的包容在轻松诙谐的喜剧气氛之中,引导人们观看广告,唤起消费大众的热情,造成一种自然的传播默契,以达到广告促销目的。

(5) 恐惧。通过描述某些使人不安、担心、恐惧的事件或这些事件发生的可能,以引起受众对广告信息的特别关注,从而达到广告目的。

如央视的一则关于倡导可持续发展、保持生态平衡、节约自然资源的广告,别出心裁地设置了未来的人类拍卖地球残余资源的场景,拍卖全世界最后一瓶干净的饮用水、全世界最后一瓶干净的空气,竞标价格惊人,整个广告过程诙谐幽默而又冷酷无情,不禁引起人们对生存环境恶化的担忧,发人深省,意味深长。

(6) 个人的其他心理感受。包括满足感、成就感、自豪感、归属感等。

斯维特男装聘请了香港娱乐圈的重拳人物周润发作为形象代言人,周润发通过电影独白的形式来诠释自己对成功的独特见解。

"成功是什么?"

"对我来说,成功只是一个新的起点。"

"成功?我才刚上路呢!"

广告画面清新自然,周润发身着斯维特男装,步入中年的成熟丝毫不掩盖当年的英俊,让观众再次领略了"小马哥"潇洒自如、虚怀若谷的气度之余,也对斯维特平添了诸多亲切。这则广告,旨在帮助媒体受众诠释满足感和成就感,希望引起他们的内心共鸣。

在许多描述归属感的广告中,关于新生代个性化消费的作品尤为引人注目,值得一提。如麦当劳的"我就喜欢"的售点广告:"'我就喜欢'没有一式两份的演绎。它,请你有个人意见,用你最乐意的方式表达自己,鼓励积极酷爱你的从头到脚,属于自己的一切——生活、工作、个性、喜好、过去、现在、未来、朋友、家人、敌人、认识的、甚至所有陌生的……我要飞,飞入大世界的舞台,投入一群又一群同道中人,一起唱和,一起自我。拿一句'我就喜欢'撑住,乐观积极,快乐,有主见,热爱热诚,完全忠于你最喜爱、最独特的人生吧!祝'我'这一代,处处阳光灿烂。我就喜欢!"该广告卖点锁定在新生代一族,生动地刻画了个性化、多样化的消费方式和现代的生活模式,使新生代受众耳目一新、如鱼得水。

随着社会的前进和经济的发展,现代广告的诉求方式也呈现出情理结合、情景交融、功能诉求和情感诉求相结合的趋势,但无论诉求方式和表现形式如何变化,都是为了强调和竞争对手的差异来赢得消费者的青睐,更好地为目标市场服务。

四、实训操作

(一)广告调查
(1) 没有调查就没有发言权。
(2) 环境调查。
(3) 市场调查。
(4) 消费者调查。
(5) 产品调查。
(6) 竞争对手调查。
(7) 广告公司与媒体调查。
(8) 广告效果调查。

(二)广告定位
(1) 定位——新的传播方法。
(2) 确定你的商品所处的位置。
(3) 占据消费者的头脑。
(4) 看待竞争和竞争对手。
(5) 使用资金。

(三)广告创意
(1) 创意开发的思维状态与策略。
(2) 广告创意开发的步骤。
(3) 广告创意的确定。

(四)确定表现手段及寻求恰当的表现形式
(1) 创意表现方式的确定。
(2) 广告设计元素的发现。

五、实训评价

(一)平面广告类
(1) 广告创意好,整体效果佳(25分)。
(2) 美工好,色彩搭配合理,生动逼真(20分)。
(3) 作品突出广告主题,能很好启发媒体受众,引起共鸣(25分)。
(4) 有创新性,构思新颖(20分)。

(5) 作品介绍简明扼要,普通话标准,信息丰富,感染力强(10分)。

(二) 文案策划类

(1) 作品创意好,构思新颖(20分)。
(2) 作品注重前期调研和市场分析,可行性强(20分)。
(3) 作品突出广告主题,能很好地启发阅读者引起共鸣(25分)。
(4) 作品符合文案策划格式标准,语句结构合理,易上口,言简意赅(25分)。
(5) 作品介绍简明扼要,普通话标准,信息丰富,感染力强(10分)。

(三) 动画类

(1) 突出广告主题,并有新颖性(20分)。
(2) 演绎生动,能深刻表达该广告的内涵或主题,能打动人心或者风趣幽默(25分)。
(3) DV剧演员配合默契,有较高的可听性和吸引性,影像流畅;Flash和Powerpoint制作出来的作品画面精美流畅(25分)。
(4) 有良好的背景设置,为作品的演绎营造良好的氛围(20分)。
(5) 作品介绍简明扼要,普通话标准,信息丰富,感染力强(10分)。

六、实训范例

铜陵学院"天翼部落杯"第四届大学生广告创意大赛

(一) 大赛简介

铜陵学院大学生广告创意大赛于2007年由学院大学生市场营销学会发起,旨在通过校企合作的方式,鼓励大学生为企业真实广告主题进行广告创意制作,从而培养创新意识、锻炼应用能力,打造高素质应用型人才。经过多年的发展,该项比赛已逐渐规范成熟,并受到校内外各方面的一致好评。

铜陵学院"天翼部落杯"第四届大学生广告创意大赛由学院大学生市场营销学会组织实施,由中国电信铜陵分公司、铜陵市蓝天手机卖场及铜陵市明昌眼镜店全程赞助和参与。本次大赛的广告主题为天翼3G智能手机应用,活动主题为"独具创意在自己,应用实践在校企"。本次大赛在全院广大广告创意爱好者的热情参与下,历时1个多月,由学院和企业专家严格评审,从近100幅征集作品中遴选出18幅晋级决赛,入选团队在决赛现场进行自我风采及作品展示,并由院内外专家组现场评分。

18位晋级决赛选手陆续各显身手,为全场嘉宾及广大观众带来了一场异彩纷呈、赏心悦目的饕餮盛宴。平面作品充满视觉冲击、线条流畅简洁,让人浮想联翩;视频作品真实感人、制作美轮美奂,让人流连忘返。选手们的自我风采介绍也各具特色,充分展示了当代大学生创新进取的良好风貌。通过近2小时的激烈角逐,决赛共产生13个重要奖项,包括特等奖1名、最佳创意奖1名、最佳人气奖1名、一等奖1名、二等奖2名、三等奖3名及优秀奖4名。其中,2008级营销本科班熊大广同学设计的广告视频作品,巧妙运用安卓机器人的形象充分展示了海信E89手机的全方位功能,充满时代感,冲出重围勇折桂冠,荣膺特等奖。"未来战士的新武器"等作品通过创新手法创造出与众不同的视听观赏效果,夺得了其他8个重要奖项。

(二) 部分平面作品展示

1. 作品一(作者:2007级艺术设计2班方菲菲)

广告解析:众所周知,现在是高科技信息时代,不管在工作学习还是日常生活中,电脑在我们的生活中起着非常重要的作用。3G智能手机具有独立的操作系统,像个人电脑一样支持用户自行安装软件、游戏等第三方服务商提供的程序,并通过此类程序不断对手机的功能进行扩充,同时可通过移动通讯网络来实现无线网络接入。跟电脑比起来,它小而薄,便于随身携带。该作品采用了夸张的手法,甚至都离不开它。但是在该作品中,把电脑丢进了垃圾箱,"有了3G智能手机,还要电脑干什么?"有了天翼3G智能手机,电脑都可以扔了⋯⋯寓意着3G智能手机的强大和备受青睐。

图5.13　3G智能手机广告

2. 作品二(作者:2008级市场营销1班陈通)

广告主题:海信e89,小身材,大智慧。

广告解析:广告整体采用青绿色给人以清新活泼的感觉,广告主题是一个魔方,用魔方体现出e89的功能变换无穷,魔方外表为e89的各种网络软件,表现出e89作为安卓系统所拥有的无限软件扩展,左下角的彩条和滑板少年为整个画面增添动感元素,滑板少年的肢体动作和表情表现出顾客对e89的拥有欲望。右下角是手机的展示。

图5.14　海信e89手机广告

训练四 分销策略设计

一、实训任务

(1) 要求学生把分销策略理论运用于营销实践,联系有关项目或资料,为某一产品开拓销售渠道,设计具体的"分销计划方案"。

(2) 要求学生依据分销策略要求,根据市场需求状况,分析竞争对手的分销策略,选择最佳的分销渠道,对分销计划的"长度""宽度""成员"方案进行设计。

(3) 要求学生通过"分销计划方案"实训项目,更好地理解分销策略的重要作用,掌握分销计划方案设计的基本技能。

二、实训要求

(1) 要求教师对"分销计划方案设计"在市场营销活动中的实践应用价值给予说明,调动学生课业操作的积极性。

(2) 要求教师对分销计划的"长度""宽度""成员"三种方案设计的操作步骤、设计思路和设计方法进行具体的指导。

(3) 要求学生根据市场开发项目的有关资料及市场信息资料,为项目开发指向的分销渠道进行设计,完成"分销计划方案"的实际任务。

(4) 要求教师提供"分销计划方案设计"实训范例,供学生操作参考。

三、理论指导

(一) 分销渠道的含义与职能

在市场营销理论中,有两个与渠道有关的术语经常不加区分地交替使用,这就是市场营销渠道和分销渠道。

所谓市场营销渠道,是指配合起来生产、分销和消费某一生产者的产品和服务的所有企业和个人。也就是说,市场营销渠道包括参与某种产品供产销过程的所有有关企业和个人,如供应商、生产者、商人中间商、代理中间商、辅助商以及最终消费者或用户等。

所谓分销渠道,通常指促使某种产品和服务顺利地经由市场交换过程,转移给消费者消费使用的一整套相互依存的组织。其成员包括产品(服务)从生产者向消费者转移过程中,取得这种产品和服务的所有权或帮助所有权转移的所有企业和个人。因此,分销渠道包括商人中间商(因为他们帮助转移所有权),还包括处于渠道起点和终点的生产者、中间商和最终消费者或用户,但不包括供应商和辅助商。

分销渠道对产品从生产者转移到消费者所必须完成的工作加以组织,其目的在于消除产品(或服务)与使用者之间的分离。分销渠道的主要职能包括:

(1) 研究。收集制订计划和进行交换所必需的信息。

(2) 促销。进行关于所供应物品的说服性沟通。

(3) 接洽。寻找可能的购买者并与之进行沟通。

(4) 谈判。为了转移所供物品的所有权,就其价格及有关条件达成最后协议。
(5) 订货。分销渠道成员向制造商进行有购买意图的沟通行为。
(6) 配合。使所供应的物品符合购买者需要,包括分类、分等、装配、包装等活动。
(7) 物流。组织产品的运输、储存。
(8) 融资。为补偿渠道工作的成本费用而对资金的取得与支出。
(9) 风险承担。承担与渠道工作有关的全部风险。
(10) 付款。买方通过银行或其他金融机构向销售者支付账款。
(11) 所有权转移。所有权从一个组织或个人向其他组织或个人的实际转移。
(12) 服务。渠道提供的附加服务支持,如信用、交货、安装、修理等。

(二) 分销渠道的类型

1. 分销渠道的层次

分销渠道可根据其渠道层次的数目分类。在产品从生产者转移到消费者的过程中,任何一个对产品拥有所有权或负有推销责任的机构,都可视为一个渠道层次。生产者和消费者也参与了将产品及其所有权转移到消费领域的工作,因此也被列入每一类渠道中。但是,市场营销学以中间机构层次的数目表述渠道的长度(见图 5.15)。

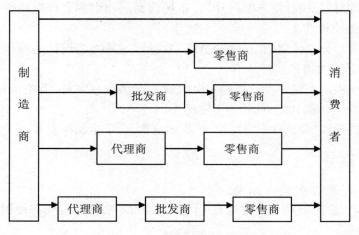

图 5.15 销售渠道的长度

2. 分销渠道的宽度

分销渠道的宽度是指渠道中的每个层次使用的同种类型中间商的数目。它与分销策略密切相关。企业的分销策略通常分为三种,即密集分销、选择分销和独家分销。

密集分销是指制造商尽可能通过许多负责的、适当的批发商和零售商推销产品。消费品中的便利品和产业用品中的供应品通常采取密集分销,使广大消费者和用户能随地买到。

选择分销是指制造商在某一地区仅仅通过少数精心挑选的、最合适的中间商推销产品。选择分销适用于所有产品。相对而言,消费品中的选购品和特殊品较宜于选择分销。

所谓独家分销,是指制造商在某一地区仅选择一家中间商推销产品。通常双方协商签订独家经销合同,规定经销商不得经营竞争者产品,以便控制经销商的业务经营,调动其经营积极性。

(三) 分销渠道的设计

一般来讲,要设计一个有效的渠道系统,必须经过以下步骤:

1. 分析顾客需要的服务产出水平

设计渠道的第一步,是了解消费者在目标市场购买什么商品、在什么地方购买、为何购买、何时购买和如何购买。营销人员必须了解目标顾客需要的服务产出水平——人们购买一个产品时,想要的和期望的服务类型和水平。

通常渠道可提供以下服务产出:

(1) 批量大小——批量是分销渠道在购买过程中提供给顾客的单位数量。

(2) 等候时间——顾客等待收到货物的平均时间。顾客一般喜欢快速交货渠道,而快速服务要求较高的服务水平。

(3) 空间便利——空间便利是渠道为顾客购买提供的方便程度。

(4) 产品齐全——一般来说,顾客喜欢较多的花式品种,这使得顾客有更多的选择机会。

2. 确定渠道目标与限制

如前所述,渠道设计问题的中心环节是确定到达目标市场的最佳途径。每一生产者都必须在顾客、产品、中间商、竞争者、企业政策和环境等形成的限制条件下,确定渠道目标。所谓渠道目标,是企业预期达到的顾客服务水平(如何、何时、何处对目标顾客提供产品和实现服务)以及中间商应执行的职能等。

3. 明确各种渠道备选方案

确定渠道的目标与限制之后,下一步工作是明确各主要渠道的备选方案。渠道的备选方案涉及两个基本问题:一是中间商类型与数目;二是渠道成员的特定任务。

4. 评估各种可能的渠道备选方案

每一渠道备选方案都是产品送达最后顾客的可能路线。生产者要解决的问题,就是从那些似乎很合理但又相互排斥的备选方案中,选择最能满足企业长期目标的一种。因此,生产者必须对各可能的渠道备选方案进行评估。其评估标准有三个,即经济性、控制性和适应性。

(1) 经济性标准。三项标准中,经济性标准最为重要。因为企业是追求利润,而不是追求渠道的控制性与适应性。这可用许多企业经常遇到的一个决策问题来说明,即应使用自己的推销力量,还是使用销售代理商。假设某企业希望其产品在某一地区取得大批零售商支持,现有两种方案可供选择:一是向该地区营业处派出10名销售人员,除了付给基本工资,还根据推销业绩付给佣金;二是利用该地区销售代理商,该代理商已和零售店建立密切联系,并可派出30名推销员,推销员的报酬按佣金制支付。两种方案可能导致不同的销售收入和成本。判别一个方案好坏的标准,不应只是其能否导致较高销售额和较低成本费用,而是能否取得最大利润。

(2) 控制性标准。使用代理商,无疑会增加控制的问题。代理商是一个独立的企业,它所关心的是自己如何取得最大利润。它可能不愿与相邻地区同一委托人的代理商合作;它可能只注重访问那些与其推销产品有关的顾客,忽略对委托人很重要的顾客;代理商的推销员可能无心了解与委托人产品相关的技术细节,也很难正确认真对待委托人的促销资料。

(3) 适应性标准。评估各渠道备选方案时,还要考虑自身是否具有适应环境变化的能力。每个渠道方案都会有规定期限,某一制造商决定利用销售代理商推销产品时,可能要签订5年合同。在这段时间内,即使采用其他销售方式会更有效,制造商也不得任意取消销售代理商。所以,一个涉及长期承诺的渠道方案,只有在经济性和控制性方面都很优越的条件下才可予以考虑。

四、实训操作

(一)分销渠道"长度"设计

根据具体情况选择分销渠道。即根据产品因素、市场状况、中间商情况、企业本身条件、宏观环境因素进行选择渠道的"长"或"短"。具体方案可以设计:

1."最短渠道"方案

渠道一:生产者→消费者

此方案是运用"最短渠道"策略,采用直接渠道方案,公司直接把产品销售给消费者。直接渠道有利于商品及时销售;直接了解市场,便于产销沟通;提供售后服务;节省流通费用;有利于控制商品价格。不足之处是企业在产品销售上需要花费一定的物力、人力、财力;销售范围受到较大限制,从而影响销售量。

直接渠道是工业用品分销渠道的主要模式,在消费品市场这种模式有扩大优势。其形式有以下几种:厂商直销产品、派员上门推销、邮寄销售、电话销售、电视销售及网上销售。

2."短渠道"方案

渠道二:生产者→零售商→消费者

此方案是运用"短渠道"策略,采用通过零售商完成销售的渠道方案。一般来说,销售批量大、市场比较集中或技术复杂、价格较高的产品适用短渠道。短渠道可以使商品迅速到达消费者手中;减少商品损耗,做好售后服务;节省流通费用,降低产品价格。但不足之处是企业面对众多的零售商,购销业务繁忙。采用此方案需要对零售业态进行分析评估,然后再做选择。

3."长渠道"方案

渠道三:生产者→批发商→零售商→消费者

渠道四:生产者→代理商→批发商→零售商→消费者

此方案是运用"长渠道"策略,采用2~3个中间商完成销售的渠道方案。一般来说,销售量较大、市场范围广、技术不是很复杂、价格较低的产品宜采用长渠道。长渠道可以使生产者充分利用各类中间商的优势扩大销售。但其缺点是流通费用增加,不利于减轻消费者的价格负担。采用"长渠道"方案,需要对批发商或代理商状况进行分析,选择合理的分销渠道。

4."多模式"方案

一般来说,企业都会选择多种分销渠道。在多种分销渠道模式中,无论是制造商,还是零售商、批发商和代理商,在产品销售中都有各自的优势和劣势,要进行比较,充分利用最有优势的渠道模式作为企业的主要分销渠道,并还可以选择其他有利渠道。

(二)分销渠道"宽度"设计

分销渠道还要设计渠道"宽度",就是对渠道同一层次上中间商数目的选择,确定分销面的大小,即宽渠道和窄渠道的选择。在对中间商数目选择时,需要根据产品、市场、中间商、企业的具体情况,可以考虑运用广泛性分销策略、选择性分销策略、独家分销策略,设计三种基本方案。

1."宽渠道"方案

此方案是运用广泛性分销策略,采用宽渠道方案。方案要求企业尽可能多地选择中间商来销售自己的产品。通过多家中间商，通过广泛的分销面，迅速地把产品推入流通领域，使消费者随时随地买到需要的产品，提高产品的销售效率。但方案的不足之处是每个层次的同类中间商较多，生产者与中间商的关系松散，不利于合作。

2."窄渠道"方案

此方案运用选择性分销策略，采用窄渠道方案。方案要求企业在某一区域目标市场上选择一些中间商来销售自己的产品。被选择的中间商在当地市场有一定的地位和声誉。这种渠道有利于制造商借助中间商的信誉和形象提高产品的销售能力。但方案的不足之处在于这样的中间商要求往往较高，销售折扣较大，制造商开发市场费用比较高。

3."最窄渠道"方案

此方案是运用独家分销策略，采用最窄渠道方案。方案要求企业在某一区域目标市场上只选择一家中间商销售其产品。所选择的中间商一般在当地极有声望，居于市场领先地位。这样的方案设计目的是企图通过中间商的良好形象和优势，迅速提高产品知名度，还能避免伪劣假冒产品对厂商的冲击。采用独家分销方案，厂商一般要给中间商较大的促销支持，中间商因能获得独家分销的利益也会通力合作。在销售过程中，运货、结算手续大为简化，便于销售管理，也便于信息反馈。方案的不足在于产品销售的市场面狭窄，市场占有率低，不便消费者购买；同时，经营风险也较大。

(三) 分销渠道"成员"选择

1. 渠道成员评估因素

分销渠道的选择是具体的，要落实到每一个商家。在选择渠道成员时，需要对有关中间商成员进行评估。具体评估的因素有：合法经营资格，目标市场定位，地理位置，营销策略，销售能力，服务水平，储运能力，财务状况，企业形象，管理水平。

2. 渠道成员选择要求

在渠道成员评估的基础上，应该根据最优化原则对商家进行选择，选择最有实力、最善于销售、最守信誉的中间商作为自己企业的合作伙伴，本着双赢的原则，把分销渠道网络落在实处。当然，最优化原则是相对的，要相对于自己的产品、自身企业的条件而言。

五、实训评价

"分销计划方案设计"实训项目，总分100分，实训评价标准及其评估分值如表5.7所示。

表5.7 分销计划方案设计评价标准及其评价分值

评价指标	方案设计 评估标准(70%)	方案分析 评估标准(30%)	评价成绩(100分)
1. 渠道长度设计(30分)	(1)能够从产品、市场、企业条件、环境状况出发，设计合理、有效的分销渠道方案 (2)方案有针对性、内容具体、具有可行性；没有达到的酌情扣分	方案分析能够紧扣主题、分析全面、正确、条理清楚；没有达到的酌情扣分	
2. 渠道宽度设计(30分)			
3. 渠道成员设计(30分)			

六、实训范例

范例一　广东乐华渠道变革面临两难选择[①]

2001年11月,乐华彩电从国美等家电连锁超市中撤柜,引起社会各界的关注。事实上,此事反映出在渠道分销体系上,乐华面临两难选择:是自己另起炉灶,还是继续依靠经销商。

在此次乐华撤柜事件中,所涉及的核心问题是代理制。代理制被业界称为国内彩电行业第一次渠道变革,它主要分为三步:首先调整松散的部门分工,把原来产、销、研各自独立的分工体系合为一体,全部整合到电子事业部内统一调度;其次是改造人的思想,灌输成本意识、速度意识,推行最佳时效管理;最后开始渠道调整,全面推行代理制。

为了推行代理制,乐华砍掉旗下30多家分公司以及办事处;同时乐华向代理商提出必须现款现货的要求。从实际情况看,乐华的做法隐藏了一定的风险。乐华产品多以中低端电视机为主,销售旺地多在二三线城市。乐华一鼓作气砍掉各地分公司,这种疾风骤雨式的变革,犹如活生生地剁下自己遍布销售终端的触角。并且,必须现款现货这种方式实难被商家接受。几个月下来,乐华彩电不仅销售收入锐减,还引发了劳资纠纷、债务危机等一系列连锁反应。

乐华表示,商场里的乐华彩电撤出柜台,是进行销售渠道改革的步骤之一,乐华将由委托国美、苏宁等零售终端销售,过渡到代理商代理销售的方式,从2001年5月份以来,企业一直在各商场清库,以便于代理商开展销售。由于以前是代销制,销了再收款,对企业来说风险大,不仅占用大量的资金,而且收款成本很大;现在的代理制是现款现货,能充分利用各项目的资金,风险最低。

不过,有人认为,乐华代理制只是过渡性的代理制。这种做法实际上是把原来制造企业的分公司或办事处的职能开始部分剥离。彻底的代理制应该是将销售业务与售后服务都剥离出去,需要有专业服务商提供售后服务。

乐华这样做有一定的客观原因。从目前的市场现实看,我国正处在大零售商的发育阶段,国美、苏宁等企业迅速成长,但是大的渠道服务商至今还没有出现,这是制约生产制造商渠道功能剥离的一个原因;另一个原因是制造企业必须让出足够高的渠道利润才可能保证代理商单独代理一个品牌。在品牌忠诚度低下的我国市场上,这种做法比较困难。因为代理商也在选择其他政策更为优惠的制造商。在优势不足,还没有形成对代理商足够吸引力的情况下,乐华推广代理制显然难过代理商这一关。

分销渠道的设计与决策是分销渠道开发与管理工作的重要内容之一。当一个公司需要去调整和改革原有渠道时,它首先必须清楚分销渠道设计的需求以及目标。然后,就需要对影响分销渠道的环境因素进行分析,设计出可行的分销渠道结构。最后,在综合企业内部资源,组织文化与结构的基础上,选择适合自身需要的分销渠道。

思考:
1. 请画出乐华渠道改革前后的渠道结构图。
2. 请简要分析一下乐华彩电进行渠道改革所面临的外部环境。

[①] 资料来源:庄贵军.营销渠道管理[M].北京:北京大学出版社,2004:86-87.

范例二 卫家公司的渠道改进[①]

深夜坐在北京飞往上海的班机上,林总经理还没有办法从这几天与多家零售商交往的紧张与疲惫中解脱出来。的确,他没有办法相信摆在眼前的事实:作为自己投入大半财产,亲手创办并培养起来的公司,在自己满怀希望进行渠道改革后不到一年的时间里,竟然失去了大块市场,与各重要的零售商的关系岌岌可危;而此刻上海总部,新投产的大规模生产设备、人员由于渠道危机已经闲置下来,滞留在仓库里的产品数量激增。为了防止刚刚还完生产扩建项目贷款的公司不陷入资金流转的困境中,只有尽快解决产品分销渠道不畅的问题,保证产品再次源源不断地摆上零售货架。林总经理思索着,他一定要在返回上海总部后,尽快调整渠道,扭转目前不利的局面,使企业生存下去,发展得更好。

(一) 背景介绍

1. 公司情况

上海卫家家用清洁用品有限公司是一家专门生产家庭防霉、防蛀卫生用品的小型私营企业,是台湾人林先生投资400万元人民币于1994年创建。1995年正式运营,年生产能力5000吨,员工有105人,共有家用衣物防霉蛀、家用地板家具防霉蛀两大类,片剂、液态、盒状固态三大系列12种产品,拥有两个品牌。卫家家用清洁用品有限公司定位于"中高档价位、高效健康的城市家庭防霉防蛀产品提供商"。卫家公司主要生产新型纯植物防霉烂制剂的产品,其产品的定位为技术水平较高,价位在导入期以高档为主、中档为辅,在行业淘汰"对二氯苯"芳香产品后,希望达到中档占主导,高档产品再提升的状态。

2. 行业发展状况

在20世纪80年代初之前,萘球一直占据着城乡居民防蛀消费品市场的主导地位,但其毒性非常大。随后,"对二氯苯"的芳香剂取代了卫生球,在20世纪90年代至今占据着城市家庭防霉防蛀用品市场的主导地位。其良好的防护效果、怡人的香气、不留痕迹、包装贴近家庭使用且规格多样化等优势,加之价格适中,使之保持了该类产品在市场上的"垄断地位"。同类型产品的竞争异常激烈,但相关机构证实,"对二氯苯"对生命体具有强烈的致癌作用。近年来,新型纯植物防霉烂制剂已在"对二氯苯"垄断的市场中初显端倪,这些全天然原料(以中草药为主)的产品更好地满足了人们对健康、安全生活的需要,特别是在产品包装、规格方面更进一步贴近家庭使用量小,用途逐步多样化的要求,逐渐为消费者所接受。

3. 营销渠道

从终端类型来看,遍布在各居民区的各种连锁超市及人们习惯集中来购买生活用品的大卖场、一些便民的生活用品社区便利店均为家庭防霉烂产品的销售终端,而大卖场由于价格优惠、品种齐全更受消费者青睐;同时,医药商店购买的概率相对较低,是受人们广泛存在的"防霉蛀产品属于生活品"的观念影响所致。

除了像正章这种专业生产,并拥有销售终端(正章洗衣店)的少数企业或连锁企业定牌生产外,绝大多数企业都不可能拥有自己的销售终端,而是通过渠道,将产品推向终端,面对消费者。其中渠道模式主要有三种:

(1) 生产企业 —划分区域人员联系→ 代理商(可能是多级代理) —物流配送→ 销售终端。

[①] 资料来源:郭毅. 市场营销案例[M]. 北京:清华大学出版社,2006:310-323.

(2) 生产企业 —划分区域人员推销,物流供应→ 销售终端。

(3) 以上两种模式的混合。

(二) 企业的渠道发展与变革

1. 自建渠道进入市场

卫家公司在进入市场时采取了自建销售网络的方式,以北京、上海、广州及武汉4个城市为辐射点,覆盖华北、华东、华南、华中四个区域;在每个区域中再选取4~5个省会城市及居民生活水平较高的城市,如青岛、深圳、苏州等。公司在市场进入阶段的渠道结构如图5.16所示。

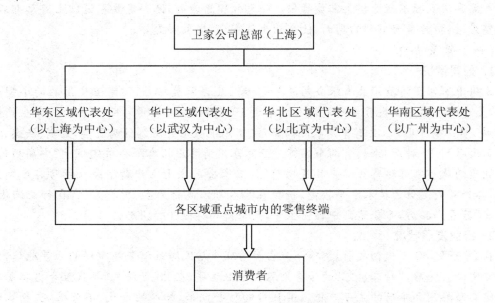

图 5.16 卫家公司进入市场的渠道结构

公司在4个区域辐射点城市成立了小型的仓储销售机构,便于各区域内供货协调。还将公司销售人员派驻到各区域,向选取城市中的终端推销其产品,根据需要雇用当地物流服务进行送货。由于人员少、物流服务成本高,所以选取的终端数目并不是很多。而在进入这些终端的过程中,卫家公司也遇到了很大的挑战:由于卫家产品是初次上市,其企业规模小,且在业内尚未有一定声誉,大型终端如联华超市、家乐福等对其产品的市场需求、企业的合作能力都持怀疑态度,毕竟生产中高档家用防霉烂产品的小企业数不胜数,而进入联华、家乐福这样的大型终端就等于在很大程度上保证了产品销售的成功,竞争在挤入终端阶段是异常激烈的,而销售人员的推销手段更是层出不穷。

为了产品能够摆上这些大型终端的货架,公司尽可能为产品推广提供更多的资源与条件。在4个辐射点城市中,卫家公司配合终端销售,各雇用了2名人员,轮番在各终端门市中进行现场人员促销,介绍产品,还印制了一些以"健康、绿色、适用家庭"等为诉求点的POP海报,对购买者进行教育。这些活动令卫家公司的销售费用大幅上升,加之没有渠道合作经验,在物流配送方面没有系统组织,也没有建立稳定的合作伙伴关系,货物储运方面在第一年进入市场时也是费用高昂,这些费用均远远超出公司本来的预算。

虽然在市场进入的一年过程中,卫家公司付出了很多,但年终的财务报表上并没有显现骄人的成绩。4个辐射点城市的平均销售回款只有50万元左右,而其余销售点城市由于投入力量更小,一般都处于亏损状态,这对于原来产品市场相当乐观的林总经理来说,实在是很大的打击。林总经理此时也清醒地认识到,由自己带领销售人员,依照一年来的方式做下去是不可能为公司带来巨大转机的。他太缺少有关中国内地市场运作方面的知识与经验,而祖国大陆市场毕竟不会和台湾地区一样,行业情况也相差较多。企业需要一个熟悉本土行业运营规律的职业经理人来完成关系企业生存发展的销售环节。

2. 渠道变革

(1) 改换渠道合作模式取得成功

1996年2月,林总经理通过人才市场招聘,觅到一匹千里马——姚先生担任卫家公司的销售经理。姚先生原在一家中型的、生产各类清洁用品的民营企业担任销售副经理,他原所在企业的产品在市场中具有一定知名度,虽然发展时间只有5年,但已有3种产品在各自市场中占据了较大的市场份额,实在是成绩骄人。林总经理带领姚经理参观了企业,并很详细、坦诚地讲明了企业的状况,同时明确了要求:在1~1.5年时间内使卫家扭亏为盈,而投入的销售费用必须在原有基础上降低30%~40%。这一切对新上任的姚经理来说将会是严峻的考验。

姚经理上任一个月期间,对卫家公司各地的销售情况做了详细的了解,对销售队伍的人员状况也做了一定的分析。一个月后,姚经理向林总经理彻底分析了卫家产品及企业的情况,并很快说服了林总经理,使其相信只凭自身的力量是不能完成整个渠道的各种事宜的,只有寻求一定的合作伙伴,整合优化资源配置,才可能打开市场。

在接下来的3个月里,姚经理请林总经理一道拜访了四大区域内较为理想的代理商,由于姚经理过去与他们均有过较好的合作经历,代理商都应允试用卫家的产品,大家也对各自所覆盖的代理区域作了一定协调,防止不必要的冲突。而林总经理也认真考虑了姚经理的建议,提出相当优惠的条件,鼓励代理商一次买断更多的产品,加速资金周转速度。如:一次性购买50万吨以上并签约即付款的代理商给予5个扣点(5%)的供应价折扣优惠,100万吨以上签约即付款的可得到8~9个扣点的供应价格折扣优惠;代理商安排终端人员现场促销活动,卫家公司将负担一定的人员聘用费用,或按照销售量给予一定比例的费用返还;卫家公司将派专人配合区域促销活动安排,积极联系总部,以提供赠品制作、POP内容设计等多种方式配合代理商促销,以期共同打开市场;卫家公司此次将销售人员缩减为18人,各区域分别派驻3~4人,同时总部保留一定人员联系各区域人员。

经过两位经理3个月的精心部署,卫家公司的通路设置日趋清晰完善:4个区域的重点城市共设代理商8个,各区域派往的销售人员也开始与代理商正式合作,准备在1996年7月~1997年1月的半年间放手一搏。改革后的渠道结构如图5.17所示。

对于这些在所辖区域内与大型终端有良好稳定合作关系的经销商而言,在原有供货基础上增加一类产品进入终端,不是一件很困难的事情。加之公司此番决心以多种优惠手段集中力量促销推广,代理商在买断货物后的销售积极性被充分调动起来,双方都希望卫家产品可以打开市场局面,成为获利之源。

结果比姚经理预期的还要理想:其中3个重点城市的代理商还将卫家产品送入了次级城市的中高档零售终端,消费者开始在有规律的终端内促销人员的宣传、海报宣传下对卫家这种价廉优质产品产生了兴趣,购买潮随着产品概念在消费者间的扩散而逐步形成。

截至1997年1月,卫家公司虽然在促销方面投入了比以往多2~3倍的资金,但原有的物流、销售队伍支出、进入终端的公关费用大幅降低,各城市市场销售回款总额突破800万

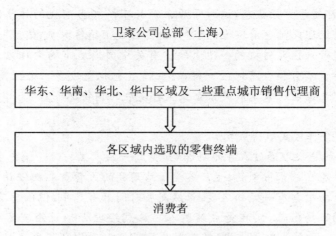

图 5.17 企业改革后的渠道结构

元,令卫家公司在半年间一举扭亏为盈。成功的合作开始,卫家公司与各代理商彼此接纳了对方,快速增长的市场需求也促使两者的联系更紧密。

(2) 渠道合作矛盾显现

有了前期的成功合作,卫家产品的市场需求大幅提高,很快将初期滞压的产品也送进了市场。卫家公司的生产设备、人员全部投入了生产中。林总经理与生产部经理和姚经理商议后决定:为了适应市场快速增长的需要,卫家将利用向当地工商银行申请的项目贷款 400 万元,购建厂房设备、配置生产人员,建设期为 6 个月,还款期限为 3 年。卫家公司同时也与各代理商达成协议,在未来 4~6 年内由各代理商在所辖区域内独家代理卫家的产品。

在接下来的 3 年中,卫家公司产品销量仍呈增长态势,但增长速度明显减缓,最终几乎停留在 950 万元人民币/年的水平上,林总经理十分焦急。

在这 3 年的合作中,代理商一直不断要求更优惠的进货价格,毕竟进价下调后,代理商的利润空间可能会大幅增加,也会增加提高促销支出的可能,但这一举动恰恰会将卫家公司的毛利润大幅降低,而利润率可能也会受到一定影响。

市场对卫家产品的需求似乎已进入"稳定期",消费者对产品概念随着终端供销、宣传及其他企业相似产品的介入而熟悉,但在购买时由于选择可能非常多而更理性,原有消费群购买量稳定,而新进入的消费者没有达到预期数量。

卫家公司全力投入促销活动的费用(包括给代理商的优惠措施)的增长比例远大于产品销量的增长,这部分支出占据了卫家成本的较大部分,而收效却不理想。

卫家公司新增的生产能力并未达到理想的产出效率,至少有 50%左右的闲置,如果全力生产,将会带来相当大的仓储压力与费用。

偿还贷款本息后,卫家公司对大量资金用于支出的承受力被削弱很多,面对利润下降、生产能力闲置、市场趋于饱和的态势,其资金流转可能出现短期的危机。

林总经理此时开始对代理商的模式产生怀疑,增加中间环节会降低利润空间的道理是不言而喻的。虽然姚经理与这些经销商有一定的人际关系基础,但不断扩大利润空间是经销商的理念,也是维系双方合作的决定因素,代理商不会因为卫家产品销量增长放缓、生产发生闲置或是资金流转不畅而给予特殊优惠。即使不要求不断降低进价,代理商也会要求更多的促销以提高销量,这对卫家来说同样是一种成本支出。

同样，对于代理商而言，卫家产品在旗下众多的代理产品中渐渐成为一块鸡肋——食之无味，弃之可惜。家用防霉烂产品流量不大、周转速度不及很多生活消费品。即使定位于中高档价位，商品的毛利润空间仍不是很大。毕竟这一产品概念尚未广泛接受，加上品牌、价格等多种因素影响，天然防霉蛀产品占主流地位的时机还未成熟，而卫家此时要遍地开花显然是难上加难。因而一部分代理商没有再以合作初期的力度为辖区内的卫家产品销售给予支持，期望其销售保持一种平稳上升的态势。如果卫家公司不能再做出有力的进价优惠和促销支持，则很有可能放弃卫家产品，选择其他产品生产者，或是将资源集中到旗下其他代理产品上，寻求更大的利润来源。

卫家与代理商的合作从 3 年前的一拍即合到由浓转淡。林总经理对这种合作模式渐渐失去信心，他相信，市场对天然防霉烂产品已存一定的认知度；终端、消费者对卫家产品也有了一定了解，如果收回中间环节代理商取得的那部分利润，卫家完全可以自主销售，进一步加大促销力度。这对于卫家比较成熟的产品和有准备的生产能力都将带来新一轮的、更大的市场需求。

3. 渠道重组引发危机

（1）渠道重组

在 2001 年初，林总经理不顾姚经理的竭力反对，坚持恢复卫家最初的自建渠道模式，中断并放弃与代理商的合作关系，公司支付了一定违约金，收回货品和促销材料。这虽然对大多数代理商来说损失不大，但影响并不好，特别是姚经理认为他很难面对业内朋友，卫家的成功离不开业内朋友们当初的大力支持。而他更清楚的是：对于卫家这样主攻生产而其他环节力量薄弱的企业也只有选择代理合作的模式才是真正有效的。姚经理对林总经理的决定很失望，认为没有必要继续留下来坚持违背初衷、预期不利的事业，辞职离开了为之奋斗了几年的卫家公司。

卫家公司在林总的带领下重组、招聘了销售队伍，很快恢复了原有区域派驻的销售模式，但终端范围做出了一定调整，放弃了一些农村市场由代理商铺货的终端，主攻重点城市各种大型终端，开始了新的挑战。

一些同类产品以更优惠的条件得到了原卫家代理商的支持，借助卫家产品概念的宣传顺利进入了市场；而卫家产品为了留在原来的大型终端，必须向其他进入者一样，根据大型终端的要求重新调整自己。卫家开始感受终端的"冷淡待遇"——这种产品对终端而言是必需但不重要的，给予关注的可能性是极低的，仅凭单一而非重要产品的供应者在与终端的合作中地位差距是可想而知的。

（2）危机爆发

2001 年 9 月，在北京市场上，卫家终于爆发了一场危机，这也是隐患积聚的必然。家乐福作为卫家在北京销售的重点终端，其对供应商有着严格的断供货要求，以适应其"零库存"的营运需要。卫家作为长期合作者，自然也十分清楚，自主销售后不敢怠慢。但家乐福北京各分店相距很远，与其他卫家选择的终端没有任何比邻；每次要求的进货量不是很大，一般为 2~3 箱，自主销售后，卫家还没有自己的物流配送合作伙伴，配送活动管理较为混乱，有些销售员甚至叫出租车送货，而北京交通情况是不允许出租车运送箱式货物的，一经交警发现会处以 50~200 元不等的罚款。于是卫家销售员由原来的"不辞辛苦""不计成本"为家乐福"有求必送"，渐渐转为拖延，待家乐福门店及北京其他终端有较多供货需求时才雇用专用运货车辆一并发货，这着实令家乐福无法接受。经过门市再三反映卫家产品架上数量低于应采购标准,不能按照规定及时补货,造成货架空间利用率降低后,家乐福于2001年10月正式提出与卫家公司解除合作关系,这使卫家公司销售遭受重创。

更严重的是,北京几家大型终端,如京客隆、亿客隆等,也对卫家的供货情况提出警告。一些终端在不十分清楚家乐福驱逐卫家具体原因的情况下,甚至怀疑卫家产品或企业存在问题而暂停补货,计划待产品出空后更换品牌。这一连锁反应令卫家公司在北京市场一蹶不振。林总经理亲自到京协调,希望缓和态势。终端的拒绝合作令卫家在北京市场上的销售举步维艰。而其他重点城市也不同程度地存在这种隐患,销售业绩难以令人欢欣鼓舞,林总经理的卫家在不到一年的时间内陷入了困境,前方销售受阻,后方的生产、仓储亦成难解之题。

(三)尾声

让卫家产品迅速重新登上终端零售的货架,可以将卫家从目前面临的资金流转危机中解救出来。但是,林总经理希望找到一种更好的方法,可以在未来的发展中为卫家打下一个良好的渠道基础,毕竟卫家现在和今后很长的一段时期内都还只是一个专门生产家庭用防霉烂小商品的民营小企业,寻求一种有效的渠道合作模式,找准一种合适的渠道位置,做好自己应该扮演的角色,对未来发展是相当重要的,不能仅仅为了眼前而慌不择路。

林总经理的心绪很难平静,但他默默地告诫自己找到一条很好的出路,一定可以渡过这次难关。

思考:
1. 结合渠道设计的相关理论分析该企业自建渠道失败与渠道变革成功的原因。
2. 该公司有必要进行渠道重组吗?渠道重组失败给我们什么启示?
3. 假如你是林总经理,应该如何解决所面临的困境?

训练五 模拟商务谈判

一、实训任务

(1) 要求学生把商务谈判理论运用于实践,了解商务谈判的作用、主要任务,模拟商务谈判。

(2) 要求学生依据教师提供的标的信息和要求,提出各种假设和臆测,各自根据自己的谈判立场、观点、风格等方面进行模拟谈判。

(3) 要求学生通过"模拟商务谈判"实训项目,更好地掌握商务谈判的技巧和方法。

二、实训要求

(1) 要求教师对"商务谈判"在市场营销活动中的实践应用价值给予说明,调动学生实训操作的积极性。

(2) 要求教师把"模拟商务谈判"实训的步骤、内容及要求布置给学生。

第一阶段为准备阶段。该阶段的工作是在课余时间进行的,主要工作有:

① 分组。

② 抽签决定谈判资料的甲乙双方及谈判顺序。

③ 学生根据模拟商务谈判的资料要求进行准备。一般进行的工作有：各组组长负责召集小组会议，研讨谈判资料，策划谈判总体方案；进行人员分工，确定各议题的主谈人与辅谈人，各人根据自己的分工，进一步搜集与议题有关的信息情报（经济、技术、财务、制度、法规等），策划所负责议题的具体谈判方案；各小组第二次集中，研讨各人具体议题的谈判方案，提出修改意见，然后汇总各人的方案，修订并整合出谈判总体实施方案。

第二阶段为模拟谈判阶段。该阶段的工作和要求主要有：

① 要求谈判教室尽可能按照谈判厅的要求布置，如谈判桌、台布、花饰、水杯和欢迎标语等。要求双方谈判人员穿戴整齐、讲究，以渲染谈判气氛，提高仿真度。

② 由指定方（或发邀方、主场谈判方）的谈判小组组长主持谈判。

③ 根据教师给定的谈判议题和各自策划的谈判方案展开谈判。

④ 根据教师临场前给出的补充资料，调整谈判方案。

⑤ 谈判时间限定为 1.5 小时。

⑥ 谈判过程中要有教师在现场作适当指导，但不干涉。

⑦ 需按谈判过程及要求逐一展开，在谈判过程中，各成员要认真严肃，努力扮演好自己担当的角色，言谈举止需符合谈判的气氛要求，以确保仿真程度。

⑧ 谈判过程记录与结果认定。对谈判过程每方均要做记录，谈成的项目需写出最终的确认书，对未谈成的项目需另外行文写出说明，并注明未达成一致的原因，由双方组长签字认定。各项目均谈成的成功谈判，双方需签订协议书，并由双方组长签字认定。以上达成议题的确认书、成功谈判的协议书、未达成一致议题的说明以及双方的谈判实施方案，在模拟谈判实践结束后，需上交指导教师。

⑨ 模拟谈判结束后，双方各选出一名代表，解密己方的谈判方案，并谈模拟谈判的体会。指导教师要对其谈判过程及结果进行讲评。

第三个阶段为谈判报告的撰写和成绩评定阶段。该阶段主要在课余时间完成以下工作：

① 每个谈判小组按要求与格式撰写模拟谈判报告，并上交作为模拟谈判活动成绩评定的依据。

② 指导教师根据谈判小组、小组中的个人在模拟谈判活动中的表现、小组评分及模拟谈判报告给出每个谈判小组的成绩。

(3) 要求学生了解谈判标的的有关资料和信息，为"模拟商务谈判"实训项目设计谈判计划书。

(4) 要求教师提供"模拟商务谈判"实训案例，供学生参考。

三、理论指导

(一) 谈判概述

谈判是人际交往过程中一项广泛使用而且十分重要的沟通活动，大到国家与国家之间的政治、经济、军事、文化的相互往来，小到企业之间的联系与合作，都离不开谈判。即使在组织内部，也有很多情况下需要通过谈判沟通使别人接受某个方案或就某些目标同别人进行商讨，这些都应该属于广泛意义的谈判。

1. 谈判的目标与结果

谈判是一种目标很明确的行为。人们谈判是为了满足需要，建立和改善关系，是一个协调行为的过程,它的直接目标就是最终达成协议,寻求解决方案。谈判双方各自的具体目标往往是不同的,还有可能是对立的。双方都希望通过谈判达到自己的目标,但实际上往往会有多种不同的结果,如表5.8所示。

表 5.8 谈判的不同结果

双赢	一赢一输	两败
双方都获得好处	只有一方获得好处	双方都没有获得好处
强调双向沟通	坚持各自立场	坚持各自立场
双方都有灵活性	一方有灵活性,另一方没有	双方都没有灵活性
着眼于解决问题	着眼于短期利益	各自坚持不能让对方获利
维护长期关系	损害长期关系	损害长期关系

尽管谈判中双方都想达到自己的目标,取得"你赢我输"的结果,但是使双方都获得好的结果才是谈判应该追求的。谈判的目的是达成协议,而不是一方战胜另一方。在谈判中,双方要不断调整自己的行为和态度,做出必要的让步,而且能理解对方的要求,这样,谈判才可能取得成功,最终达成双方都较满意的协议,双方长期的合作关系也能够得以建立。

2.谈判的影响力

通常我们把影响和改变他人心理和行为的能力称为影响力,与行政力相比,它更为复杂并具有多面性,而且不能直接使变化发生。影响力是由多种元素构成的,其效果也是多方面的。影响力包含的元素涉及人际关系、被信任程度和专业知识与技能等诸多方面。人们一般会从以下几个方面感知谈判的影响力:

(1)权力和职务当然会提高影响力,可是有影响的人不一定有高级行政职务。谈判的影响力来自个人的综合能力、专业知识和技能以及深刻的见解。

(2)人际关系。良好的人际关系有助于维护高的影响力。某些人由于害怕破坏与你的友好关系,有时候不得不接受你的观点和做法,接受你对他们的影响。

(3)社会压力。影响力有时候来自所属群体的需要。由于人们分属不同组织,一般不会反对其所在组织的文化,因此在这种社会压力下,他们就容易接受别人的影响。

(4)说服力。人们一般容易接受符合逻辑的论断,被符合逻辑的论断说服并做出某些事情,因为他们觉得只有这样做才最合适。

提高影响力的方法很多,比如可以通过建立一定的关系网络来扩大影响力的范围。此外,你还可以采用下面的一些方法:广泛建立良好的人际关系;增加专业知识和技能;注意沟通的方法和技巧;寻求共同的兴趣、利益和好处;合乎逻辑地表达思想、见解和观点;正确地提问并注意倾听。

3.谈判的基础工作

一项谈判能否取得成功,不仅取决于谈判当时的沟通情况,而且有赖于谈判前充分、细致的基础准备工作。可以说,任何一项成功的谈判都是建立在良好的准备工作的基础之上的。

(1)确认谈判的必要性和需求。在开始准备谈判之前首先要确认:这项谈判是否有必要。如果存在以下情况,可以考虑不采用谈判的方式:

① 自己从中得不到任何想要的东西;

② 时机不当时最好不要浪费时间。一定要清楚这是不是可以谈判的时候。例如正在裁员时,绝不能要求涨工资;

③ 有其他更有效的方法可以达到自己的目标。

除了确认必要性之外,开始谈判之前还必须清楚自己的问题和需求,这样才能够着眼大局。因此你需要做到:

① 明确问题所在——问题是什么;

② 准确无误地分析意图——自己需要什么,真正关心的是什么;

③ 希望寻求的最好结果是什么——想达到什么目标;

④ 确认能做出的最大让步是什么——至少达到何种程度可以接受。

确定了谈判的必要性和需求,就可以开始研究如何进行谈判、需要做哪些具体的准备工作。

(2) 研究和收集信息。谈判需要研究和收集的信息主要包括两个方面。

① 有关人员的情况。尽量了解被说服人员和谈判对手的情况,例如:他们的兴趣和爱好,或者最爱谈论的话题和论调;他希望人们如何看待他(比较强硬和果敢、足智多谋、心胸开阔);他们是不是易于理解和接受事实;通常情况下,他们在遇到新的思想和见解时反应和态度如何;他们当前正在关注和思考的问题。

了解了对方人员的以上情况以后,我们可以考虑:自己的建议对他们有什么好处;自己应该采用什么样的方式方法;双方的共同利益;可能的反对意见。

② 相关的事实和数据。在谈判中,你必须为你的观点和建议搜集相关的事实和论据,包括准备在谈判中需要使用的材料等。如果能够把它们整理成书面材料、流程图、图表等,这些事实和论据将会更有说服力。对此你需要:认真搜集和研究对你有帮助的事实;尽量运用实例和数据说明当前的问题和情况;用实例和数据证明你的理由和观点。

(3) 赢得人们支持。赢得大家的支持无比重要。不同的人看问题有不同的角度,集体的智慧可以弥补个人思维的缺陷。为了使你最终能够说服别人,在试图解决问题以前,必须获得人们的支持。你可以尽量争取有关人员的帮助,听取他们的意见和想法,从而消除观点、论据中的隐患,使之无懈可击。

(4) 规划谈判进程。当确定了自己的问题和需求、通过调查研究获得了信息和数据并赢得了支持,就应该开始规划行动的框架了。规划一个行动至少要建立一个框架,并选定切入点。把需要参考的要点写下来,事先把这些要点融会贯通,才能做到胸有成竹。下面提供的是谈判的一个简要步骤:

① Identify:提出问题和共同的基础。在开场白中,要一下子抓住对方的兴趣并说明对他的益处,例如,"我有一个想法,能解决我们双方的问题——"或者"我们面临着共同的问题——";

② Declare:宣布自己的观点和见解,说明希望解决的问题、背景情况以及为什么采取这个解决办法,例如,"我认为解决途径是——"或者"我所关心的是——";

③ Explain:解释你的建议,举出事实和数据说明对对方的益处;

④ Ask for:征求和解答对方的不同意见,并逐一加以解释和处理;

⑤ Summarize:简要总结,确认对方已经理解,以便落实以后的行动。

当然,上面只是谈判中的一个大致步骤。有些步骤需要反复进行才能达到目的。针对谈判或者被说服对象的不同,我们需要采用的手段也是不一样的,如表5.9所示。

表 5.9 谈判对象的类型和说服手段

类型	魅力型	思考型	怀疑型	谨慎型	控制型
关键特征	激情奔放、发号施令、形象思维	逻辑思维、坚韧不拔、学识丰富	反复查问、节外生枝、难以掌握	认真负责、小心谨慎、经济头脑	逻辑思维、不动感情、注重细节
说服手段	注重结果、形象生动、聚焦重点	证据有力、规划周到、叙述全面	恪守信用、说明得到有威望和有影响的人的保证与支持	经过验证、方法有效、有成功先例	程序规范、专家论证、推心置腹

以上对谈判做了简要概述,由于谈判类型较多,以下我们主要介绍一下商务谈判的内容。

(二) 商务谈判概述

1. 商务谈判的定义

商务谈判指交易的双方为了协调双方的经济关系,满足需求,围绕涉及双方利益的交易条件,彼此通过信息交流、磋商而达到交易目的的行为与过程。

2. 商务谈判的构成要素

商务谈判是一个有机联系的整体。一般来说,商务谈判由 4 个基本要素构成,即谈判主体与客体、谈判议题、谈判的时间与地点。

(1) 谈判主体。所谓谈判主体就是指参加谈判活动的双方。谈判的主体构成非常广泛,可以是自然人,也可以是组织或团体。谈判主体又可以分为关系主体和行为主体两种。

关系主体,指有资格参加谈判,并能承担谈判后果的自然人或组织、实体等。关系主体必须是谈判关系的构成者,必须直接承担谈判后果,必须有行为能力和谈判资格。

行为主体,指通过自己的行为完成谈判任务的人。行为主体必须是参加谈判的自然人,行为主体必须通过自己的行为来直接完成谈判任务。

(2) 谈判客体。谈判客体是相对谈判主体而言的,指谈判主体所要了解并企图去影响、说明的一方。谈判客体可以是一个自然人,也可以是两个或两个以上的团体;可以只代表个人利益,也可以代表集体乃至国家的利益。

(3) 谈判议题。谈判议题指谈判双方共同关心并在谈判中所要协商解决的问题。它是谈判的主要内容,也是谈判主体利益要求的体现。商贸谈判的议题主要有:商品的基本条款、装运条款、保险条款、支付条款、异议与索赔条款等。

(4) 谈判时间。谈判时间适当与否,对谈判是否成功影响颇大。因此,谈判者在进行谈判决策时,不能对谈判时间的选择掉以轻心。一般而言,应以获得最佳谈判效果作为选择谈判时间的基准。

对谈判时间限制的宽松与严格,对谈判主体双方的心理影响是不同的。如果对谈判的时间进行严格的限制,就会给谈判主体造成很大的心理压力,就要针对紧张的谈判时间限制来安排谈判人员,选择谈判策略。反之,谈判策略就会不同。另外,谈判中的时间因素对谈判者选择与把握谈判时机方面也有影响。

(三) 商务谈判准备

1. 明确谈判的目标

商务谈判准备的第一步就是要明确谈判的目标。谈判的目标一般有三个层次:最优期望目标、中等目标、最低目标。

(1) 最优期望目标。最优期望目标是指对谈判的一方最有利的理想目标,在满足己方实际需求利益之外,还有一个增加值。

(2) 中等目标。中等目标是比较实际的、有实现可能的谈判目标,在特定力量对比下最大限度地满足了己方的利益。因此,要正确地选择、制定洽谈目标,最好是具有一定的弹性,规定一个可以上下浮动的界限。在实际推销洽谈中,只要环境允许,谈判方要力争实现这一目标,不要轻易放弃。

(3) 最低目标。最低目标是推销洽谈中必须保证达到的最基本的目标,是洽谈成功的最低界限。如:最低成交价格,分期付款的次数与期望,交货期限等。只有实现了这一目标,谈判方才能获得一定的利益。显然,最低目标是一个下限目标,是宁愿谈判破裂也不能放弃的要求或立场,因此又称为"底线"或"底盘"。

2. 信息准备

全面、准确、及时的信息是制定谈判策略的依据。信息准备就是根据谈判的需要,搜集、整理、分析、筛选各种与谈判有关的信息资料。信息准备工作既需要在商务谈判前开展,也需要在谈判中进行。

信息准备的内容主要有:

(1) 本方信息准备。本方信息准备是指谈判者所代表的组织及本方谈判人员的相关信息,主要包括以下内容:

① 经济实力评价。主要是对诸如财务状况、销售状况、资产价值、产品及服务的市场定位、产品竞争情况、企业经营管理水平等指标的评价。

② 商务谈判项目的可行性分析。

③ 商务谈判的目标定位及相应的策略定位。

④ 谈判人员的整体评价。主要是对谈判人员的构成结构、知识结构、心理素质、谈判经历及成败记录、人际交往及谈判能力等方面的评价。

⑤ 本方所拥有的各种相关资料的准备状况。主要指的是相关资料的齐全程度,对核心情报的把握程度,谈判人员对相关资料的熟悉程度等。

(2) 对方信息准备。包括以下方面:

① 对方经济实力和资信评价。主要对财务状况、资本构成、商务信誉、履约能力、销售及盈利情况、经营管理状况、产品及服务的知名度与美誉度等情况的评价。

② 谈判对手的真正需求。比如对方的谈判诚意、谈判动机、谈判目标、可能提出的要求及条件、可能接受的最低条件等。

③ 对方谈判人员的实力情况。主要指的是谈判人员的组成情况、谈判作风、心理素质、性格特征、个人经历、爱好、人际交往及谈判能力、谈判经历及成败记录等。

④ 谈判对手的谈判时限。指对方所规定的谈判时间及谈判的最后期限。

⑤ 对方所掌握的信息情况。主要指的是对方所拥有的信息资料,可能掌握的核心机密,对方对我方的了解程度等。

(3) 市场信息准备。市场信息是指与谈判内容有关的市场方面的信息资料。它包括:

① 市场总体状况。包括与谈判内容相关的国内外市场的总体情况,如地理位置、运输条件、市场辐射情况、市场容量及潜力等。

② 商品需求情况。指的是与谈判相关的商品的市场销售量、销售价格、预期的商品市

场生命周期、营销的策略、措施及其效果等。

③ 市场竞争情况。主要包括竞争者构成、竞争格局、竞争对手的数量及规模、竞争对手的经济实力、竞争对手的营销能力、竞争对手的产品特征及其知名度与美誉度等。

④ 环境信息。环境信息指的是与谈判相关的宏观环境方面的信息资料,主要包括政治状况、经济状况、科技环境、法律制度、社会文化等。

3．人员准备

商务谈判往往不是一个人所能完成的,要以一定的组织形式作保证,成立谈判小组,并做好谈判团队的配备、管理等方面的工作。

（1）谈判人员的组织构成。在一般的商务谈判中,所需的专业知识大体上可以概括为有关工程技术方面的知识、合同权利义务等法律方面的知识,以及有关价格、货运、保险、支付、商检、报关、语言翻译等方面的知识。

（2）谈判队员的分工配合。当挑选合适的人员组成谈判团队后,就必须在成员之间根据谈判的内容、要求以及个人的专长,做适当的分工,以明确各自的职责,并在谈判的过程中相互协调与配合,取得预期的谈判效果。

4．场地安排

（1）场地的布置

场地的布置主要包括座位的安排、必要谈判设备的摆设。谈判场地的布置及座位的安排是否得当,是检验谈判人员素质的标准之一,对大型的正规商务谈判,如果主人连谈判会场及座位的安排都不符合有关要求和惯例的话,会让对方怀疑主方对本次谈判的重视程度、诚意乃至谈判者的素质,由此可使客方占尽心理优势,甚至使主方被动,最终影响谈判的效果。

（2）安排座位,如图5.18所示。

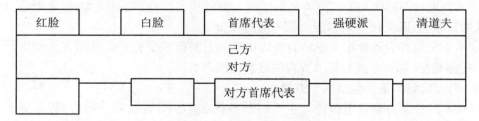

图5.18　谈判座位安排图

说明：
① 首席代表坐在中间,团结所有队友;
② 白脸紧挨着首席代表,形成友好、随和的结盟;
③ 强硬派与清道夫相邻,彼此谈判技能相互补充;
④ 红脸坐在桌尾,与其队员分开;
⑤ 清道夫可以从桌尾看到谈判对手的反应。

5．模拟谈判

为了更好地预见谈判情况,检查谈判准备过程中存在的漏洞,在谈判实践中,常常需要采取模拟谈判的方法。

(四) 商务谈判策略

1. 避免争论策略

在谈判开局阶段,建立积极、融洽、和谐的谈判气氛对谈判效果的影响非常重要。然而,谈判双方为了谋求各自的利益,不可避免地要在一些问题上发生分歧。分歧出现以后,尽可能地避免争论,应采取下列态度进行协商:

(1) 冷静地倾听对方的意见。在谈判中,"听"往往比"讲"更重要。在倾听的过程中,即使对方讲出不中听或对己方不利的话,也不要立即打断对方或者反驳,最好的方法是让他陈述完毕之后,先表示同意对方意见,承认自己在某些方面的疏忽,然后提出对对方的意见进行重新讨论。这样,在重新讨论问题时,双方就会心平气和地进行,从而使谈判双方达成比较满意的结果。

例如,在一次关于建材销售价格的谈判中,买方甲提出"你方的水泥售价太高,不降价无法达成协议。"对此,卖方乙不是立刻讨价还价,而是表示歉意,对甲方说道:"我们也认为价格订得高了些,但由于它成本高,所以报价时只考虑了它的生产成本和盈利指标,忽视了你们的承受能力,这是我们的疏忽,对此,我们表示歉意。大家谁也不会为了亏本来谈判。因此,我们愿就价格问题专门进行协商。"这样一来,对方就不会觉得你方是为了掏他的腰包,而是了为了真诚地继续合作。在重新讨论价格的问题时就显得十分宽容与大度。

(2) 婉转地提出不同意见。谈判中,当不同意对方的意见时,切忌直接否定对方的意见,以免使对方产生抵触的情绪。最好的方法是先同意对方的意见,然后再作探索性的提议。

(3) 当分歧使谈判无法继续,应马上休会。谈判实践证明,休会策略不仅可以避免出现僵持局面和争论发生,而且可以使双方保持冷静,调整思绪,平心静气地考虑双方的意见,达到顺利解决问题的目的。

2. 抛砖引玉策略

所谓抛砖引玉策略就是在谈判过程中,一方主动地摆出各种问题,但不提出解决问题的办法,而是让对方去解决。这种策略一方面可以达到尊重对方的目的,使对方感觉到自己是谈判的主角和中心;另一方面,又可摸清对方的底细,争得主动。但这种策略在谈判出现分歧时,以及对方自私自利、寸利必争的时候不适应。

3. 留有余地策略

此种策略要求谈判人员对所要陈述的内容应留有余地,以备讨价还价之用。在实际谈判中,不管你是否留有余地,对方总是认为你会留一手,你的报价即便是分文不赚,对方也会认为你会赚一大笔,总要与你讨价还价,不做出让步,对方就会不满意。同样,对方提出任何要求,即使能百分百地满足对方,也不要一口承诺,要让对方觉得你是做了让步后才满足他的要求的。这样可以增加自己要求对方在其他方面做出让步的筹码。

一般来说,此种策略在用于对方为自私狡猾、见利忘义的谈判对手,以及在不了解对手或开诚布公失效的情况下使用。

4. 避实就虚策略

该策略是指我方为了达到某种目的和需要,有意识地将洽谈的议题引导到无关紧要的问题上故作声势,转移对方的注意力,以实现己方的谈判目标。具体做法是:在无关紧要的事情上纠缠不休,或在自己不成问题的问题上大做文章,以分散对方对自己真正要解决的问题的注意力,从而在对方失去警觉的情况下顺利实现自己的谈判意图。

5. 沉默策略

谈判开始就保持沉默,迫使对方发言。沉默是处于被动地位的谈判者常用的一种策略。这种策略主要是给对方造成压力,使之失去冷静,不知所措,甚至乱了方寸,发言时就有可能言不由衷,泄露出其想急于获得的信息。同时还会干扰对方的谈判计划,从而达到削弱对方力量的目的。

6. 情感沟通策略

如果与对方直接谈判的希望不大,就应采取迂回的策略。即先通过其他途径接近对方,彼此了解,联络感情,沟通情感之后,再进行谈判。实践证明,在谈判中运用感情的因素去影响对手是一种可取的策略。

灵活运用该策略的方法很多,可以有意识地利用空闲时间,主动与谈判对手聊天、宴请、娱乐、馈赠小礼品、谈论对方感兴趣的问题、提供交通食宿的方便、帮助解决私人的疑难问题等。

7. 最后期限策略

从心理学角度来讲,人们对得到的东西并不十分珍惜,而对要失去的本来在他看来并不重要的东西,却一下看得很有价值。在谈判双方各抒己见,争执不下时,处于主动谈判地位的一方可以利用人们的这种心理定势,提出解决问题的最后期限和解决条件。期限是一种时间性通牒,既给对方造成压力,又会随着最后期限的到来,使对方感到如不迅速作出决定,将会失去机会,令对方的焦虑与日俱增。因而,最后期限压力,迫使对方快速作出决策。一旦对手接受了这个最后期限,交易就会很快地顺利结束。

(五) 商务谈判的技巧

1. 入题技巧

谈判双方刚进入谈判场所时,难免会感到拘谨,尤其是谈判新手,在重要谈判中,往往会产生忐忑不安的心理。为此,必须讲究谈判入题技巧,采用恰当的方法入题。

(1) 迂回入题。入题切入点要"自谦",介绍己方谈判人员,介绍本企业的生产、经营、财务状况等题外话(天气、趣闻轶事、流行事物、社会新闻等)。

(2) 先谈细节,后谈原则性问题。围绕谈判的主题,先从谈判的细节问题入题,分条缕析,丝丝入扣,待各项细节问题谈妥之后,也会自然而然地达成原则性的协议。

(3) 先谈一般原则,后谈细节问题。一些大型的经贸谈判,由于要谈判的问题千头万绪,双方高级谈判人员不应该也不可能介入全部谈判,往往要分成若干等级,进行多次谈判,这就需要采取先谈原则问题、再谈细节问题的谈判方法。只有双方就原则问题达成一致,谈判细节问题才能有依据。

(4) 从具体议题入手。大型商务谈判,总是由具体的一次次谈判组成的,在具体的每一次谈判会议上,双方可以首先确定本次会议的商谈议题,然后从这一具体议题入手进行谈判。

2. 阐述技巧

(1) 开场阐述。谈判人入题后,接着便是双方进行开场阐述,这是谈判的一个重要环节。在开场陈述时应做到:开宗明义,明确此次谈判的议题;表明谈判的基本立场及其应得到的谈判利益;认真倾听并归纳对方的开场阐述;若双方在开场阐述上分歧较大,不要立即与对方争论;开场阐述应简明扼要,应是原则性的,而非具体详细。

（2）让对方先谈。商务谈判中，为了为己方争取到尽可能大的利益空间，一定要让对方首先说出自己的条件，使己方占据主动地位。优势谈判理论中认为，谈判时应让对方先开出条件，方法是在谈判中界定目标。

（3）坦诚相见。坦诚相见，开诚布公，透露出动机及假设，可以获得对方的好感。坦诚相见是有限度的，并不是将一切抖搂出来，要以既赢得对方信赖又不使自己陷于被动、丧失利益为度。

（4）注意正确使用语言。在运用语言方面要做到：准确易懂，简明扼要，具有条理性；富有弹性，不走极端；发言紧扣主题，避免一泻千里；注意语调、语速、声音、停顿和重复；使用解围用语。

例如：

"真遗憾，只差一步就成功了！"

"就快要达到目标了，真可惜！"

"行百里者半九十，最后阶段是最难的啊！"

"这样做，肯定对双方都不利！"

"再这样拖延下去，只怕最后结果不妙！"

"我相信，无论如何，双方都不希望前功尽弃"

"既然事已至此，懊恼也没有用，还是让我们再做一次努力吧！"

（5）不以否定性的语言结束谈判。从人的听觉习惯考察，在某一场合，所听到的第一句话与最后一句话，常常能留下深刻的印象。故在谈判中，不要以否定性的语言来结束谈判，以免给对方不愉快的感觉。最好在谈判终了时，给谈判对手以正面的评价，并稳健中肯地把谈过的议题予以归纳。

3. 提问技巧

（1）提问的类型有以下几种：

① 封闭式提问。在一定范围内引出肯定或否定答复的提问。如"您是否认为售后服务没有改进的可能？"

② 开放式提问。是指在广泛的领域内引出广泛答复的提问。如"您对当前市场销售状况有什么看法？"

③ 婉转式提问。在没有摸清对方虚实的情况下，采用婉转的语气或方法，在适宜的场所或时机向对方提问。如"这种产品的功能还不错吧？您能评价一下吗？"

④ 澄清式提问。是指针对对方的答复重新措辞，使对方证实或补充原先答复的一种提问。如"您刚才说对目前正在进行的这宗生意可以做取舍，这是不是说您将作为全权代表与我方进行谈判？"

⑤ 探索式提问。针对谈判对手的答复要求，引申举例说明的一种提问。如"我们想增加购货量，您能否在价格上更优惠些？"

⑥ 借助式提问。借助权威人士的观点和意见影响谈判对手的一种提问。如"我们请教了营销专家史密斯先生，对该产品的价格有了较多的了解，请您考虑，是否把价格再降低一些？"

（2）提问的时机：在对方发言完毕后提问；在对方发言停顿、间歇时提问；在自己发言前后提问；在谈判议程规定的辩论时间提问。

（3）提问的注意事项：提问的速度快慢适中，既使对方听明白，又不使其感到拖沓、冗长；注意对方心境，在适当的时候提出相应的问题；提问后，给对方以足够的答复时间；提问应尽量保持问题的连续性。

(4) 答复技巧。答复技巧是商务谈判技巧中的重要组成部分，一个谈判者水平的高低，很大程度上取决于其答复问题的水平与艺术。商务谈判中，往往正确的答复并不是最好的答复。答复的艺术在于知道一定条件下该怎么答复，哪些该说，哪些不该说，而不在于答复得正确与否。所以，答复谈判对方的问题也必须运用一定的技巧来进行。

不要彻底答复对方的提问。例如，对方对产品价格非常关心，急于直接询问该产品的价格。此时，我方应该首先避开对方的注意力和所提问题的焦点，作如下答复："我相信产品的价格会令你满意的，请允许我先把这种产品的几种性能作一个说明。我相信你们会对这种产品感兴趣的……"

不要确切答复对方的提问。在谈判中，对于很难答复或不便确切答复的问题，可采取含糊其辞、模棱两可的方法作答，也可利用反问将重点转移。例如，当对方询问我方是否将产品价格再压低一些时，我方可作如下答复："价格确实是大家非常关心的问题。不过，我方产品的质量和我们的售后服务是一流的。"也可作这样的答复："是的，我想您一定会提出这一问题的，我会考虑您提的问题。不过，请允许我问一下问题……"

四、实训操作

一次完整的商务谈判应包括谈判准备、正式谈判与结束谈判三个阶段。

1. 谈判准备

谈判准备过程如图 5.19 所示。

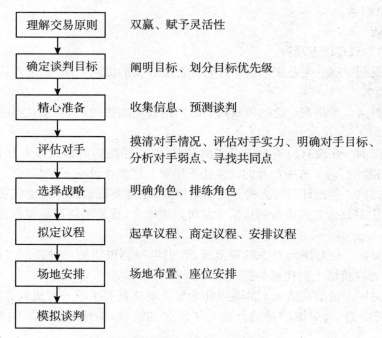

图 5.19 谈判准备过程图

2. 正式谈判

正式谈判过程如图 5.20 所示。

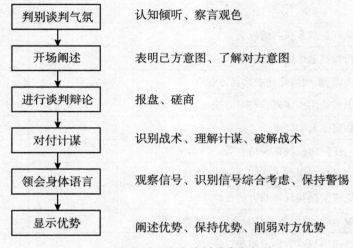

图 5.20　正式谈判过程图

3. 谈判结束

结束谈判过程如图 5.21 所示。

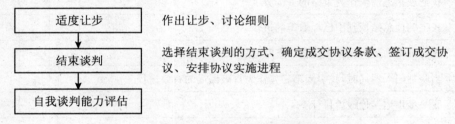

图 5.21　结束谈判过程图

五、实训评价

为了能在谈判中取得成功,必须评估自己的谈判能力,具体内容如表 5.10 所示。

表 5.10　谈判能力评估表

序号	表述	选项			
		1	2	3	4
1	作为谈判小组的一员,我能胜任				
2	在谈判之前我先研究对手				
3	在设计谈判策略之前我要阅读背景资料				
4	我非常清楚对手的主要目标				
5	我选择适合自己目标的谈判策略				
6	我的谈判策略能使我取得预期的谈判目标				
7	对于谈判我态度灵活				

(续表)

序号	表述	选项 1	2	3	4
8	我认为谈判是双方获利的机会				
9	进入谈判我愿意达成满意的协议				
10	我逻辑清晰、条理清楚地表达己方观点				
11	我有意识地运用身体语言与对方交流				
12	我避免暴露己方的弱点				
13	在谈判的任何时候我都保持礼貌				
14	我提出的最后期限合乎实际,并由谈判认可				
15	我用直觉来帮助我理解对方的策略				
16	我能客观地看问题,并能从对方的角度看问题				
17	我知道如何引导对方提出报价				
18	我避免首先提出报价				
19	通过一系列有条件的报价,我在达成一致意见上取得进步				
20	我把表露感情仅作为策略的一部分				
21	我定期地总结谈判中已经取得的进步				
22	我有策略的运用拖延来让自己有时间思考				
23	当谈判陷入僵局时,我引入第三方作为打破僵局的有效途径				
24	我一步步地接近最后目标				
25	在任何可能的时候,我宁愿谈判的各方都是赢家				
26	我保证任何条款都由各方签署同意				
合　计					

注:选项1为"从不",2为"有时",3为"经常",4为"总是"。分值为25～52,表示"谈判能力差,需学会使用并明白谈判成功所需的基本战略战术";分值在53～83,表示"有一定的谈判能力,但某些地方有待提高";分值为84～116,表示"谈判相当成功"。

六、实训范例

范例一　广东龙的集团与广百电器公司就"入场费、场地租金和支付方式"的谈判

甲方:广东龙的集团公司

乙方:广百电器公司

甲方背景资料:

广东龙的集团有限公司创立于1999年,位于珠江三角洲腹地——广东省中山市,是以

精品家电为核心,业务跨电子科技、照明、贸易、进出口、医疗器材等行业的大型企业集团公司。龙的集团属下有16家子公司,员工近4000人,资产近8亿元,年销售额达20多亿元。

在经营发展中,龙的集团始终以市场为导向,以质量求生存,以求实创新为信条,视产品为企业生命,严把质量关,严把销售关,严把售后服务关。迄今,龙的建设了遍布全国的3000多家销售终端网点,100多家售后服务网点,产品赢得了广泛的社会认可。同时,龙的产品畅销海内外,尤其在北美、欧洲、日本、中东等国家和地区久享盛誉,面向未来,龙的将秉承以人为本的一贯作风,在"国产精品小家电第一品牌"的目标统领下,精益求精制造领先的精品家电产品,为消费者创造精致生活境界,实现"轻松生活,轻松享受"的理想本质。同时,在实现国内近景的前提下,通过产业多元化、发展规模化、运作专业化的经营,进一步完善管理模式,建设先进企业文化,形成自我核心竞争力,在不同的领域保持稳健、高速的增长,把龙的集团创建成为世界级的中国企业。

乙方背景资料:

广百电器公司是广百股份有限公司的子公司,以电器专业连锁发展模式,通过家电零售终端的集中采购、统一配送,建立一个集品牌代理、连锁零售、安装维修服务于一体的大型电器零售企业。广百是广州市最有实力的电器公司之一,具有16年大型电器商场的综合营销经验,电器经营品种达1万多种,拥有300多个国内外知名品牌的客户资源,是中外电器客商在广州地区必争的合作伙伴,在消费者当中有着良好的口碑。在市内乃至国内都享有良好的信誉和知名度。

广百遵循中高档、时尚化和紧贴时代进步潮流的定位,以家庭为消费对象,实施"一站式"配套经营,实现市场的差异化经营,打造"最有价值的销售平台"。

谈判说明:

为了进入广百百货,广东龙的集团公司已经与广百进行了几次磋商,并且就龙的集团公司产品摆放的区域、送货方式(货直接由龙的集团送往广百各个卖场仓库)达成了初步协议。这次广东龙的集团公司与广百电器公司将谈到最核心的入场费、场地租金和支付方式等重要问题,其他更细的问题并不在此次谈判的范畴之内。

谈判内容:

(1) 入场费(参考价:30万~60万元);

(2) 场地租金(参考价:每月350~550元);

(3) 支付方式(参考值:30~60天回款一次)。

谈判目标:

双方取得合作,达到双赢。

范例二　美菱公司与东兴公司之间的谈判

买方:东兴公司

卖方:美菱公司

最近几年我国国内GD类布料的服装市场迅猛发展,各名牌服装生产厂家都不同程度地面临此类新型布料短缺的局面。位居国内三大服装品牌之一的东兴公司,就是主要生产GD类布料服装,并且占有国内GD类布料服装市场三分之一的份额,因此其GD布料来源短缺问题就更加严重。GD新型布料颇受消费者欢迎,但生产技术含量高,印花染色工艺复杂,目前国内只有三家公司可以生产优质GD产品,但它们的生产安排早已被几家服装生产厂家挤满。由于多种原因,也难以从国外找到GD布料货源。

2007年年初,在GD布料供应最紧缺的时候,东兴公司与国内生产GD布料的美菱公司签订了购货合同。按照合同,美菱公司向东兴公司提供30万米不同季节穿着的符合质量标准的GD布料,平均分三批分别于当年4月30日以前、8月31日以前和10月31日以前交货;若延期交货,美菱公司将赔偿对方损失,赔偿事宜到时再商议。

2007年春季,国内很多地方出现了FD型肺炎疫情,美菱公司印染车间有2名高级技术人员被诊断为FD疑似病例,该车间大多数人被隔离20余天,生产几乎处于停顿状态。虽然4月底很快恢复正常生产,但美菱公司已经无法按合同规定日期向东兴公司交货,至5月5日也只能交货2万米,全部交完至少要到5月20日。东兴公司因此遭受巨大损失。5月10日,东兴公司决定实施索赔条款,并正式向美菱公司提出600万元的索赔要求。

一周后,美菱公司派出由主管生产的副总经理到东兴公司就索偿问题进行交涉。交涉时,美菱公司方认为,严重的FD疫情属于"不可抗力",因此延迟交货不能使用处罚条款。但东兴公司方对此有不同意见,并坚持要求对方赔偿巨大损失。由于初步交涉不能达成一致意见,双方同意三天后进行正式谈判。

谈判双方的关系很微妙:东兴公司既希望拿到巨额赔偿金,又希望早日拿到布料,以便尽可能满足客户要求,也不愿失去美菱公司这一合作伙伴;美菱公司虽然不愿赔偿,但不愿让公司信誉受损,也不愿失去东兴公司这一实力较强的大客户。因此,如何务实且富有成效地解决索赔问题,摆在了双方谈判小组面前。

谈判目标:
(1) 解决赔偿问题;
(2) 维护双方长期合作关系。

第六章 营销管理

【内容简介】

正确合理的营销计划,是企业成功地实现其市场营销目标的关键;营销总结报告用以检查市场营销活动是否达到了营销计划的要求,为采取调整和纠偏措施提供依据。本章通过两个实训项目,帮助学生了解营销计划的形式和内容、熟悉营销计划的制订方法和步骤、掌握拟定营销计划、撰写营销总结报告的技能,提升学生的营销管理能力。

训练一 撰写营销计划报告

一、实训任务

(1) 了解市场营销状况。要求学生了解营销计划主体的市场基本情况；产品过去几年的销售、价格、利润；产品的主要竞争者的规模、目标、市场占有率、产品质量、市场营销战略和战术的运用；各种分销渠道的销售情况、重要性及其变化情况、主要经销商的经营能力及其变化；影响产品质品牌的市场营销宏观环境因素的现状及其未来变化趋势等。

(2) 明确营销目的，制定营销目标。在了解市场营销现状的基础上，运用SWOT等方法，确定营销计划主体面临的主要问题，明确其营销目的，从销售利润、市场占有率、品牌知名度等方面制定营销目标。

(3) 选择营销战略。要求学生通过上述分析，有效选择目标市场、完成市场定位、制定营销组合策略，并有效进行预算安排。

(4) 确定行动方案。在完成上述任务的基础上，设计营销计划主体的方针、政策以及实施方案，最终完成营销计划报告的撰写。

二、实训要求

营销计划为公司的营销制定了总体方案。企业要在激烈的市场竞争中立于不败之地，就必须依据市场发展的规律和要求，结合企业的优势与特长，制定正确的营销战计划，指引企业营销的方向，取得市场竞争的主动权。通过该项实训，要求学生掌握企业的市场营销战略、SWOT分析法的内涵及其运用，在分析营销计划主体优势、劣势、机遇和威胁的基础上，结合前面相关章节内容，确定其营销目标、营销战略、营销行动方案等，拟定市场营销计划。具体要求如下：

(1) 以现实的企业或虚拟企业为背景，确定营销计划的选题。

(2) 学生以小组为单位(8人左右)完成本次实训，不得抄袭他人成果。

(3) 学生要按照制订计划的步骤、方法及要求进行操作，所完成的每一个步骤，都必须有详细的记录与总结报告。

(4) 选用的资料、数据真实，计划的内容、格式符合规范。营销计划书用A4纸打印，字数不得少于3000字。

(5) 本课程设计必须在规定时间内完成。

三、理论指导

(一) 市场营销计划的形式

从严格意义上来讲，市场营销计划是一系列市场营销活动相关计划的统称。从特定层面划分，市场营销计划可分为品牌计划、产品类别计划、新产品计划、细分市场计划、区域市场计划以及客户计划等。品牌计划通常指单个品牌市场营销计划；产品类别计划是关于一类产品或产品线的市场营销计划，已经完成的、经过认可的品牌计划应纳入其中；新产品计划是在现有产品线上增加新产品项目以及进行新产品开发和推广活动的市场营销计划；细分市场计划是面向特定细分市场、顾客群的市场营销计划;区域市场计划是面向不同国家、地区、城市的市场营销计划;客户计划是针对特定的主要顾客的市场营销计划。从时间跨度上划分,市场营销计划又可分为长期战略计划和年度计划等。

(二) 市场营销计划的内容

不同行业、不同类型公司的市场营销计划有所不同,各公司根据高层管理人员或制度的要求,在市场营销计划的格式、内容方面的要求也会有一定的差别,但是大多数公司的市场营销计划包含的主要内容基本相同。一般情况下,一份完整的、科学可行的市场营销计划应包括:内容提要、当前市场营销状况、问题与机会分析、营销目标、营销战略选择、行动方案、营销预算以及实施和控制等内容。

1. 内容提要

营销计划报告开始应该有一个高度概括计划核心内容与要点的内容提要,以方便最高管理层迅速了解公司计划的全面情况和要点。一般包括下列内容:(1) 任务陈述;(2) 基本营销目标(销售额、利润等);(3) 产品、服务的结构及改变的设想;(4) 简要说明目标市场状况;(5) 市场潜力状况;(6) 如何实现目标(具体运用的整体战略、竞争战略、促销战略以及预算情况);(7) 潜在问题;(8) 计划实施时间表及主要附件。

2. 当前市场营销状况

在内容提要之后,营销计划的第一个主要内容是提供该产品当前营销状况的简要分析,具体内容包括:(1) 市场基本情况介绍,即市场规模与增长情况、过去几年销售总数量和总金额、不同地区或细分市场的销售情况、消费者或用户在消费观念以及购买行为等方面的动态和趋势;(2) 产品过去几年在销售、价格、利润等方面的情况;(3) 指出产品主要竞争者的规模、目标、市场占有率、产品质量、市场营销战略和战术的运用以及有助于了解其意图和行为的其他资料;(4) 各种分销渠道的销售情况,各条分销渠道的相对重要性及其变化情况,主要经销商的经营能力及其变化,对经销商进行激励所需要的投入、费用和交易条件;(5) 影响产品或品牌的市场营销宏观环境因素的现状及其未来变化趋势。

3. 问题与机会分析

问题与机会分析是在充分了解和把握市场营销状况的基础上进行的。在该部分,营销人员通过 SWOT 分析,确定公司面临的主要问题以及对未来的主要设想。

4. 营销目的和目标

目的反映行动和努力最终要达到的水平或境界。例如公司的营销目的可能是增加利润、扩大市场份额或提高顾客满意度等;目的的意义在于对整个公司的行动提供指导和控制,其充分发挥作用需要转化为可以衡量的目标:目标中包含了任务的数量和完成时间的要求。营销目标不能只是简单的购销量(销售额)或利润,还应该包括诸如市场占有率、品牌知名度、市场开拓等内容。

5. 营销战略选择

公司的营销目标可以通过多种途径实现。在这一部分,营销者应明确公司的战略选择,并以文字或图表的形式加以说明。具体包括目标市场、核心定位、市场营销组合策略和预算安排四个方面。

6. 行动方案

营销战略决策需要通过一些更加具体化的战术或活动来实现。在该部分,要将战略决策具体化为日程表上的内容,也就是要进一步从做什么、何时做、花费多少成本以及达到什么要求等方面,全面说明市场营销战略实施中涉及的各个因素、各个环节以及所有内容。可以通过图表等形式将具体的活动内容、日期、费用和责任人等直接反映出来,使整个行动方案一目了然,便于执行和控制。

7. 实施和控制

市场营销计划的最后部分应该包括公司如何掌握计划执行进度的控制事项。常用的做法是把目标、行动步骤、预算等按照月或季度分开,以方便上级主管及时了解各个阶段的运行实际,掌握不同部门和环节的任务完成情况,对于未能按时、按要求完成的,分析原因并要求在限期内做出解释或者提出改进措施。

(三) 市场营销计划的制订步骤

英国学者麦克唐纳德(1993)提出了制订营销计划的步骤,具体包括:(1)市场营销审计;(2)SWOT分析;(3)设想(假定);(4)确定营销目标;(5)制定营销策略;(6)确定营销项目及程序;(7)监测与控制。

四、实训操作

以现实的企业或虚拟企业为背景,确定营销计划的选题,以公司高层管理人员的身份制定该公司的营销计划书。具体操作指导如下:

(一) 公司调查

(1)操作准备与操作内容:选定背景企业,确定调查时间;了解公司的开业(创办)时间、经营范围、规模、销售额、产品系列、市场区域、经营理念和市场地位等。

(2)方法指导:利用互联网,收集相关资料;查阅报刊、企业名录,收集相关资料;实地考察等;资料整理。

(二) 环境调查

(1)操作准备与操作内容:明确分工,拟订调查计划,确定调查途径、手段和方法;企业营销区域的人口、经济、政治法律、技术、自然和社会文化环境状况资料;企业营销区域的市场规模、顾客需求、产品的销量、价格和利润;竞争对手的产品、价格、渠道及促销策略;企业及竞争对手的市场份额等。

(2)方法指导:运用互联网、查阅报刊、相关出版物,资料汇总。

(三) 营销机会分析

(1)操作准备与操作内容:将步骤(二)的资料筛选、整理,为分析做好准备;SWOT分析:分析机会、威胁;企业的优势及劣势;找出营销机会。

(2)方法指导:小组讨论。

(四) 目标市场策略选择及产品定位

(1)操作准备与操作内容:进行市场细分并描述其需求特征;确定目标市场及营销策略(从无差异、差异、集中三种策略中选择);进行产品的市场定位。

(2)方法指导:小组讨论。

(五) 确定营销目标

(1)操作准备与操作内容:收集公司上一年度的销售额、市场占有率、利润指标;确定新年度的营销目标,指标应包括:销售量、利润。

(2)方法指导:小组讨论,原则上各项指标比前一年要有所提升。

（六）制定营销组合策略及实施方案

(1) 操作准备与操作内容：确定产品策略、价格策略、渠道策略、促销策略。
(2) 方法指导：小组讨论，并对每个策略的重点进行文字描述。

（七）编制营销预算

(1) 操作准备与操作内容：准备营销预算表、损益表（预估销售量及平均价格，营销成本和费用，预期利润，编制损益表）。
(2) 方法指导：小组讨论，并对每个策略的重点进行文字描述。

（八）撰写年度营销计划书

(1) 操作准备与操作内容：主要注意营销计划书的格式。

① 封面：需标明"企业名称""计划名称""计划期限""编者姓名、所属单位"。
② 目录：包括"各章名称"（如果内容多，还需标明各章、节名称）。
③ 正文应大致包含以下内容：

摘要：简明扼要概述年度营销计划的重点内容，即确定后的目标市场、市场需求、销售预测费用和年度营销战略。

企业概况：企业名称、开办历史、经营范围、规模、销售额等。

市场形势分析：行业分析、竞争者分析、公司分析、顾客分析。

SWOT 分析：概述企业主要的机会和威胁、优势和劣势。

营销目标：确定计划想要达到的销售量、市场份额和利润等目标。

目标市场定位：分别描述年度营销目标、目标市场及产品的特色定位。

营销策略：描述产品策略、价格策略、渠道策略及促销策略。

实施计划：促销活动的时间安排。

营销预算：预估的销售量及平均价格；营销成本和费用；预期利润（要求细分到每个项目，编制预算报表、损益表等）。

评估与过程控制：描述控制销量与利润目标的方法。

④ 附件：较大的表格、需附加说明的材料等。

(2) 操作方法：小组讨论，分工撰写营销计划报告，汇总并用 A4 纸打印。

五、实训评价

(1) 以小组名义按时上交计划书，由指导教师批阅并评分。评分等级为优、良、中、及格、不及格。
(2) 每位学生（或以小组为单位）填写实训报告，内容包括：① 实训项目；② 实训目的；③ 实训内容；④ 各自承担的任务及完成情况；⑤ 小结。
(3) 由指导教师和小组长组成项目评审组，评定实训最终成绩，并由指导教师填写评语。
(4) 评定标准：按优秀、良好、中等、及格、不及格五级评定。

优秀：按时完成实训课程所规定的操作程序，认真填写实训报告书，计划书格式规范，内容充实，资料、数据真实，文字准确，语言流畅，创意新颖，有现实意义，符合计划书格式规范。

良好：按时完成所规定的技能操作程序，认真地填写实训报告书，计划书格式规范，内容充实，资料、数据真实，语言流畅。

中等：完成实训课程所规定的技能操作程序，能较认真地填写实训报告书，计划书格式规范,内容基本充实,资料、数据真实。

及格:基本完成实训课程所规定的技能操作程序,有较完整的操作资料存档;填写实训报告书,计划书格式规范。

不及格:没有完成实训课程所规定的操作程序;计划书格式不符合基本规范,抄袭严重。

六、实训范例

锦江半岛 2013 年度营销计划[①]

(一) 营销总体部署

1. 2012 年度存量解读

依照公司的销售要求,结合目前经济环境与楼市近况,锦江半岛在 2012 年度主要面临残酷的市场环境与项目操作模式错误的两个重大问题,同时加上前期项目的众多问题,销售任务的完成将变得更加困难。目前剩余商品房住宅情况:公寓楼住宅剩余 207 套,合计面积 29700.58 m² 左右。

2. 2013 年度目标解读

2013 年度要完成销售任务指标必须具备两个条件:

(1) 前提:2013 年度市场能迅速回暖,项目及房产政策有利好消息,让市场看到希望与信心销售将有望突破。

(2) 考虑到目前市场前提未能具备的情况下,需要靠大量投入广告成本来进行推广。建议在 2013 年度广告推广销量占 40%,在利用目前现有的社会资源圈层营销和分销来达成销售,非常乐观地估计,如能完成总体量的 30%,再上门客户占 30%。

结合目前市场现状,项目推广能否顺利进行在很大程度上取决于 2013 年度大的经济环境发展形势,依据原先对市场的判断,对 2013 年度的营销任务做如下大致安排:按完成可销售住宅总量的 125~140 平方占有总量 70% 作为销售最低值控制,即住宅 145 套。在 145 套的基础上完成 70% 共计 100 套总销售金额 1 亿(非回款量),争取在此基础上突破,顶层跃层 34 套除外,不在该销售方案以内。

(二) 营销阶段划分及推广费用分配

1. 营销阶段划分

(1) 延续、蓄势期,实施时间:2013 年 1~3 月

因为该阶段正好跨越春节,春节过后为传统的销售淡季,因此建议该阶段在推广上重点考虑做好硬件配套的完善,同时利用宣传增强市场对项目的信心。考虑到口碑传播在目前该区域内的重要作用,建议迅速建立老客户营销机制。

在产品销售上,除了继续消化原有的客户以外,建议对项目部分实行销控,锁定 21 号楼不予以销售,缩小市场供给量,从而规避目前市场觉得我司项目严重滞销、大量退房的判断。同时为下阶段小高层上市打下基础。

(2) 小高层开盘期,实施时间:2013 年 4~7 月

该阶段为 21 号小高层的推出阶段,在营销上重点考虑结合项目进度的活动营销,同时

---

① 资料来源:根据《锦江半岛 2013 年度营销计划》改写,http://wenku.baidu.com/view/5f1d8e246edb6f1aff001f60.html?from=search.

利用各个节点及事件的事件营销。在宣传推广上,该阶段与上一阶段均是广告投入的密集期。为达到对乡镇客户群的有效覆盖,做好各个重点乡镇的公益性活动宣传。

在项目推出的同时建议推出一些较低的特价优惠户型来吸引一些特定客户群,同时也有利于楼盘的走量。

(3) 强销期,实施时间:2013年8~10月

该阶段为项目的主要销售期,也是传统的销售旺季,第二阶段的广告宣传主要以"面"为主,在面覆盖的基础上,该阶段在宣传建议以"点"为主,重点考虑特定客户群的营销工作,同时充分做好老客户营销工作。

在媒体的投放上重点以路牌广告为主,辅助软文宣传,提高项目曝光度,同时以DM单作为特定客户群的宣传媒介。

(4) 续销期,实施时间:2013年11~12月

该阶段主要工作做好项目的去化,充分利用客户资源。同时针对剩余的均为大户型,建议对剩余部分进行客户群深度细分,结合不同客户群,做出针对性的营销方案。在宣传上还是主要以前期的广告媒体为铺垫,结合DM及项目活动宣传来进行。

2. 营销推广费用分配

常规房地产广告投入占销售额的1.5%~2%,依据公司制订的计划,另做计划暂时按照销售额的1%来计算。根据项目特性和工程进度,本项目的营销阶段、工作周期及推广费用安排如表6.1所示。

表6.1 项目营销推广费用分配表

营销阶段	时间段	销售比例	营销费用分配比例	费用金额(万元)
延续、蓄势期	2013.1~3	8%	30%	60
小高层开盘期	2013.4~7	40%	30%	60
强销期	2013.8~10	37%	20%	40
续销期	2013.11~12	15%	20%	40
总计	—	100%	100%	200

(三) 营销策略

1. 价格策略

2013年度物业开盘安排,年初物业主要以25号楼现房为主,同时开始21号小高层的预热;接近5月份时主要开始推广21号小高层,建议销售价格以目前现状做下浮优惠为基础,然后逐步走高的定价策略。

2. 媒介投放组合策略

在不同时段结合销售周期使用以下媒体推广方式:报纸、广告路牌、DM单张、网络、电视及现场包装。同时对不同媒体功效进行区分。

(1) 报纸广告。宣传方向主要定位在整个区域的形象宣传上,同时搭配项目的策略宣传,而且建议主要以软文为主。

(2) 广告牌。建议进行分类,主要归纳为两类:主干道以形象广告为主,策略广告为辅;

通往各乡镇的两条主干道周边乡村及各主要乡镇以横幅策略广告为主。

(3) DM(直邮广告)。可考虑作为现阶段"锦江半岛"特定客户群营销的主要宣传手段之一,成本低、针对性强。

(4) 电视广告。不采取硬性广告的播放方式,而转向采取特定事件营销的新闻报道及其他软性宣传形式,主要以项目形象宣传为主。

(5) 路旗和售楼部指示牌。该部分主要为项目形象包装,做项目形象宣传。

(6) 网络。主要定位为项目形象宣传及项目营销事件的渲染。建议开通项目网站,加强对项目工程推进及项目重大事件的实时报道,增进客户对项目的了解及关注度。

(7) 车载广告。该项目现阶段客户群主要集中在各个乡镇,因此建议增加通往各主要乡镇的公车作为车身广告的载体,从而扩大项目的广告覆盖面,主要为策略广告,形象广告为辅。

(8) 乡镇宣传。针对目前客群分散的特点,在结合广告的覆盖同时,可以适当地结合一些下乡宣传活动,积极采取"行"销方式。与其他传统广告媒介搭配,促进"地空"结合。

(四) 营销推广与行动方案

1. 推广方案

(1) 按客户群推广。此种推广是从市场的终端——置业者的角度入手,对于楼盘销售有着最直接的促进作用。在目前大范围广告营销的基础上,展开特定客户群的针对性营销,制定针对各个不同客户群的营销方案。

(2) 按事件推广。此种推广模式时效性很强,需要活动策划者有极强的新闻敏感性和商机把握能力,谁能够抓住新闻事件的商机,谁就能够占领媒体广告经营的制高点。

(3) 按片区推广。考虑到目前秀屿区客户群分布的分散性,建议对各个主要客户群分布地进行特定的广告投放。

(4) 按渠道进行推广。为扩大客户群的受访面,可建议同目前的主流二手中介服务商进行合作,充分利用其深厚的地源及人脉优势。同时针对商铺部分甚至可以同外地的一些中介商合作,扩大投资客源的吸收渠道。

2. 行动方案

(1) 加强老客户营销。目前我司项目主要来自周边,因此客户群存在极强的共通性,因此建议考虑在增强客户信心后,推出以现金奖励增进客户老带新的积极性。

(2) 采取"1+2"的模式来销售。通过前阶段客户分析,我公司客户绍兴客户和上虞客户的比例为7:3,上虞客户还是占了一定的比例,由于我们公司的广告推广量比较少,为在不大量增加成本的基础上做好客户的覆盖,建议同当地主流二手中介公司合作。

利用当地主流物业中介公司的本地人脉及网点优势,同代理公司的专业性相结合;我公司乡镇售楼处与二手城市网点相结合;一二手共同连动+城乡联动,佣金共同分成的模式进行合作,扩大项目营销网点,增加客户受众群体,提高成交几率。

(3) 同其他企事业单位建立合作,鼓励团购。公司项目目前主要客户群体主要为项目周边人员,特别是当地的行政机关及企事业单位,在建立针对行政单位推广政策的基础上,建议建立针对企业板块与教师板块的营销方案。

(五) 营销计划管理预警与控制

结合各计划销售任务分解与项目销售安排作为月度销售计划完成程度指标,可以用完成程度预警,也可以用连续不能完成计划的月份数预警。连续两个月没有完成月度计划可作为低度预警;连续三个月没有完成月度计划作为中度预警;连续四个月没有完成月度计划作为高度预警。

一是进一步检讨计划目标和相应的措施,加强对销售计划执行的监督力度。连续两个月没有完成月度销售计划,需要具体分析没有完成计划的外部和内部原因,解决影响销售计划完成的内部问题以适应外部环境的变化。

二是建立营销监控体系。主要包括:对每月阶段销售量进行监控;消费者群的跟踪分析;对广告效果,包括效果、认知率、来访客户量进行监控;对广告创意、广告题材的反映进行监控;对价格进行监控,分析消费者价格评价反映;对市场走势进行分析;对户型的接受程度。

训练二 撰写营销总结报告

一、实训任务

(1) 要求学生了解营销计划的落实与执行情况:营销目标的完成、具体销售业绩等,重点运用数据和事实分析营销情况的成绩和失误。

(2) 客户群体分析。通过收入、职业、年龄等方面分析客户群体的总体特征,借助统计学方法分析并形成客户群体总结报告,有必要时还需还原典型客户,充分掌握现实客户的基本情况,据此挖掘潜在客户。

(3) 主要合作者评价。通过营销工作的执行和落实情况,重点对广告公司、活动公司、短信公司、制作单位和媒体资源整合进行评价,为今后选择合作伙伴提供现实依据。

(4) 撰写营销总结报告。在完成上述任务的基础上,分工撰写营销总结报告。

二、实训要求

营销总结报告就是对一定时期的营销工作加以归纳分析,是指导今后营销工作的有效手段。企业要在激烈的市场竞争中取得主动,就必须不断总结以往的营销工作,总结经验、教训,为今后制订营销计划提供依据和借鉴。通过该项实训,要求学生掌握营销总结报告的具体框架,能够运用定性和定量相结合的方法总结营销工作,结合本章内容撰写营销总结报告。具体要求如下:

(1) 以现实的企业或虚拟企业为背景,依据其营销计划执行情况或营销活动开展情况确定内容和选题。

(2) 学生以小组为单位(8人左右)完成本次实训,不得抄袭他人成果。

(3) 学生按照营销总结报告内容和撰写步骤,结合案例背景完成营销总结报告。

(4) 选用的资料、数据真实,总结报告的内容、格式符合规范。营销总结报告用A4纸打印,字数不得少于4000字。

(5) 本课程设计必须在规定时间内完成。

三、理论指导

(一) 营销总结报告的概念

营销总结报告是对一定时期的营销工作加以归纳分析,找出经验、教训,用来指导今后工作。总结报告要表达的内容,不是在某个阶段"要做什么、如何做、做到什么程度"的问题,而是在某个阶段已经"做了什么、如何做的、做到了什么程度"的问题。总结报告的内容不是对过去的工作进行就事叙事的感性回顾,而是以鉴定的眼光作出全面、系统、本质的认识,是对以往工作实践的一种理性认识。总结不仅可以对过去的工作进行检查评价,衡量是否完成了预定的工作计划,更重要的是可以总结出经验教训,供制订和完成新的工作计划做参考,激励和调动新的工作积极性,以利于今后的工作。营销总结报告按内容可分为销售总结、预算总结、活动总结等;按时间可分为年度总结、季度总结、月份总结等;按范围可分为个人总结、单位总结、地区总结等;按总结内容所涉及的面可分为全面总结、专题总结等。

(二) 营销总结报告的结构

1. 标题

根据营销总结的工作内容和范围,可以写成两种形式:一种是反映全面工作的,如《××公司××年度营销总结报告》;一种是反映某项或某方面工作的,如《××公司××年一季度销售计划完成情况工作总结》。

2. 正文

营销总结报告正文的结构没有固定格式。但一般由营销工作或计划背景情况介绍、营销工作情况、经验和教训、今后的设想等部分构成。

(1) 营销计划背景介绍。该部分是营销总结报告的开头部分,应概述出总结的对象、目的,或是项目背景,或是对已完成工作的总任务、总条件做出总评价,起到开宗明义的作用。

(2) 营销工作情况。该部分是营销总结报告中最基础的内容,也是过去工作成功或失败的直接反映。在这部分要写出做了哪些具体的工作,采用了哪些可行的措施、方法及步骤,取得了哪些成绩,还存在哪些失误,必要时还需对客户做出深入的分析。注意写成绩和失误,或是特征现状分析,尤其要注重事例和数据的运用。

(3) 经验和教训。该部分是营销总结报告的核心内容。一份总结要对今后的工作起到借鉴作用,关键在于提供经验和教训,过去的成绩中包含着经验,失误中存在着教训。在总结时,要依据工作的实际情况,对经验和教训作客观的分析,从事物发展的规律和理性的高度来认识。只有这样,总结的经验和教训才具有借鉴的价值。

(4) 今后的设想。该部分是总结的结尾部分。主要依据过去营销工作中的经验教训,提出今后如何发扬成绩,纠正失误,重点实现什么目标的大概设想或努力方向,为制订下一步工作计划打下基础。该部分可以写得简明扼要,不宜详细具体地罗列今后的各项打算。对今后工作的具体要求和安排,应在新的营销计划中去反映。

四、实训操作

以现实的企业或虚拟企业为背景,确定营销总结报告的选题,以营销计划执行人员或公司高层管理人员的身份分析营销计划执行情况并撰写营销总结报告。具体操作指导如下:

（1）营销计划执行情况概述。结合现实的企业或虚拟企业，简述企业或项目背景、营销计划的执行情况加以概述。

（2）营销计划执行情况原因分析。结合事实和数据分析营销计划完成与否的深层次的原因，为营销总结报告撰写奠定基础。

（3）营销总结。根据营销总结报告的相关理论，依据营销计划执行情况，撰写营销总结报告。

五、实训评价

（1）以小组名义按时上交计划书，由指导教师批阅并评分。评分等级为优、良、中、及格、不及格。

（2）每位学生（或以小组为单位）填写实训报告，内容包括：① 实训项目；② 实训目的；③ 实训内容；④ 各自承担的任务及完成情况；⑤ 小结。

（3）由指导教师和小组长组成项目评审组，评定实训最终成绩，并由指导教师填写。

（4）评定标准：按优秀、良好、中等、及格、不及格五等评定：

优秀：按时完成实训课程所规定的操作程序，认真填写实训报告书，营销总结报告格式规范，内容充实，资料、数据真实，文字准确，语言流畅，创意新颖，有现实意义，符合计划书格式规范。

良好：按时完成所规定的技能操作程序，认真地填写实训报告书，营销总结报告格式规范，内容充实，资料、数据真实，语言流畅。

中等：完成实训课程所规定的技能操作程序，能较认真地填写实训报告书，营销总结报告格式规范，内容基本充实，资料、数据真实。

及格：基本完成实训课程所规定的技能操作程序，有较完整的操作资料存档；填写实训报告书，营销总结报告格式规范。

不及格：没有完成实训课程所规定的操作程序；营销总结报告格式不符合基本规范，抄袭严重。

六、实训范例

TCL 雅园 100% 销售总结[①]

（一）项目属性判断

1. 区位

位于惠州 CBD 核心地带，市政府东面 600 米。

2. 交通与配套

临惠州"深南大道"云山路，城市主干道惠州大道；城市白金级配套，体育公园、市民乐园等，市级各大行政机关已经入驻，兴建中的科技馆、博物馆，"一轴十区"区域迅速成熟中。

---

① 资料来源：根据中国品牌网（http://www.ppzw.com/）相关内容整理。

3. 经济技术指标

TCL 雅园的经济技术指标如表 6.2 所示。

表 6.2 TCL 雅园的各项指标

占地面积	12110 m²
总建筑面积	24218 m²
住宅面积	21421 m²
商业面积	2360 m²
容积率	2.0%
绿化率	35%
车位(个)	205
摩托车位(个)	323
总户数(户)	270

(二)年度目标回顾与展望

1. 目标回顾

速度第一：2006 年年底销售 100%，项目于 2006 年 8 月 30 日进驻分展场，10 月份开盘。

价格底线：住宅均价 2800 元/m²，商铺均价 11000 元/m² 以上。

2. 问题解构

(1) 存在问题

① 项目进场时间短，客户积累期有限，推广费用很少，如何挖掘客户资源，完成速度目标？

② 虽然开发商的价格追求偏低，在满足销售速度的前提下，如何能充分挖掘物业价值，挑战价格新高？

(2) 解决对策

① 渠道为王，直击终端客户。

第一，首选渠道：TCL 集团内部渠道（1 万多职员）、世联地产惠州客户渠道（1.5 万客户）、江北写字楼及高档住宅小区直邮、启动翠园分展场。

第二，备选渠道：行业协会（私家车协会、高尔夫球会、鞋业协会等）、世联地产深圳客户渠道。

② 市场占位，片区截流。

第一，"三点一线的市场布局"，沿用 TCL 翠园户外资源（三环路翠园工地户外广告牌、西湖十一小户外广告牌），节省成本的前提下，积极推动开发商做 6 米高工地广告牌、东江大桥——惠州大道路旗。

第二，巧借东风，现场销售中心在 10 月 1 日正式开放，超大楼体条幅，吸引在江北体育中心的房展会客户。

③ 客户必杀，分门别类。

第一，白领客户：形象吸引，中心区未来发展前景展望。物料支撑：楼书、区域模型；展示:样板房、大堂、示范园林展示。

第二,投资客户:形象吸引,中心区未来发展升值潜力,借鉴深圳中心区升值历程,租金回报预算等。物料支撑:楼书、区域模型;展示:样板房、大堂、示范园林展示。

第三,城市新生代客户:形象吸引,中心区未来发展前景展望。物料支撑:楼书、区域模型;展示:样板房、大堂、示范园林展示。

④ 定位思路转换,从经济型住宅向投资性住宅转换。

第一,投资自己熟悉的行业:"衣、食、住、行",房地产行业与生活休戚相关;投资者对房地产行业不抗拒,有一定认识。

第二,投资一个公司,既要熟悉又要信得过:TCL集团,中国百强企业;TCL集团,中国电子百强企业前三甲。

第三,投资一个趋势:惠州经济增长速度领跑珠三角;惠州房地产进入快速发展阶段,房价珠三角低谷;投资稀缺资源;地段稀缺,CBD一级辐射地带;产品稀缺,国际标准HOUSE。

(三) 年度营销总结

1. 客户渠道挖掘

(1) 建议渠道:TCL集团内部渠道(1万多职员);世联地产惠州客户渠道(1.5万客户);江北写字楼及高档住宅小区直邮;启动翠园分展场、行业协会(私家车协会、高尔夫球会、鞋业协会等);世联地产深圳客户渠道。

(2) 实际使用渠道:TCL集团客户成为领先用户,认筹日当天超过173张卡,TCL集团及关联客户实际成交超过100套;分展场为赢得积累客户时间起到关键作用;由于开发商决策时间长,广告物料到位不及时惠州其他渠道未能利用;由于认筹情况良好,世联深圳客户渠道,开发商最终没有使用。

2. 形象建立动作

初始市场占位包括:"三点一线成功布局",沿用TCL翠园户外资源(三环路翠园工地户外广告牌、西湖十一小户外广告牌),节省成本的前提下,积极推动开发商做6米高工地广告牌、东江大桥——惠州大道路旗;巧借东风,现场销售中心在10月1日正式开放,超大楼体条幅,吸引在江北体育中心的房展会客户。

实施结果表明:户外广告牌成为惠州项目重要的形象建立载体。

3. 物料及展示跟进工作

物料及展示要求:物料支撑包括楼书、户型单张、区域模型、项目模型;展示包括销售中心、样板房、大堂、示范园林展示。

实施结果表明:由于开发商决策时间长,执行工作时间太紧,样板房与示范园林展示最终没有实现;由于成本等因素的考虑,项目区域模型最终没有做。

4. 媒体评估

(1)《今媒体》共投放两次:一个房展特刊中页跨版,一个头版,《今媒体》是惠州覆盖范围最广的DM型媒体,在房展特刊上出街后带来了56个上门,28条进线,效果还是不错的。开盘广告带来了30个上门,10条进线在惠州缺乏强势主流媒体的情况下,《今媒体》在覆盖中端消费群体上有积极的一面,但它对高端消费群体的影响力就很弱。

(2)《惠州日报》共投放一次:报眼、开盘小全版。《惠州日报》是惠州覆盖范围最广的政府媒体,开盘小全版出街后带来了32个上门,15条进线,效果还是不错的。《惠州日报》的公信力在惠州是最高的,在覆盖政府机关、企业、事业管理人员等消费群体上有积极的一面。

(3) 户外广告牌位置:翠园工地、西湖、现场工地,更换频率:认筹一次、开盘一次,户外广告牌是惠州重要的推广阵地,也是项目的规定动作之一,TCL雅园的户外广告牌为项目宣传推广起到了很好的作用。户外广告牌出街后带来了165个上门,116条进线,效果非常显著。

(4) 现场包装(楼体条幅、路旗):楼体条幅4块、惠州大道路旗,更换频率:认筹一次、开盘一次,现场包装是所有项目的规定动作,TCL雅园的现场包装为项目宣传推广的主战场。路旗、条幅出街后带来了609个上门,484条进线,效果非常显著。

实施结果表明:总营销费用仅54万,占总销售金额的比例不到0.6%,真正实现了低成本推广;户外、现场包装、短信成为最直接有效的途径。

5. 定价与调价

该项目成功挑战片区大盘价格,与片区市场大盘金裕碧水湾价格相当:住宅实现均价3385元/m^2,商铺实现均价11184元/m^2。

(四) 成交客户分析

(1) 基本特征:他们很年轻,大部分在30岁左右,以三口之家为主;他们是城市的精英(中层管理人员+专业技术人员),受过良好的教育(大专以上),多数在外企工作;因项目CBD半英里的高升值潜力及高附加值产品而打动。

(2) 置业目的分析:43%的客户用于纯居住,38%的客户用于投资。

(3) 置业次数:45%的客户为一次置业,34%的客户为二次置业。

(4) 客户籍贯:62%的客户为非广东籍客户,其中惠州本地客户不到20人。

(5) 非惠州客户来惠年限:55%的客户来惠州的客户为5年内。

(6) 年龄:40%的客户年龄在25~30岁之间。

(7) 受教育程度:41%的客户受教育程度为大专。

(8) 家庭人口结构:52%的客户家庭结构为三口之家。

(9) 职业:33%的客户为中层管理人员。

(10) 单位性质:41%的客户所在单位为外企性质。

(11) 所属行业:房地产、制造、行政、IT电子类客户比例比较大。

(12) 付款方式:81%的客户选择按揭付款。

(13) 抛售时机:35%的客户准备在时机合适的时候卖出。

(14) 休闲方式:喝茶、亲友聚会、购物等为主。

(15) 经常消费场所:丽日购物广场、人人乐、金宝是惠州经常去的消费场所。

(五) 项目及产品沉淀[①]

(1) 项目规划设计篇

(2) 户型篇

(3) 园林景观篇

---

① 此部分以下内容限于篇幅,只列出提纲,具体内容略。

(4) 配套篇
(5) 物业篇
(6) 细节篇

(六) 合作公司评价
(1) 广告公司
(2) 活动公司
(3) 短信公司
(4) 制作单位
(5) 媒体资源整合

(七) 经验教训及今后的设想

第七章 综合营销

【内容简介】

营销策划报告是营销策划的创意、构想见诸文字或图表的物质载体,是一种书面文本的表达形式。营销策划书是营销策划的创意、构想与营销策划实施方沟通的有效形式,是营销实施的依据。ERP沙盘模拟对抗是通过仿真模拟手段,把企业所处的内外部环境抽象为一系列的规则,分组展开模拟对抗。通过本章两个实训项目,帮助学生了解营销策划报告的内容、熟悉营销策划报告的撰写步骤、掌握营销策划报告撰写的技能,提升学生的营销策划能力。同时将营销策划能力运用到沙盘模拟对抗演练实训,提升学生分析市场、组织生产、财务管理等系列能力。建议10学时左右。

训练一 撰写营销策划方案

一、实训任务

(1) 市场营销基础策划。任何市场营销活动都必须从市场入手,因为只有了解市场,才能找到目标,才能制订方案实施市场营销活动。因此,市场调研策划首先要做的就是市场营销基础策划。要求学生根据市场调研,搞清楚市场的机会与威胁、企业的优势和劣势、市场供求的关系和消费者的行为习惯等,为企业战略策划奠定基础。

(2) 市场营销战略策划。市场营销战略策划是市场营销策划中至关重要且具有方向性、全局性和综合性的谋划。其主要包括市场定位策划、企业形象策划等。要求学生在寻求市场营销机会、选定目标市场后,制订一系列行动方案和措施,树立产品或服务在目标消费者心目中的位置及形象。

(3) 市场营销战术策划。营销战术策划注重企业营销活动的可操作性,是为实现企业的营销战略所进行的战术、措施、项目与程序的策划。要求学生完成两个方面的任务:第一,营销组合的整合策划。根据企业的营销战略,对企业可以控制的市场营销组合进行整合策划,以求达到整体优化的目的;第二,营销项目策划。根据企业营销战略所确定的营销重点,进行市场调查策划、品牌策划、产品策划、价格策划、分销渠道策划、促销策划和广告策划等。

(4) 撰写营销策划方案。在完成上述任务的基础上,设计营销策划主体的具体要求,最终完成营销策划方案的撰写。

二、实训要求

通过对目前市场上出现的某企业新产品的市场调查,探究这些新产品市场推广的主要方法和特点,进一步加深学生对市场营销策划原理和方法的理解和掌握,培养学生的市场营销策划能力。同时增强学生对专业理论知识的掌握程度,提高学生灵活应用理论的实际能力。具体要求如下:

(1) 以现实的企业或虚拟企业为背景,确定营销策划的具体内容和选题。

(2) 学生以小组为单位(8人左右)完成本次实训,不得抄袭他人成果。

(3) 学生要按照要求和营销策划的步骤分工撰写营销策划方案,所完成的每一步骤,都必须有详细的记录与总结报告。

(4) 选用的资料、数据真实,营销策划方案的内容、格式符合规范。营销策划方案用A4纸打印,字数不得少于3000字。

(5) 本课程设计必须在规定时间内完成。

三、理论指导

(一) 营销策划的主要内容

营销策划是在对企业内部环境予以准确地分析,并有效运用经营资源的基础上,对一定时间内的企业营销活动的行为方针、目标、战略以及实施方案与具体措施进行设计和计划。简单来说,市场营销策划就是指导市场营销人员明白消费者需要什么样的商品,再找到他

们,然后将商品卖给他们的方案。其主要内容包括:

1. 市场定位策划

市场定位策划就是在市场细分的基础上确定目标市场,通过各种途径和手段,为企业的产品及形象确定一个有利的竞争位置,并且制定一套详细的方案和措施。其策划内容主要包括:产品定位、市场定位和企业定位。市场定位策划的途径主要有:产品创新、服务创新、信息传递。

2. 企业形象策划

企业形象俗称 CIS(Corporate Identity System),是企业的视觉形象(VI)、理念形象(MI)、行为形象(BI)的统称。企业形象策划是运用统一的视觉识别设计来传达企业持有的经营理念和活动,从而提升和突出统一化企业形象,使企业形成自己内在的独特个性,最终增强企业整体竞争力的一种刻画企业形象的系统方法。

3. 产品策划

产品策划分为两类:一类是产品研发策划,主要是针对市场需求,以细分市场为基础,形成一个产品开发的整体思路,以期拓展新的增长点。另一类是产品营销策划,即谋划通畅的销售渠道、持续的销售态势和维持产品设计的理想化售价。通俗地讲,就是如何能更好地将产品卖掉,并在销售过程中塑造新的品牌形象。

4. 价格策划

所谓价格策划,是指企业为了实现既定的营销目标,协调处理各种价格关系的活动。价格策划不仅指价格制定,更重要的是指在一定环境条件下为了配合特定的营销目标和营销组合而在实施过程中不断修正价格战略和策略的全过程。

5. 渠道策划

渠道策划就是通过选择、设计和管理营销渠道,使产品从生产者顺利转移到消费者或最终用户。渠道策划的内容主要包括:中间商选择策划、分销渠道设计策划、分销渠道管理策划和直复营销策划。

6. 促销策划

促销策划是市场营销策划中不可或缺的重要环节,也是企业完成营销目标的必备工具,其目的就是通过一定的促销手段促进产品销售。促销策划就是把人员促销、广告促销、公共关系和营业推广等形式有机结合、综合运用,最终形成一种整体促销的方案。

7. 整合营销策划

整合营销策划是指企业对将要在实现与消费者沟通中的传播行为进行超前的规划和设计,以提供一套统一的有关企业传播的未来方案,这套方案把公关、促销、广告集于一身的具体行动措施。

(二) 营销策划的主要步骤

1. 营销策划的准备

营销策划的准备是指在营销策划进入实质性工作阶段之前的准备工作,主要包括寻找合作伙伴、确定策划意向、签订策划合同。

2. 确定策划主题

营销策划主题是营销策划的中心思想和基本观念。确定营销策划的主题主要包括营销策划主题的构成要素、营销策划主题的类型、营销策划主题的标准、营销策划主题的原则、营销策划主题的确定阶段等。

3. 调查和收集资料

信息的调查收集和分析工作是营销策划成功的关键环节。调查和收集信息的流程主要包括：确定所需信息、确定信息来源、确定信息收集方法、收集所需信息、加工信息。

4. 形成策划创意

策划人在结合营销策划主题和相关信息的分析基础上，结合自身的经验和灵感形成营销策划的创意。创意是针对要解决的售销问题找到关键件的解决方法，是具有创新的想法或建议。创意是营销策划中不可缺少的要素。

5. 撰写策划方案

在完成营销策划创意之后，对营销策划的关键问题就基本确定了。此时就要将已经形成的创意设计成策划方案，也就是用文字表达的书面方案，即营销策划书。营销策划书就是将营销策划的环境、需要解决的问题、行动安排、组织结构、执行方法、控制要点等内容，用书面的形式、按一定的格式表达出来。

6. 执行策划方案

在策划人与委托人都对营销策划方案认可后，在正式执行策划方案前，还要对策划方案进行预演。策划人根据已经拟好的预算表和日程进度表，模拟出策划方案的布局和进度，以及最终要达到的效果。模拟结果得到委托人的认可后，就可以正式进入执行方案阶段。

7. 总结与分析方案

主要包括：（1）分析结果，看实际结果与预期结果之间是否存在差异。如果不存在差异说明营销策划方案以及执行方案都比较理想；反之，要找出产生差异的原因。（2）寻找问题点。如果发现实际结果与预期结果存在差异，那么就要找到问题所在。（3）完成分析报告。策划人要对分析结果写出相应的分析报告，分析关键问题，形成有说服力的分析结论。

四、实训操作

以现实的企业或虚拟企业为背景，确定营销策划的选题，以公司高层管理人员或企划人员的身份撰写该公司的营销策划方案。具体操作以小组为单位，分工讨论并完成营销策划方案的撰写，具体实训操作指导如下：

（一）设计营销策划书封面

策划书的封面应提供以下信息：策划书的名称，被策划的客户（委托方），策划机构或策划人的名称，策划完成日期及本策划适用时间段。

（二）撰写正文部分

策划书的正文主要包括以下方面：

1. 策划目的

要对本营销策划所要达到的目标、宗旨树立明确的观点，作为执行本策划的动力或强调其执行的意义所在，以要求全员统一思想，协调行动，共同努力保证策划高质量地完成。

2. 分析当前的营销环境状况

清楚认识同类产品市场状况、竞争状况及宏观环境，以便制定相应的营销策略，采取正确的营销手段。主要分析的内容如下：

（1）当前市场状况及市场前景。包括产品的市场性、现实市场及潜在市场状况；市场成长状况，产品目前处于市场生命周期的哪一阶段。对于不同市场阶段上的产品公司营销侧重点如何，对应的营销策略效果怎样，需求变化对产品市场的影响；消费者的接受性，这一内容需要策划者凭借已掌握的资料分析产品市场发展前景。

（2）产品市场影响因素。主要是对影响产品的不可控因素进行分析,如宏观环境、政治环境、居民经济条件(如消费者收入水平、消费结构的变化、消费心理)等。对一些受科技发展影响较大的产品,如计算机、家用电器等产品,在其营销策划中还需要考虑技术发展趋势、方向对其的影响。

3．市场机会与问题分析

营销方案,是对市场机会的把握和策略的运用。因此分析市场机会,就成了营销策划的关键。只要找准了市场机会,策划就成功了一半。这部分的分析主要如下：

（1）针对产品目前营销现状进行问题分析。

（2）分析企业营销中存在的具体问题。

（3）针对产品特点分析优、劣势,从问题中找劣势予以克服;从优势中找机会,发掘其市场潜力;分析各目标市场或根据消费群特点进行市场纲分,对不同的消费需求尽量予以满足,抓住主要消费群作为营销重点,找出与竞争对手差距,把握利用好市场机会。

4．明确营销目标

营销目标是在前面目的任务基础上公司所要实现的具体目标,即营销策划方案执行期间,经济效益的目标。

5．制定营销战略(具体营销方案)

制定营销战略主要包括：

（1）营销宗旨。以强有力的广告宣传攻势顺利拓展市场,为产品准确定位,突出产品特色,采取差异化营销策略;以产品主要消费群体为产品的营销重点;建立起点广面宽的销售渠道,不断拓宽销售区域等。

（2）产品策略。通过前面产品市场机会与问题分析,提出合理的产品策略建议,具体包括产品定位、产品质量功能方案、产品品牌、产品包装、产品服务等。

（3）价格策略。拉大批零差价,调动批发商、中间商积极性;给予适当数量折扣,鼓励多购;以成本为基础,以同类产品价格为参考,使产品价格更具竞争力,若企业以产品价格为营销优势,策划中更应注重价格策略的制订。

（4）销售渠道。产品目前销售渠道状况如何,对销售渠道的拓展有何计划,采取一些实惠政策鼓励中间商、代理商的销售积极性或制定适当的奖励政策。

（5）广告宣传。策划前期推出产品形象广告;销后适时推出诚征代理商广告;节假日、重大活动前推出促销广告;把握时机进行公关活动,接触消费者;积极利用新闻媒介,善于创造、利用新闻事件提高企业产品知名度。

6．拟定具体行动方案

根据策划期内各时间段特点,推出各项具体行动方案。行动方案要细致周密,操作性强又不乏灵活性,还要考虑费用支出,一切量力而行。尽量以较低费用取得良好效果为原则。尤其应该注意季节性产品淡旺季营销侧重点,抓住旺季营销优势。

7．策划方案各项费用预算

这一部分记载的是整个营销方案推进过程中的费用投入,包括营销过程个的总费用、阶段费用、项目费用等,其原则是以较少投入获得最优效果。费用预算方法在此不再详谈,策划时可凭借经验具体分析制定。

8. 方案调整

这一部分是策划方案的补充部分。在方案执行中都可能出现与现实情况不相适应的地方,因此方案执行过程中必须随时根据市场的反馈及时进行调整。

(三) 附件制作

附件是有关本次策划的一些原始材料或文件,主要包括:调查报告及重要调查原始材料,主要参考文献,专家顾问情况,其他材料(照片、录像带、录音带、实物等)。

五、实训评价

(1) 以小组名义按时上交营销策划方案,由指导教师批阅并评分。评分等级为优、良、中、及格、不及格。

(2) 每位学生(或以小组为单位)填写实训报告,内容包括:实训项目,实训目的与要求,实训内容,各自承担的任务及完成情况,小结。

(3) 由指导教师和小组长组成项目评审组,评定实训最终成绩,并由指导教师填写。

(4) 评定标准按优秀、良好、中等、及格、不及格5等级评定:

优秀:按时完成实训课程所规定的操作程序,认真填写实训报告书,策划方案格式规范,内容充实,资料、数据真实,文字准确,语言流畅,创意新颖,有现实意义,符合计划书格式规范。

良好:按时完成所规定的技能操作程序,认真地填写实训报告书,策划方案格式规范,内容充实,资料、数据真实,语言流畅。

中等:完成实训课程所规定的技能操作程序,能较认真地填写实训报告书,策划方案格式规范,内容基本充实,资料、数据真实。

及格:基本完成实训课程所规定的技能操作程序,有较完整的操作资料存档;填写实训报告书,策划方案格式规范。

不及格:没有完成实训课程所规定的操作程序;策划方案格式不符合基本规范,抄袭严重。

六、实训范例

新天地休闲购物中心营销策划方案[①]

(一) 项目基本情况

1. 项目区位

项目位于东胜区中心商圈地带,鄂尔多斯街与达拉特路交叉处东北角,地理位置优越。周边城市配套较成熟,商业区位认可度较高,交通方便,区域发展空间及土地升值潜力较大。项目基本信息如表7.1所示。

---

① 资料来源:根据《内蒙古鄂尔多斯新天地休闲购物中心营销策划导入报告》改写,http://wenku.baidu.com/view/781a110cba1aa8114431d9ca.html? from=search。

表7.1 项目基本信息

建设项目名称	新天地休闲购物中心
建设单位名称	鄂尔多斯市远弘房地产开发有限公司
建设项目依据	城市总体规划
建设规模	占地面积约22305 m^2，总建筑面积约58400 m^2
建设位置	鄂尔多斯街与达拉特路交叉处东北角

2. 市政配套及相关商业

（1）项目处于交通干道鄂尔多斯东街与达拉特路的交叉口东北角，两条繁华商业街的交汇为项目的商业氛围的孕育提供了合适的土壤。

（2）位于鄂尔多斯中心商圈，周边集中了大型购物广场、步行街等商服物业。

（3）周边市政配套齐全，商业综合环境良好，相关信息如表7.2所示。

（4）目前项目仍处于拆迁阶段，区医院有待搬迁。

表7.2 项目配套信息

项 目	内 容
交通	2、6、7路公交车通过
购物	鄂尔多斯购物中心、民生广场、新欣市场、再就业市场
教育	师范附小、第三幼儿园
政府机构	市财政局、市经贸局、市就业服务局、市法院、市文化局、市计生办、区法院、市农机局
金融	中国银行、工商银行、建设银行、农业银行、西园信用社
邮政	中国邮政、移动通信公司
娱乐	东胜影剧院

3. 项目四周景观

项目北临再就业市场与新欣市场，大多定位中低档，物业形象较差，南靠鄂尔多斯大街，东临和木家园家居广场，西临民生广场。

（二）目标市场分析

1. 目标客户主要行业从业人员收入分析

相关信息如表7.3所示。

表7.3 目标客户主要行业从业人员收入分析

职 业	年平均人数（人）	年劳动报酬范围（元）	平均每月劳动报酬（元）
教育	3959	22438	1869
制造业	20152	13003	1350
银行证券保险	1603	23774	2800
交通运输、电信	1841	15679	1800

(续表)

职业	年平均人数(人)	年劳动报酬范围(元)	平均每月劳动报酬(元)
政府机构	6684	23484	2300
建筑房地产	1685/236	14237/24000	2800
工矿企业	2056	12337	3500
商业经营服务业	1869	18724	2350

2. 目标客户基本类型

(1) 私营企业主。2005年中国最发达县域经济百强、县(市)发展活力100强,快速发展的非公有制经济为东胜经济发展唱起了主角,私营企业主"挑起大梁",实力可见一斑。

(2) 公务员及银行证券、医院学校群体。此类群体数量较大,此类人士在鄂尔多斯工作时间较长,经济收入稳定,有较好的经济基础,特别看好东胜区商业中心发展前景,市场意识强,敢于投资。

(3) 企业管理层。鄂尔多斯周边各类企业众多,内蒙古伊泰煤炭股份有限公司、亿利科技实业股份有限公司、内蒙古神华股份有限公司、内蒙古远兴天然碱股份有限公司等俱为鄂尔多斯市上市企业,实力雄厚,企业内部中高级管理层,待遇极为丰厚,资金实力强。

(4) 经商者。随着经济的快速发展,各类大小商贩纷纷涌入,其中以服装、餐饮娱乐、服务业等行业为主。从现售的一些楼盘来看,外来商贩也是这一区域的一大购房群体,此类群体的消费特点为:文化素质不高,在东胜居住多年,对当地经济发展很有信心,也确实在近年的经济发展中积累了一定的经济基础。

3. 目标市场定位

(1) 经济基础雄厚,先富起来的人士:大型企业的企业主;经济相当富裕,具有丰富积蓄,以投资置业作为保值、增值的专业投资人;中小型私企老板、有一定经营规模的个体商户;私营矿主。

此类富裕人士在鄂尔多斯为数不少。近年鄂市中高档轿车数量直线增多,也证明了随着该市经济高速发展而完成自身财富实现的成功人士较多;以上人士对投资方面有丰富经验,主观性较强,消费心态上"为得旺铺不惜一掷千金"。故该客户群多为选购首层街铺或底铺,购铺预算相对较多,上百万甚至上千万不等;首要考虑的因素为商铺位置、人流量等,其次才考虑价格及回报率的问题。对返租回报等促销措施的需求不太高。本项目的沿街商铺,吸引的就是此类客户。

(2) 具有稳定的收入来源,经济基础扎实,收入丰厚的人士:在大型企业公司或事业单位,年收入10万以上的高层管理人士;中小型私企老板、有一定经营规模个体商户;在鄂尔多斯掘到头金,并看好东胜发展的外地人士;拥有相当积蓄的企事业机关中高层干部。

以上人士主要是从事专业性较强的工作,拥有稳定的收入来源,该类人士对投资回报的金融意识较强,并十分关注投资的利益点,对返租回报有迫切需求。该类人士购铺多选择首、二层或负一层商铺,部分资金周转能力稍低的人士将选择更高楼层。

(3) 经济富裕的本地居民:拥有家族生意,以物业转手或出租获利作为主要目的的投资者；各区政府干部，经济富裕，具有丰富积蓄，拥有相当资产及物业；东胜当地居民，经济基础良好，拥有一定资产及物业。

当地居民随着城市的发展建设，继而土地出让而获利甚丰；享有政府的福利补贴，收入稳定，多具良好投资意识，较具投资经验，对于优质物业将会有相当的兴趣。

（4）经济基础一般，但有较稳定收入一定积蓄工薪阶层或中小型个体户：在各企事业单位担任中层管理职务的中青年主力军；在外地谋求发展的鄂尔多斯本地人；拥有一定积蓄，从各企事业单位要职退居二线的人士；由于银行利率偏低而寻找新投资者的中小储户。

以上客户的资金积累及来源不像前几类客户群般丰厚，多会选购较高楼层、小面积、投资总额小的商铺；该类客户最注重返租回报及商铺总价上的因素，其次才考虑商铺位置和客流量等因素，其购铺预算大多在 20 万左右，对回报率较为敏感。

（三）项目 SWOT 分析

1. 优势分析

（1）项目地块双面临街，地块位置优势较为明显。位于鄂尔多斯东街与达拉特路的交叉口东北角，两条繁华商业街的交汇为项目的商业氛围的孕育提供了合适的土壤。

（2）入驻东胜区中心商圈，固定 40 万旺盛消费人群。成熟稳定的中心商圈，可以辐射整个鄂尔多斯市区。包括流动人口在内，四十多万消费人群为本项目打造巨大的消费潜力。

（3）项目体量大，规模效应明显。项目占地面积就有 22305 m^2，规划未来的商业面积近 6 万 m^2，可以充分满足各业态市场、大卖场空间的需求。

（4）周边市政配套齐全，商业氛围综合环境良好。周边中国银行、工商银行、建设银行、农业银行、中国邮政、西园信用社等齐全，公交线路及站点丰富，商业生活综合环境良好。

2. 劣势分析

（1）处于东胜区现有中心商圈的边缘。与竞争商服物业相比，本项目处于现有中心商圈的边缘，只有在规划与经营上推陈出新、创出特色，才能后来居上。

（2）东胜区人口基数有限，消费力有限。东胜区人均消费水平较高，但人口基数有限，城区消费力有限。

3. 机会分析

（1）项目周边临街商铺鄂尔多斯东街和达拉特路的临街商铺价值连年呈上升趋势，该商圈商业氛围渐浓。

（2）东胜区整体商业还处于低水平阶段，市场空白点多，市场有待细分，业态定位空间巨大。

（3）东胜区规划局对于本项目地块的容积率没有限定，本项目规划与开发的空间较大。

（4）现有的竞争商服物业经营状况较差，竞争态势给本项目提供了有利的市场机会。

4. 威胁分析

（1）鄂尔多斯商服物业竞争激烈。鄂尔多斯商服物业开发进入快速发展的时期，近两年投入使用的商服物业面积达 10 多万 m^2，商服物业正以惊人的速度在增长。

（2）近期一些项目的经营失利，给投资者和经营户留下阴影。大兴购物公园的持续低迷，民生广场步行街的精神不振，使开发商遭遇了诚信危机，投资者和经营户对于再开发的商服物业，存在一些抵触心理。

(3) 城市规划向南、向西方向发展,分流了意向投资者的目光。铁西开发区和新政府区域作为市政规划的重点,使很多投资者看好了新区物业。

(4) 常年严寒的气温,施工期较短,对项目规划及工期进程要求严格。一年五个月的寒冷气温,真正的施工期较短,同时对项目在规划上的合理性及工期进程要求更加严格。

(四)营销目标

1. 销售目标

2006年6月中下旬至8月中下旬,项目接受咨询,对客户情况进行摸底并积累一定意向客户(同时进行小范围的部分内部认购,对关系户可提前销售,实现部分资金的回笼,同时也照顾了关系)。

2006年8月18日开始认筹,认筹期1个月,实现积累80%以上的有效客户;

2006年9月份开盘,实现可销售面积35%以上;

2006年11月份封顶,正式开盘后两个月实现可销售面积50%;

2007年元旦,正式开盘后四个月实现可销售面积70%;

2007年3月底,正式开盘后六个月实现可销售面积90%。

2. 招商目标

2006年6月18日项目接受咨询前初步确定主力商家;

2006年8月18日正式招商;

2006年11月18日正式招商后三个月实现招商面积达60%以上;

2006年12月底正式招商后四个月实现招商面积达80%以上;

2007年3月18日正式招商后六个月内,实现招商面积达90%以上。

(五)营销策略

对于项目的整合推广的高点建立,我们的整体策略思路为:"品牌持久战+营销歼灭战"两条腿走路,品牌推广作为营销主线贯穿项目推广始终,期间通过实效促销活动完成项目前期销售,两者相互促进。追求快(实现快速销售)、准(营销直效性)、稳(把握市场及客户稳)、省(营销费用省)原则。具体如下:

1. 品牌致胜,经营为先

实施企业、项目品牌互动战略,高起点、高水准树立项目至高品牌形象,以商场后期经营保障投资信心。

2. 光辉形象,一鸣惊人

利用项目绝版地段、极具竞争力的硬件设施,以高起点、高标准的姿态,依靠与潜在客户接触的所有手段和全过程的传递累积,以及报版、楼书、电视广告、现场感观、服务人员接待等传递项目的品牌形象。

要求把我们产品、定位、价值主张、利益主张、形象凝练得简单直白,就像一把尖刀力量的集中,穿破市场重重阻隔、杂音干扰,直抵潜在客户大脑,形成一跃飞升之势,迅速形成差异化个性,牢牢占住客户心智阶梯的第一位置。

3. 论坛公关,活动营销

单纯的叫卖、大声的吆喝,已不能调动潜在客户的注意力;专业论坛以名家之名、主题吸引、近身探究而至权威影响、潜移默化、增强信心的效果,从而引起客户的兴趣、挑动客户的神经而促成销售。

作为鄂尔多斯政府的重点招商引资项目,本项目已得到政府的充分重视,可充分利用政府资源,大胆与之共舞。

4. 人势累积、迅速突围

把销售与家庭生活、教育、养老、运动、文化联系起来,充分利用社会资源形成强大合力。从精神层面满足客户的需求,从而形成情感累积,最后情感转移到项目,扩展、生动了项目的内涵。

(六) 费用预算(略)

(七) 方案调整(略)

(八) 附件(略)

训练二　ERP 沙盘模拟对抗训练

一、实训任务

(1) 认识 ERP 沙盘。通过教师演示,帮助学生认识各中心的任务分工和熟悉各岗位的职责,掌握 ERP 沙盘的构成。具体内容如下:① 战略规划市场营销:市场开拓、产品研发和 ISO 认证规划;② 生产组织:厂房类型、生产线标识和产品标识;③ 采购与库存管理:采购提前期、原材料库、原料订单和成品库;④ 会计核算与财务管理:现金库、银行贷款、应收与应付款和综合费用;⑤ 岗位职责:CEO、CFO、CPO、COO 和 CMO 的职责等。

(2) 熟悉 ERP 沙盘模拟经营和对抗规则。通过演示和讲解,帮助学生进一步认识沙盘,熟悉沙盘模拟经营规则,具体内容如下:① 市场划分与市场准入:市场类型、市场准入认证;② 参加订货会与选单:参加订货的方式、选单规则;③ 厂房:购买、出售与租赁、生产线购买、转产与维修、出售规则;④ 原材料采购与产品研发:原材料种类、产品种类与构成、研发投资规则;⑤ ISO 认证:ISO 认证时间与投资注意事项等;⑥ 企业筹资:各种贷款时间、利息支付与偿还方式、应收账款贴现等;⑦ 公司竞争评比规则:违规与扣分、破产清算、评分标准等。

(3) 设定公司(企业)初始状态。通过演示和讲解,帮助学生进一步认识沙盘的四大中心,熟悉沙盘模拟经营规则,掌控企业的固定资产、流动资产、负债和所有者权益等,具体实验内容如下:① 设定财务中心初始状态;② 设定生产中心初始状态;③ 设定物流中心初始状态;④ 设定营销与规划中心初始状态;⑤ 填写资产负债表

(4) 模拟沙盘运营流程并填写表格。通过模拟经营,帮助学生进一步熟悉沙盘模拟经营规则,让学生熟悉和掌握沙盘模拟运营的全部过程,并学会填写综合费用表和利润表,具体实验内容如下:① 模拟运营年初 5 项工作;② 模拟运营每季度 18 项工作;③ 模拟运营年末 5 项工作;④ 填写综合费用表和利润表等。

(5) 沙盘模拟对抗演练。通过分组进行沙盘模拟对抗演练,每组 5~6 人,分别担任总裁、财务总监、采购总监、营销总监、运营总监、财务助手等职务,帮助学生进一步熟悉沙盘模

拟经营规则,并通过沙盘熟练运营制造型企业经营管理全过程。具体实验内容如下:① 第1～6年的对抗模拟运营;② 各年综合费用表、资产负债表和利润表的填写;③ 岗位心得与总结。

(6)撰写实训报告。在完成上述任务的基础上,分工撰写沙盘模拟对抗演练实训报告。

二、实训要求

ERP沙盘模拟对抗训练旨在培养学生解决实际问题的技能技巧,要求每个学生必须参与对抗演练,并能结合学生经营成果进行综合分析,以体验式教学或感悟式教学的方式让学生形成企业经营管理本质的认知和理解。以学生动手实践为主,教师讲授、指导、点评为辅。具体要求如下:

(1)通过演示,在ERP沙盘模拟实验室集中面授,学生在教师演示和指导的基础上认识ERP沙盘。

(2)通过演示与操作,使学生熟悉:① 市场规则;② 企业运营规则;③ 公司竞争评比规则。该演示实验主要帮助学生进一步从感性和理性结合上认识沙盘,为初始状态的设定和企业运营实际模拟奠定基础。

(3)通过演示与操作,使学生学会以下内容:① 财务中心初始状态设定;② 生产中心初始状态设定;③ 物流中心初始状态设定;④ 营销与规划中心初始状态设定。该实验在帮助学生进一步认识沙盘"四大中心"的基础上,能够让学生熟悉企业拥有的固定资产、流动资产、负债和所有者权益,为下一步的实际模拟运营奠定基础。

(4)通过演示与操作,使学生熟悉和掌握以下内容:① 学会年初5项工作;② 学会每季度18项工作;③ 学会年末5项工作;④ 学会填写综合费用表和利润表等。该实验旨在帮助学生熟悉和掌握沙盘模拟运营的全部过程,让学生在填写资产负债表的基础上,进一步学会填写综合费用表和利润表,为各公司开展对抗模拟演练打下基础。

(5)通过演示与操作,使学生熟悉和掌握以下内容:① ERP沙盘模拟对抗规则;② 能够熟练模拟企业第1～6年的运营;③ 能够配合本公司(各小组)成员制定和完成以下表格:销售计划;设备投资与改造;生产计划;采购计划;资金计划;订单登记表;综合管理费用明细表;利润表;资产负债表等。该实验通过模拟一个制造型企业的全部流程,旨在帮助学生熟悉和掌握沙盘模拟运营的全部规则,了解制造型企业的经营管理过程,领会企业中各岗位的基本职责,弥补学生实际工作经验的缺失,从而提高学生的就业竞争力。

学生以小组为单位(5～6人)完成本次实训,不得抄袭他人成果,学生按照ERP沙盘模拟对抗演练规则,走盘并填写运营表,分工合作完成本次实训,并提交个人岗位心得。本实训必须在ERP沙盘演练实验室完成。

三、理论指导

(一)什么是ERP?

ERP是企业资源计划(Enterprise Resource Planning)的简称,它利用计算机技术,把企业的物流、人流、资金流、信息流统一起来进行管理,把客户需要和企业内部的生产经营活动以及供应商的资源整合在一起,为企业决策层提供解决企业产品成本问题、提高作业效率、及资金的运营情况一系列动作问题,使之成为能完全按用户需求进行经营管理的一种全新的行之有效的管理方法。它是一个以管理会计为核心的信息系统,识别和规划企业资源,从而获取客户订单,完成加工和交付,最后得到客户付款。它是综合客户机和服务体系系统、关系数据库结构、面向对象技术、图形用户界面、第四代语言、网络通讯等信息产业成果,以ERP为管理思想的软件产品。

(二) 认识 ERP

下面以请客吃饭的例子让大家认识 ERP 的功能及其工作流程。

1. 丈夫请客吃饭(签订合同订单)

一天中午,丈夫在外给家里打电话:"亲爱的老婆,晚上我想带几个同事回家吃饭可以吗?"(订货意向)

妻子:"当然可以,来几个人,几点来,想吃什么菜?"(了解客户需求)

丈夫:"6个人,我们晚上 7 点左右回来,准备些酒、烤鸭、番茄炒蛋、凉菜、蛋花汤……你看可以吗?"(商务沟通,发出订单)

妻子:"没问题,我会准备好的。"(订单确认)

2. 安排晚饭计划(ERP 中的计划层次)

(1) 确定菜谱。妻子记录下需要做的菜单(MPS 计划),具体要准备的菜:鸭、酒、番茄、鸡蛋……(BOM 物料清单)

(2) 买什么菜?买多少?(ERP 中的 MRP,即物料需求计划)

发现需要:1 只鸭、5 瓶酒、4 个番茄(BOM 展开)……炒蛋需要 6 个鸡蛋,蛋花汤需要 4 个鸡蛋(共用物料)。打开冰箱一看(库房查询),只剩下 2 个鸡蛋(缺料)。

3. 买菜(ERP 中的采购与库存管理)

来到自由市场。妻子:"请问鸡蛋怎么卖?"(ERP 中的采购询价)

小贩:"1 个 1 元,半打 5 元,1 打 9.5 元。"(报价)

妻子:"我只需要 8 个,但这次买 1 打。"(经济批量采购)

妻子:"这有一个坏的,换一个。"(验收、退料、换料)

4. 做饭(ERP 中的生产管理)

回到家中,准备洗菜、切菜、炒菜……(工艺路线),厨房是有燃气灶、微波炉、电饭煲……(工作中心),妻子发现拔鸭毛最费时间(瓶颈工序,关键工艺路线),用微波炉自己做烤鸭可能就来不及(产能不足),于是决定在楼下的餐厅里买现成的(产品委外)。

下午 4 点,电话铃又响:"妈妈,晚上几个同学想来家里吃饭,你帮准备一下。"(紧急订单)

"好的,儿子,你们想吃什么,爸爸晚上也有客人,你愿意和他们一起吃吗?"(了解客户需求)

"菜你看着办吧,但一定要有番茄炒鸡蛋,我们不和大人一起吃,晚上 6 点 30 分左右回来。"(不能合并订单,需单处理)

"好的,肯定让你们满意。"(订单确认)

鸡蛋又不够了,打电话叫小贩送来。(紧急采购)

晚上 6 点 30 分,一切准备就绪,可烤鸭还没送来,急忙打电话询问:"我是李太太,怎么

订的烤鸭还没送来?"(采购委外单跟催)

"不好意思,送货的人已经走了,可能是堵车吧,马上就会到的。"

门铃响了,"李太太,这是您要的烤鸭,请在单上签一个字。"(验收、入库、转应付账款)

晚上6点45分,女儿的电话:"妈妈,我想现在带几个朋友回家吃饭可以吗?"(又是紧急订购意向,要求现货)

"不行呀,女儿,今天妈妈已经需要准备两桌饭了,时间实在是来不及,真的非常抱歉,下次早点说,一定给你们准备好。"(这就是ERP的使用局限,要有稳定的外部环境,要有一个提前期)

5. 算账(ERP中的财务系统)

送走了所有客人,疲惫的妻子坐在沙发上对丈夫说:"亲爱的,现在咱们家请客的频率非常高,应该要买些厨房用品了(设备采购),最好能再雇个小保姆(连人力资源系统也有接口了)。"

丈夫:"家里你做主,需要什么你就去办吧。"(通过审核)

妻子:"还有,最近家里花销太大,用你的私房钱来补贴一下,好吗?"(资金预算,最后就是应收货款的催要)

妻子拿着计算器准确算出今天的各项成本(成本核算)和节余原材料(车间退料),并入了日记账(总账),把结果念给丈夫听(给领导汇报)。

丈夫说道:"值得,花了145.59元,请了几个好朋友,感情储蓄账户增加了若干(经济效益分析)。今后这样的感情投资宴要经常举办……可以考虑,你就全权处理吧!"(预测公司未来发展)

现在,你对ERP有了大致的理解和认识吗?

(三)ERP沙盘模拟对抗

ERP沙盘模拟对抗是针对代表先进的现代企业经营与管理技术ERP(企业资源计划系统)而设计的角色体验模拟实训。ERP模拟沙盘教具主要包括:6张沙盘盘面,代表6个相互竞争的模拟企业。模拟沙盘按照制造企业的职能部门划分了职能中心,包括营销与规划中心、生产中心、物流中心和财务中心。各职能中心涵盖了企业运营的所有关键环节:战略规划、资金筹集、市场营销、产品研发、生产组织、物资采购、设备投资与改造、财务核算与管理等几个部分为设计主线,把企业运营所处的内外环境抽象为一系列的规则,由受训者组成6个相互竞争的模拟企业,模拟企业5~6年的经营,通过学生参与→沙盘载体→模拟经营→对抗演练→教师点评→学生感悟等一系列的实验环节,其融合理论与实践一体、集角色扮演与岗位体验于一身的设计思想,使受训者在分析市场、制定战略、营销策划、组织生产、财务管理等一系列活动中,参悟科学的管理规律,培养团队精神,全面提升管理能力。同时也对企业资源的管理过程有一个实际的体验。

(四)ERP沙盘教具

ERP沙盘模拟教学以一套沙盘教具为载体。沙盘教具主要包括:沙盘盘面6张,代表6个相互竞争的模拟企业。图7.1就是沙盘盘面全图。

沙盘盘面按照制造企业的职能部门划分了4个职能中心,分别是营销与规划中心、生产

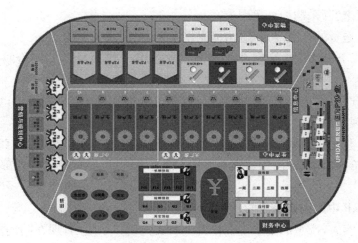

图 7.1 沙盘盘面全图

中心、物流中心和财务中心。各职能中心覆盖了企业运营的所有关键环节：战略规划、市场营销、生产组织、采购管理、库存管理、财务管理等，是一个制造企业的缩影。

（五）ERP 沙盘模拟对抗环节

1. 组织准备工作

组织准备工作是 ERP 沙盘模拟的首要环节。主要内容包括三项：首先是学员分组，每组一般为 5~6 人，这样全部学员就组成了 6 个相互竞争的模拟企业（为简化起见，可将 6 个模拟企业依次命名为 A 组、B 组、C 组、D 组、E 组、F 组）；然后进行每个角色的职能定位，明确企业组织内每个角色的岗位责任，一般分为 CEO、营销总监、运营总监、采购总监、财务总监等主要角色。当人数较多时，还可以适当增加商业间谍、财务助理等辅助角色。在几年的经营过程中，可以进行角色互换，从而体验角色转换后考虑问题的出发点的相应变化，也就是学会换位思考。特别需要提醒的是：诚信和亲历亲为。诚信是企业的生命，是企业生存之本。在企业经营模拟过程中，不要怕犯错误，学习的目的就是为了发现问题，努力寻求解决问题的手段。在学习过程中，谁犯的错误越多，谁的收获也就越大。

2. 基本情况描述

对企业经营者来说，接手一个企业时，需要对企业有一个基本的了解，包括股东期望、企业目前的财务状况、市场占有率、产品、生产设施、盈利能力等。基本情况描述以企业起始年的两张主要财务报表（资产负债表和利润表）为基本索引，逐项描述了企业目前的财务状况和经营成果，并对其他相关方面进行补充说明。

3. 市场规则与企业运营规则

企业在一个开放的市场环境中生存，企业之间的竞争需要遵循一定的规则。综合考虑市场竞争及企业运营所涉及的方方面面，简化为以下 8 个方面的约定：① 市场划分与市场准入；② 销售会议与订单争取；③ 厂房购买、出售与租赁；④ 生产线购买、转产与维修、出售；⑤ 产品生产；⑥ 产品研发与 ISO 认证；⑦ 产品研发与 ISO 认证；⑧ 融资贷款与贴现。

4. 初始状态

ERP 沙盘模拟不是从创建企业开始，而是接手一个已经运营了 3 年的企业。虽然已经从基本情况描述中获得了企业运营的基本信息,但还需要把这些枯燥的数字活生生地再现到沙盘盘面上,由此为下一步的企业运营做好铺垫。通过初始状态设定,可以使学员深刻地感觉到财务数据与企业业务的直接相关性,理解到财务数据是对企业运营情况的一种总结提炼,为今后"透过财务看经营"做好观念上的准备。

5. 企业经营竞争模拟

企业经营竞争模拟是ERP沙盘模拟的主体部分,按企业经营年度展开。经营伊始,通过商务周刊发布市场预测资料,对每个市场每个产品的总体需求量、单价、发展趋势做出有效预测。每一个企业组织在市场预测的基础上讨论企业战略和业务策略,在CEO的领导下按一定程序开展经营,做出所有重要事项的经营决策,决策的结果会从企业经营结果中得到直接体现。

6. 现场案例解析

现场案例解析是沙盘模拟课程的精华所在。每一年经营下来,企业管理者都要对企业的经营结果进行分析,深刻反思成在哪里?败在哪里?竞争对手情况如何?是否需要对企业战略进行调整?结合课堂整体情况,找出大家普遍困惑的情况,对现场出现的典型案例进行深层剖析,用数字说话,可以让学员感悟管理知识与管理实践之间的距离。

四、实训操作

(1) 认识ERP沙盘实训操作。主要以幻灯片投影的形式让学生熟悉沙盘构成及其虚拟公司各成员岗位职责,具体操作步骤如下:① 投影沙盘盘面;② 教师介绍盘面,学生对照物理沙盘熟悉其构成及各中心的具体任务;③ 投影成员构成及其岗位职责,教师讲解岗位职责及其今后在虚拟公司运营中的相关注意事项。

(2) 沙盘模拟经营规则演示操作。主要以幻灯片投影的形式让学生熟悉沙盘模拟市场规则、企业运营规则和公司竞争评比规则,具体演示和操作步骤如下:① 投影1——演示和操作市场准入,教师同时出示各种市场的认证标识;② 投影2——演示和操作厂房获取,教师讲解厂房折旧规则,在沙盘上演示厂房的购买、租赁、转让等过程;③ 投影3——操作与演示生产线购买、维护和转产,教师在讲解生产线的购买、安装、维护与转产、出售、折旧等规则,同时出示四种类型生产线的标识,利用ERP教具演示其购买、安装、维护与转产、出售、折旧等过程;④ 投影4——演示和操作产品构成,教师在讲解原材料的种类,利用ERP教具演示P1、P2、P3、P4四种产品的构成;⑤ 投影5——演示和操作ISO认证,教师讲解ISO认证和市场开拓,同时利用ERP教具进行演示、操作;⑥ 投影6——演示和操作融资与贴现,教师讲解企业融资规则,并操作演示企业贷款和贴现的过程。

(3) 设定公司(企业)初始状态的操作。主要以幻灯片投影和教师讲解的形式,让学生进行各自企业初始状态的设定,具体演示和操作步骤如下:① 投影1——设定财务中心,学生根据投影自行设定财务中心,教师根据学生设定的盘面对财务中心的现金、长期贷款、短期贷款、其他贷款、应收账款和应付款进行现场讲解;② 投影2——设定生产中心,学生根据投影自行设定生产中心,教师根据学生设定的盘面对生产中心的厂房价值、生产线、在制品、产品标识、设备价值等进行现场讲解;③ 投影3——设定物流中心,学生根据投影自行设定物流中心,教师根据学生设定的盘面对物流中心的原材料库、成品库、订单等进行现场讲解;

④ 投影4——设定营销与规划中心,学生根据投影自行设定营销与规划中心,教师根据学生设定的盘面对营销与规划中心的生产资格认证、ISO认证、和市场准入现场讲解;⑤ 填写资产负债表,教师讲解资产负债表的格式、构成和填写规范,详细解释资产负债表中的各项目的具体含义,学生根据设定的盘面填写表格。

(4) 模拟沙盘运营流程并填写表格的操作。主要以幻灯片投影和教师讲解的形式,让学生进行各自企业初始状态的设定,具体演示和操作步骤如下:① 演示操作年初的4项工作:新年度规划会议、参加订货会/登记销售订单、制定新年度计划、支付应付税;② 演示操作每个季度的19项工作:季初现金盘点、更新短期贷款、还本付息、申请短期贷款、更新应付款、归还应付款、原材料入库、更新原材料订单、下原料订单、更新生产、完工入库、投资生产线、变卖生产线、生产线转产、向其他企业购买原材料、出售原材料、开始下一批生产、更新应收款、应收款收现、出售厂房、向其他企业购买成品、出售成品、按订单交货、产品研发投资、支付行政管理费用、其他现金收支情况登记、现金收入合计、现金支出合计、期末现金对账;③ 演示操作年末的6项工作:更新长期贷款/支付利息/获得新贷款、支付设备维修费、支付租金或购买厂房、计提折旧、新市场开拓投资/ISO资格认证投资、结账;④ 完成综合费用表和利润表。教师讲解综合费用和利润表的格式、构成和填写规范,详细解释利润表中的各项目的具体含义,学生根据本公司的实际运营结果完成相应的表格。学生根据投影自行设定生产中心,教师根据学生设定的盘面对生产中心的厂房价值、生产线、在制品、产品标识、设备价值等进行现场讲解。

(5) 沙盘模拟对抗演练实训操作。在每一个模拟沙盘上,将学生进行分组。分组原则以自愿为主;每组人数以6人为宜(也可以增加),每组代表一个公司,并给本公司命名。具体操作如下:每个公司通过推选,确定本公司的CEO,再依次确定CFO、CMO、COO、CPO等;向每个公司提供完全相同的初始状态;各组依次模拟第1~6年的经营状况(注:每年运营时间为2学时);填写综合费用表、利润表和资产负债表等;指导教师对各小组的经营业绩进行盘点,并按资产、资金、市场、设备等状况,决定各小组经营的优劣,进行排序;学生谈自己的心得体会;教师对各公司的经营结果进行评价、总结。

(6) 撰写实训报告。在上述工作的基础上,各小组分工完成实训报告的撰写,并提交个人岗位心得。

五、实训评价

(1) 以小组名义按时上实训报告,个人上交岗位心得,由指导教师批阅并评分。其中,实训报告成绩占80%,个人岗位心得成绩占20%,加权得到个人实训成绩。评分等级为优、良、中、及格、不及格。

(2) 每位学生(或以小组为单位)填写实训报告,内容包括:① 实训项目;② 实训目的;③ 实训内容;④ 各自承担的任务及完成情况;⑤ 个人岗位小结。

(3) 由指导教师和小组长组成项目评审组,评定实训最终成绩,并由指导教师填写。

(4) 评定标准。按优秀、良好、中等、及格、不及格五等级评定:

优秀:按时完成实训课程所规定的操作程序,认真填写实训报告书,报告格式规范,内容充实,资料、数据真实,文字准确,语言流畅,创意新颖,有现实意义,符合计划书格式规范。

良好：按时完成所规定的技能操作程序，认真地填写实训报告书，报告格式规范，内容充实，资料、数据真实，语言流畅。

中等：完成实训课程所规定的技能操作程序，能较认真的填写实训报告书，报告格式规范，内容基本充实，资料、数据真实。

及格：基本完成实训课程所规定的技能操作程序，有较完整地操作资料存档；填写实训报告书，营销总结报告格式规范。

不及格：没有完成实训课程所规定的操作程序；报告格式不符合基本规范，抄袭严重。

六、实训范例

（一）封面设计

ERP 沙盘模拟对抗分析报告

专业班级：_____

姓　　名：_____

学　　号：_____

组　　别：_____

角　　色：_____

指导教师：_____

实训时间：_____

　　　　年　　月　　日

（二）表格填写

综合费用表、利润表、资产负债表分别如表7.4、表7.5、表7.6所示。

表7.4　综合费用表　　　　　　　　　　　　　　　　（单位：元）

年份	管理费	广告费	设备维护	厂房租金	转产费	市场开拓	ISO认证	产品研发	其他	合计
1										
2										
3										
4										
5										
6										

表 7.5 利润表 (单位:元)

年份\项目	1	2	3	4	5	6
销售收入						
直接成本						
毛利						
综合费用						
折旧前利润						
折旧						
息前利润						
财务费用						
额外收支						
税前利润						
所得税						
净利润						

表 7.6 资产负债表 (单位:元)

资产							负债+权益						
流动资产	1	2	3	4	5	6	负债	1	2	3	4	5	6
现金							长期负债						
应收款							短期负债						
在制品							应付款						
产成品							应缴款						
原材料							1年长贷						
流动合计							负债合计						
固定资产							权益						
土地建筑							股东资本						
机器设备							利润留存						
在建工程							年度利润						
固定合计							权益合计						
资产合计							负债权益						

(三) 综合分析

经营成果简介(企业在对抗模拟期间取得的主要成果,如综合排名、市场地位、产品研发、产能、ISO 认证等),主要指标完成情况分析表如表 7.7 所示。

表 7.7 主要指标完成情况分析表(分年度)

经营目标	年度计划(赢利、权益、五力分析等)
	完成情况
	差异分析
产品与市场	年度计划(产品与市场开发、ISO认证、产品赢利等)
	完成情况
	差异分析
产能建设及生产管理	年度计划(上产线与厂房安排、物料计划等)
	完成情况
	差异分析
市场竞争策略	年度计划(各市场、各产品广告投放及销售目标,广告投入产出比、综合市场占有率、产品市场占有率等)
	完成情况
	差异分析
融资	年度计划(长期贷款、短期贷款、应收款贴现、厂房生产线变卖等)
	完成情况
	差异分析
成本费用	年度计划(各项成本费用发生额及销售比例)
	完成情况
	差异分析

(四) 附录

表 7.8 ERP沙盘模拟对抗运营表

企业经营流程:每执行完一项操作,CEO请在相应的方格内打√,财务总监(助理)在方格中填写现金收支情况。请按顺序执行下列各项操作:

新年度规划会议					
参加订货会/登记销售订单					
制订新年度计划					
支付应付税					
季初现金盘点(请填余额)					
更新短期贷款/还本付息/申请短期贷款(高利贷)					
更新应付款/归还应付款					
原材料入库/更新原料订单					
下原料订单					

(续表)

更新生产/完工入库				
投资新生产线/变卖生产线/生产线转产				
向其他企业购买原材料/出售原材料				
开始下一批生产				
更新应收款/应收款收现				
出售厂房				
向其他企业购买成品/出售成品				
按订单交货				
产品研发投资				
支付行政管理费				
其他现金收支情况登记				
支付利息/更新长期贷款/申请长期贷款				
支付设备维护费				
支付租金/购买厂房				
计提折旧				
新市场开拓/ISO资格认证投资				
结账				
现金收入合计				
现金支出合计				
期末现金对账(请填余额)				

表7.9 现金预算表

	1	2	3	4
期初库存现金				
支付上年应交税				
市场广告投入				
贴现费用				
利息(短期贷款)				
支付到期短期贷款				
原料采购支付现金				
转产费用				

(续表)

	1	2	3	4
生产线投资				
工人工资				
产品研发投资				
收到现金前的所有支出				
应收款到期				
支付管理费用				
利息（长期贷款）				
支付到期长期贷款				
设备维护费用				
租金				
购买新建筑				
市场开拓投资				
ISO认证投资				
其他				
库存现金余额				

要点记录
第一季度：＿＿＿＿＿＿＿＿＿＿＿＿＿＿＿＿＿＿＿＿＿＿＿＿＿＿＿＿＿＿＿＿＿＿＿＿＿
第二季度：＿＿＿＿＿＿＿＿＿＿＿＿＿＿＿＿＿＿＿＿＿＿＿＿＿＿＿＿＿＿＿＿＿＿＿＿＿
第三季度：＿＿＿＿＿＿＿＿＿＿＿＿＿＿＿＿＿＿＿＿＿＿＿＿＿＿＿＿＿＿＿＿＿＿＿＿＿
第四季度：＿＿＿＿＿＿＿＿＿＿＿＿＿＿＿＿＿＿＿＿＿＿＿＿＿＿＿＿＿＿＿＿＿＿＿＿＿
年底小结：＿＿＿＿＿＿＿＿＿＿＿＿＿＿＿＿＿＿＿＿＿＿＿＿＿＿＿＿＿＿＿＿＿＿＿＿＿

表7.10 订单登记表

订单号									合计
市场									
产品									
数量									
账期									
销售额									
成本									
毛利									
未售									

表 7.11 产品核算统计表

	P1	P2	P3	P4	合计
数量					
销售额					
成本					
毛利					

表 7.12 综合管理费用明细表　　　　　　　　　　　　　单位：元

项　目	金　额	备　注
管理费		
广告费		
保养费		
租　金		
转产费		
市场准入开拓		□区域　□国内　□亚洲　□国际
ISO 资格认证		□ISO9000　□1SO14000
产品研发		P2(　)　P3(　)　P4(　)
其　他		
合　计		

表 7.13 利　润　表

项　目	上　年　数	本　年　数
销售收入		
直接成本		
毛利		
综合费用		
折旧前利润		
折旧		
支付利息前利润		
财务收入/支出		
其他收入/支出		
税前利润		
所得税		
净利润		

表 7.14　资产负债表

资　产	期初数	期末数	负债和所有者权益	期初数	期末数
流动资产：			负债：		
现金			长期负债		
应收款			短期负债		
在制品			应付账款		
成品			应交税金		
原料			一年内到期的长期负债		
流动资产合计			负债合计		
固定资产：			所有者权益：		
土地和建筑			股东资本		
机器与设备			利润留存		
在建工程			年度净利		
固定资产合计			所有者权益合计		
资产总计			负债和所有者权益总计		

参考文献

[1] 卢泰宏,朱翊敏.实效促销 SP[M].北京:清华大学出版社,2003.
[2] 傅慧芬.当代营销学案例集[M].北京:对外经济贸易大学出版社,2001.
[3] 周培玉.商务策划管理教程[M].北京:中国经济出版社,2006.
[4] 郭国庆,钱明辉.市场营销学通论[M].4 版.北京:中国人民大学出版社,2011.
[5] 郭国庆,汪晓凡.市场营销学通论[M].4 版.北京:中国人民大学出版社,2009.
[6] 郭国庆.营销理论发展史[M].北京:中国人民大学出版社,2009.
[7] 菲利普·科特勒.营销管理[M].10 版.梅汝和,梅清豪,周安柱,译.北京:中国人民大学出版社,2001.
[8] 李仉辉,项巨力.市场营销学[M].上海:立信会计出版社,2006.
[9] 梁士伦,李懋.市场营销学[M].武汉:武汉理工大学出版社,2006.
[10] 韩光军.现代广告学[M].2 版.北京:首都经济贸易大学出版社,2000.
[11] 傅浙铭,吴晓灵.营销八段:企业广告管理[M].广州:广东经济出版社,2000.
[12] 郑明珍.现代公共关系学[M].合肥:安徽人民出版社,2004.
[13] 叶万春,宋先道.市场营销案例荟萃[M].武汉:武汉理工大学出版社,1999.
[14] 吴健安,郭国庆,钟育赣.市场营销学[M].3 版.北京:高等教育出版社,2007.
[15] 李志敏.跟大师学营销[M].北京:中国经济出版社,2004.
[16] 罗绍明.市场营销实训教程[M].北京:对外经济贸易大学出版社,2006.
[17] 王妙,冯伟国.市场营销学实训(实践课业指导)[M].上海:复旦大学出版社,2007.
[18] 傅慧芬.当代营销学案例集[M].北京:对外经济贸易大学出版社,2001.
[19] 周培玉.商务策划管理教程[M].北京:中国经济出版社,2006.
[20] 陈子清,喻昊.市场营销实训教程[M].武汉:华中科技大学出版社,2006.
[21] 罗农.市场营销实训[M].北京:对外经济大学出版社,2005.
[22] 刘志迎.现代市场营销学[M].合肥:安徽人民出版社,2008.
[23] 陈贤群.熊猫他爸的消费者分析[J].中国洗涤化妆品周报,2008(62).
[24] 谢琳洁.SPSS 软件在高校教学质量影响因素调查分析中的应用[J].安徽农业科学,2010,38(1):541-543.
[25] 吴杨,王涛.统计学[M].合肥:中国科学技术大学出版社,2008.
[26] 郝渊晓.市场营销调研[M].北京:科学出版社,2010.
[27] 吴健安.市场营销学[M].4 版.北京:高等教育出版社,2011.
[28] 李勇,钱大可,翁胜斌.市场营销专业实验(实训)指导教程[M].北京:高等教育出版社,2012.

[29] 刘莉,尚会英,陶晓波.市场营销管理实训教程[M].北京:清华大学出版社,北京交通大学出版社,2010.
[30] 王妙,冯伟国.市场营销学实训[M].上海:复旦大学出版社,2006.
[31] 吴宪和,任毅沁.市场营销实验实训教程[M].南京:东南大学出版社,2007.
[32] 张雁白.营销模拟实验教程[M].北京:中国经济出版社,2010.
[33] 李海琼.市场营销实训教程[M].北京:清华大学出版社,2005.
[34] 吴宪和,任毅沁[M].南京:东南大学出版社,2007.
[35] Karen Holems,Corinne Leech.个人与团队管理[M].2版.天向互动教育中心,译.北京:清华大学出版社,2008.
[36] 吴姗娜.市场营销策划[M].北京:北京理工大学出版社,2010.
[37] 董新春,谢芳,涂宇胜.市场营销策划实务[M].北京:北京理工大学出版社,2010.

后 记

在长期的市场营销实践教学中,我们深切地感受到,系统全面地学习市场营销技能对于即将奔赴职场开创事业的学生有着至关重要的基础性作用,而目前适用于应用型本科院校学生实验和实训相结合,能够覆盖市场营销实践全貌的教材甚少。中国科学技术大学出版社为安徽省应用型本科高校联盟相关教师的学术交流和探讨提供了良好的平台,本教材在这样的时代背景和知识交汇下呼之而出。

本教材由王亮、陈兆荣担任主编,雷勋平、叶松担任副主编,王亮总体策划,提出了教材编写体例及编写原则,王亮、陈兆荣共同统校全书。撰稿分工如下:王亮(铜陵学院)执笔第一章、第五章的训练一和训练三以及前言和后记,陈兆荣(铜陵学院)执笔第三章,雷勋平(铜陵学院)执笔第六章和第七章,叶松(铜陵学院)执笔第五章的训练二和训练四,欧海燕(蚌埠学院)执笔第四章,陈忠明(铜陵学院)执笔第五章的训练五,王翠翠(铜陵学院)执笔第二章的训练一和训练二,华欢欢(铜陵学院)执笔第二章的训练三。

在编写过程中,我们参阅了大量的相关著作、教材和案例资料,谨向这些作者、译者表示由衷的感谢,希望我们出版的这本书能得到大学生和其他读者的喜爱,书中的不足之处,还请各界人士多多批评指正。

编 者
2016 年 3 月